PROCESSO JUSTO:

ENTRE EFETIVIDADE E LEGITIMIDADE DA JURISDIÇÃO

MARCELO VEIGA FRANCO

PROCESSO JUSTO:
ENTRE EFETIVIDADE E LEGITIMIDADE DA JURISDIÇÃO

Belo Horizonte
2016

Copyright © 2016 Editora Del Rey Ltda.

Nenhuma parte deste livro poderá ser reproduzida, sejam quais forem os meios empregados, sem a permissão, por escrito, da Editora.
Impresso no Brasil | *Printed in Brazil*

EDITORA DEL REY LTDA.
www.livrariadelrey.com.br

Editor: Arnaldo Oliveira

Editor Adjunto: Ricardo A. Malheiros Fiuza

Editora Assistente: Waneska Diniz

Coordenação Editorial: Wendell Campos Borges

Diagramação: Lucila Pangracio Azevedo

Revisão: RESPONSABILIDADE DO AUTOR

Capa: CYB Comunicação

Editora / MG
Rua dos Goitacazes, 71 – Sala 709-C – Centro
Belo Horizonte – MG – CEP 30190-050
Tel: (31) 3284-5845
editora@delreyonline.com.br

Conselho Editorial:
Alice de Souza Birchal
Antônio Augusto Cançado Trindade
Antonio Augusto Junho Anastasia
Antônio Pereira Gaio Júnior
Aroldo Plínio Gonçalves
Carlos Alberto Penna R. de Carvalho
Dalmar Pimenta
Edelberto Augusto Gomes Lima
Edésio Fernandes
Felipe Martins Pinto
Fernando Gonzaga Jayme
Hermes Vilchez Guerrero
José Adércio Leite Sampaio
José Edgard Penna Amorim Pereira
Luiz Guilherme da Costa Wagner Junior
Misabel Abreu Machado Derzi
Plínio Salgado
Rénan Kfuri Lopes
Rodrigo da Cunha Pereira
Sérgio Lellis Santiago

F825p   Franco, Marcelo Veiga
     Processo justo: entre efetividade e legitimidade da jurisdição. / Marcelo Veiga Franco. Belo Horizonte: Del Rey, 2016.
     xviii + 166 p.
     ISBN: 978-85-384-0462-0
     1.Devido processo legal. 2. Jurisdição constitucional. I. Título.

CDU: 347.95:342

Dedico este livro aos meus pais Marcelo e Andirana, à minha esposa Bruna e aos meus irmãos Rodrigo e Fernanda.

Agradecimentos

A Deus, por me atribuir equilíbrio para a elaboração deste livro.

À minha família e à minha esposa Bruna, pelo suporte, abrigo e por me proporcionarem tranquilidade para os estudos necessários.

Ao estimado Professor Doutor Fernando Gonzaga Jayme, pela construtiva orientação no Mestrado e pela permanente contribuição para o meu amadurecimento nas pesquisas jurídicas.

Ao insigne Professor Doutor Humberto Theodoro Júnior, pelos preciosos ensinamentos e pela deferência a mim concedida ao prefaciar esta obra.

Ao caro Professor Doutor Érico Andrade, pelas valiosas considerações para o aprimoramento deste trabalho.

Aos amigos da Procuradoria-Geral do Município de Belo Horizonte (PGM-BH), da Sociedade de Advogados Franco, Faria, Pereira & Pérez e do Instituto de Direito Processual (IDPro), pelo apoio importante à realização desta obra.

*Nada te turbe,
nada te espante,
tudo passa,
Deus não muda.
A paciência
tudo alcança.
Quem a Deus tem,
nada lhe falta.
Só Deus basta.*
(Santa Tereza de Ávila)

SUMÁRIO

PREFÁCIO XIII

APRESENTAÇÃO XVII

1   INTRODUÇÃO 1
2   LEGITIMIDADE DEMOCRÁTICA DO PROVIMENTO JURISDICIONAL 5
2.1 A legitimidade da função jurisdicional a partir do devido processo legal 5
2.2 "Indevido processo sentimental" x devido processo legal 15
3   EFETIVIDADE DA TUTELA JURISDICIONAL 23
3.1 "Crise da justiça" e inefetividade da jurisdição 23
3.2 Efetividade do processo, acesso à ordem jurídica justa e garantia de proteção judicial dentro de um prazo razoável 26
4   OS PILARES DO PROCESSO JUSTO (*GIUSTO PROCESSO* OU *FAIR TRIAL*) ... 31
4.1 A importância do movimento de constitucionalização do processo 31
4.2 A construção da ideia do processo justo 39
4.2.1 A legitimação do procedimento de elaboração da decisão judicial a partir do contraditório 48
4.2.1.1 A contribuição da teoria do processo como procedimento realizado em simétrico contraditório entre as partes 48
4.2.1.2 O desenvolvimento do conceito de contraditório: dimensões estática e dinâmica 55
4.2.1.2.1 A dimensão estática (ou formal) do contraditório 55
4.2.1.2.2 A dimensão dinâmica (ou material) do contraditório 57
4.2.1.3 O modelo comparticipativo de processo como o passo final para o conceito de contraditório adequado ao processo justo: a relação com a fundamentação decisória 60
4.2.2 A legitimação da decisão judicial a partir do conteúdo de respeito aos direitos e garantias fundamentais 68
4.2.2.1 A teoria da integridade do Direito e o princípio da vedação ao retrocesso: a garantia do *entrenchment* do conteúdo mínimo dos direitos fundamentais através da decisão judicial 72
4.2.3 A satisfação do direito material através de um processo com razoável duração 80
4.2.3.1 A razoável duração do processo não se confunde com celeridade a todo custo 84
4.3 O processo justo como a harmonização entre a legitimidade do provimento e a efetividade da tutela jurisdicional 87
5   ALGUMAS PREMISSAS BÁSICAS PARA ALCANÇAR O PROCESSO JUSTO 99
5.1 O aperfeiçoamento e a qualificação do *acesso à justiça* 99
5.2 O modelo de *cooperação processual*: aprimoramento da *técnica decisória* e afirmação da *ética argumentativa* na atuação das partes 106
5.3 A formação de uma *teoria dos precedentes judiciais* 116

5.4	A *irrazoável duração* do processo como hipótese de *dano moral e material*: a possibilidade de atribuição de *responsabilidade civil* ao Estado pela *morosidade processual*	124
5.5	A mudança da *cultura processual* e o estímulo à adoção de *métodos consensuais* de resolução de conflitos	131
5.6	A profissionalização da *gestão judiciária*	138
6	CONSIDERAÇÕES FINAIS – O CÓDIGO DE PROCESSO CIVIL DE 2015 E A CONSAGRAÇÃO DO MODELO BRASILEIRO DE PROCESSO JUSTO	147
7	REFERÊNCIAS BIBLIOGRÁFICAS	151

PREFÁCIO

O ensaio ora divulgado por MARCELO VEIGA FRANCO enfoca o tema de maior relevância na teoria geral do direito processual constitucionalizado, ora em voga no âmbito do Estado Democrático de Direito: a evolução do antigo *devido processo legal* para o moderno *processo justo*.

O Novo Código de Processo Civil, preocupado com essa dinâmica institucional que veio desaguar no anseio da garantia de um processo realmente justo, adotou, na abertura de sua Parte Geral, um conjunto de princípios enraizados na ordem constitucional, a que atribuiu a denominação de *Normas Fundamentais*. Com elas, o legislador visou a abrir caminho para a compreensão e realização do que efetivamente se possa qualificar como prestação da tutela jurisdicional, por meio de um processo merecedor da qualificação de *processo justo*. E isto não seria viável senão a partir das normas e valores que a Constituição disciplina o acesso à justiça, segundo um complexo de direitos fundamentais, concebido como indispensável à *justa e efetiva* prestação de justiça pelo Estado Democrático de Direito.

Com efeito, após o fracasso do Estado Liberal do Século XIX no desempenho da missão de organizar e tutelar a sociedade na implantação dos *direitos do homem*, de maneira efetiva, e depois dos percalços do Estado Social tumultuariamente implantado na primeira metade do Século XX, sobreveio, no segundo pós-guerra mundial, o presente Estado Democrático de Direito, cujos ideais se acham bem delineados em nossa Constituição de 1988.

O traço mais característico dessa atual organização do Estado situa-se na grande constitucionalização de toda a ordem jurídica, e com maior nitidez e profundidade, no âmbito da atividade tutelar confiada ao Poder Judiciário. A Constituição não mais se contenta em ser um estatuto comprometido com a lei, é também a consagração de um estatuto fundamental ético, onde princípios e valores se tornam metas e cuja observância se apresenta como obrigatória tão quanto ou mais do que as regras legais em sentido estrito. É impensável, no Estado Democrático de Direito, uma ordem jurídica processual voltada simplesmente para obter a aplicação singela e fria da vontade concreta da lei. Antes de se chegar à formulação dessa vontade, é indispensável que o órgão encarregado do provimento jurisdicional leve em conta as regras, princípios e valores preconizados pela Constituição.

Nessa altura, a antiga garantia do *devido processo legal* ultrapassa a técnica de compor os litígios mediante observância apenas das regras procedimentais (como outrora se dava no Estado Liberal neutro e indiferente ao duelo travado entre as partes). Agora o que prevalece é a assunção pelo juiz de pesados compromissos éticos com a condução do processo para resultados, sobretudo, *justos*.

É que o direito contemporâneo, sob influência imediata das garantias fundamentais traçadas pela Constituição, incorpora valores éticos, cuja atuação se faz sentir, em juízo, não apenas por meio da observância de regras procedimentais, mas também, e principalmente, através do resultado substancial do provimento com que a jurisdição põe fim ao litígio. Daí falar-se, no século atual, em garantia de um *processo justo*, de preferência a um devido processo legal apenas. Mesmo no plano de aplicação das regras do direito material, o juiz não pode limitar-se a uma exegese fria das leis vigentes. Tem de interpretá-las e aplicá-las, no processo, de modo a conferir-lhes o sentido *justo*, segundo o influxo dos princípios e regras maiores retratados na Constituição.[1]

Nessa perspectiva, as garantias fundamentais do processo "não são outra coisa senão as técnicas previstas pelo ordenamento jurídico para reduzir a distância estrutural entre *normatividade* e *efetividade* e, portanto, para possibilitar a máxima eficácia dos direitos fundamentais em coerência com sua estipulação constitucional".[2]

Analisando o art. 111 da Constituição italiana – a primeira a proclamar que a jurisdição deve atuar mediante "*il giusto processo regolato dalla legge*" – lembra COMOGLIO que nessa ideia de *processo justo* insere-se, além das tradicionais figuras do juiz natural imparcial, do contraditório, da legalidade das formas, e do compromisso com a ordem jurídica substancial, "uma afirmação, não menos categórica, da *efetividade* dos meios processuais e das formas de tutela obteníveis junto ao juízo"(...) aos quais se agrega, ainda, o compromisso com os valores de "correção", "equidade" e "justiça procedimental".[3] Ou seja, o processo deve ser desenvolvido para proporcionar à parte o melhor resultado possível em termos de direito material (devido processo *substancial*).

As normas que o Novo Código de Processo Civil adota como fundamentais não são, na maioria, novidades no direito brasileiro, já que decorrem diretamente das garantias explicitadas na própria Constituição, ou que nelas se compreendem, implicitamente. Sua inserção no texto do Código de Processo Civil, tem o duplo propósito de (I) fazer a amarração pedagógica entre a lei processual e sua matriz constitucional, levando o intérprete e aplicador a se afeiçoar a uma leitura das normas procedimentais segundo os princípios maiores que as dominam e explicam; e de (II) ressaltar que, ao Estado Democrático de Direito "não basta apenas assegurar a liberdade das pessoas"; pois que dele se exige, também, "a realização das promessas imiscuídas nos direitos fundamentais e princípios constitucionais. Daí a necessidade de uma interpretação jurídica a ser praticada à luz desses princípios constitucionais

---

[1] Conferir nosso *Curso de Direito Processual Civil*, 55. ed. Rio de Janeiro: Forense, 2014, v. I, nº 41-b, p. 61.
[2] FERRAJOLI, Luigi. *Derechos y garantias:* La ley del más débil. Madrid: Editorial Trotta, 2004, p. 25.
[3] COMOGLIO, Luigi Paolo. Il "giusto processo" civile in Italia. *Revista de Processo*, São Paulo, v. 116, p. 154-158, jul./ago. 2004.

e direitos fundamentais que, dentre outras consequências, moldam um novo conceito de jurisdição".[4]

Foi, assim, com o objetivo de implantar, no novo Código, o espírito e as metas do *processo justo*, consoante as garantias constitucionais, que se redigiram as normas principiológicas rotuladas de "normas fundamentais do processo civil" (arts. 1º a 12), a que se seguiram as regras de "aplicação das normas processuais" (arts. 13 a 15), completando, assim o conteúdo do Livro I do Novo Código de Processo Civil.

O estudo primoroso de MARCELO VEIGA FRANCO enfoca com percuciência, a formulação constitucional contemporânea da garantia fundamental do processo justo, examinando, de partida, a maneira com que a jurisdição se legitima a partir do devido processo legal democratizado com a garantia da real participação das partes na elaboração do conteúdo da decisão judicial.

Passa, em seguida, à análise do problema da *efetividade* no atual contexto crítico enfrentado pela Justiça, evidenciando que a necessidade de nosso tempo é de uma tutela jurisdicional caracterizada por "uma pronta resposta ao jurisdicionado, tanto no aspecto temporal (com razoável duração) como no sentido de *satisfação efetiva* do direito material reconhecido na decisão".

O ponto máximo da obra versa sobre a *constitucionalização* do direito processual, no qual demonstra, convincentemente, que só uma visão do processo baseada nas garantias processuais constitucionais é capaz de enfrentar e superar o dilema com que se depara a prestação jurisdicional contemporânea, dividida entre as exigências sociais de presteza e efetividade. Não será pela prevalência de uma sobre a outra, que se logrará a superação da crise, mas por meio da "convergência da legitimidade da jurisdição e da efetividade da jurisdição em prol da democracia e da cidadania no processo judicial".

Destaca o autor, com adequação, que a teoria do *processo justo* construída pelo constitucionalismo italiano é a que, atualmente, "melhor está apropriada a um Estado Democrático de Direito, ao definir o processo a partir de sua *estrutura constitucional*". De fato, como bem demonstra, "a adoção de uma concepção *constitucional* de devido processo legal reúne um conjunto de princípios que visam a conciliar a atribuição de legitimidade democrática à jurisdição e a concretização de uma tutela jurisdicional *efetiva*".

A par das clássicas garantias fundamentais do juiz natural e competente, o *processo justo* se espraia pelas garantias do contraditório e ampla defesa bem como da fundamentação das decisões judiciais, sem, entretanto, nelas se exaurir. "Ademais, a concepção do *giusto processo* abarca garantias fundamentais de *efetividade da tutela jurisdicional*", ou seja: "o processo deve ser adequado para produzir o melhor resultado concreto na prática social, no que se refere à defesa e à satisfação do direito

---

[4] DELFINO, Lúcio; ROSSI, Fernando. Interpretação jurídica e ideologias: o escopo da jurisdição no Estado Democrático de Direito. *Revista Jurídica UNIJUS*, Uberaba, v. 11, nº 15, p. 85, nov./2008.

material subjetivo (aspecto substancial do devido processo legal)". E é "a necessidade de tornar substantiva a proteção jurisdicional da esfera jurídica dos cidadãos contra lesões ou ameaças a direitos (art. 5º, XXXV, da CRFB)" que demanda "uma pronta resposta jurisdicional, a qual tenha como finalidade efetivar a tutela do direito material de *modo adequado* e em *tempo razoável* (art. 5º, LXXVIII, da CRFB)".

Demonstra o autor, em suma, que a *justiça no processo*, "significa a tutela e concretização dos direitos e garantias fundamentais de índole processual". Portanto, em sua ótica correta, "o processo justo, à luz do direito fundamental à tutela jurisdicional *efetiva e adequada* e dentro de um enfoque de acesso à *ordem jurídica justa*, representa, no processo e na jurisdição, a *realização da justiça, democracia, cidadania, soberania popular, dignidade da pessoa humana,* ou seja, da força normativa da suprema Constituição".

O estudo, enfim, acha-se muito bem estruturado na linguagem e na sistematização substancial, de modo que sua leitura é agradável e muito proveitosa, sob todos os ângulos. Trata-se de ótima contribuição às letras jurídicas processuais, capaz de muito influir no momento em que há o advento de um Novo Código de Processo Civil bem alinhado com as ideias divulgadas pelo autor.

Humberto Theodoro Júnior

APRESENTAÇÃO

PROCESSO JUSTO: entre efetividade e legitimidade jurisdição é a porta de ingresso de Marcelo Veiga Franco no círculo dos processualistas brasileiros.

Verdadeiramente, trata-se de um jurista de uma nova geração, nascido e formado sob os auspícios da democracia consagrada pela Constituição cidadã de 1988, chega no desabrochar da maturidade intelectual em um momento novo, em virtude do novo Código de Processo Civil que se destaca por sua essência verdadeiramente democrática. A simultaneidade dos processos de formação do jurista e da reformulação do sistema processual civil são prenúncios de melhores tempos para a sociedade brasileira que padece com a crise que assola o Poder Judiciário, que nos priva do mais básico dos direitos humanos, o se ter assegurada efetiva proteção judicial.

O jovem jurista ao submeter à consideração suas inquietações e reflexões jurídicas não surpreende, simplesmente, ratifica tudo aquilo que dele conhecíamos, um advogado público na acepção plena, um cientista do Direito honesto, dedicado e infatigável e um cidadão exemplar.

Dotado de cabedal teórico substancial, consegue de forma magistral contextualizar uma teoria crítica e reflexiva com a realidade do sistema de justiça brasileiro, tendo por pano de fundo o fortalecimento do Estado democrático. O autor demonstra que o processo somente se legitima em um Estado Democrático quando respeitadas as garantias constitucionais do devido processo legal. Com efeito, Marcelo foi beber na fonte do direito constitucional contemporâneo e nas modernas teorias do processo, para nos brindar com uma obra de leitura obrigatória.

O estilo fluído da cuidadosa linguagem empregada pelo autor torna amena a leitura, proporcionando o deleite de uma boa literatura jurídica. É interessante notar que a acessibilidade da linguagem ressalta mais uma qualidade da obra. O mérito está na circunstância de, sem renunciar ao cientificismo, abordar com a profundidade necessária os temas apresentados, em uma linguagem jurídica clara e escorreita. Com efeito, possibilita ampliar o espectro dos destinatários da obra, que não deve se restringir apenas à comunidade jurídica.

A ampla acessibilidade à compreensão dos conceitos técnico-jurídicos é um exemplo a ser seguido pelos nossos juristas. Uma teoria democrática do processo só será verdadeiramente democrática se compreendida pela sociedade em sua totalidade. Assim, constrói-se cidadania e justifica o investimento feito pela sociedade para proporcionar o desenvolvimento desta pesquisa em uma instituição pública de ensino superior de reconhecida excelência acadêmica.

A conclusão do trabalho exterioriza o que há de mais atual no que se entende por democracia, ao conclamar a sociedade, os Poderes de Estado e a comunidade jurídica a corresponsabilizarem-se para realização de um processo équo, adequado à nossa realidade e aos anseios de justiça reclamados pelos cidadãos.

A mim, na qualidade de orientador, fui presenteado com a alegria, o orgulho e a realização de resultado tão profícuo. A nós, Marcelo e eu, ganhamos os laços de uma profunda amizade.

À sociedade e à comunidade jurídica, em particular, fica registrado o inabalável compromisso do autor com a liberdade e a igualdade, sustentáculos da democracia e, consequentemente, do processo justo.

Que todos nós possamos desfrutar dos ensinamentos desta valiosa obra que sacia a sede daqueles que, como eu, estamos sedentos pela realização de um processo justo capaz de promover justiça.

Fernando Gonzaga Jayme

1
INTRODUÇÃO

O que é um *processo justo*?

Essa é uma pergunta de difícil resposta. Na história da Teoria Geral do Processo e do Direito Processual Civil, a busca pela justiça *no* processo não está definitivamente concluída. No atual cenário de *crise da Justiça*, a sensação é a de que estamos cada vez mais longes de alcançar uma prática processual que, verdadeiramente, seja capaz de resolver grande parte dos problemas sociais.

Não se pode dizer que há uma visão totalmente consolidada de qual é a concepção de *processo* que melhor se adéqua aos padrões éticos e democráticos de um Estado de Direito. A definição clássica do *devido processo legal*, ao tratar o processo como forma – e pela forma –, mostra-se insustentável em face das necessidades contemporâneas que reclamam por um processo que seja, simultaneamente, *legítimo* e *efetivo*.

Teorias como a do processo como *contrato*, como *quase-contrato*, como *situação jurídica* ou como *instituição jurídica*, já foram exaustivamente rechaçadas na doutrina e dispensam novas críticas.[1] Vários motivos foram enumerados para tanto: inadequada atribuição de um caráter estritamente privado, facultativo e convencional à jurisdição; imposição de obstáculos à independência da magistratura; dificuldade na enumeração de elementos conceituais; atenuação do caráter de juridicidade do processo; possibilidade de arbitrariedade no exercício da jurisdição; dentre outros.

De igual maneira, teorias hoje difundidas acerca da natureza jurídica do processo – tais como, *v.g.*, a teoria do processo como *relação jurídica* ou a teoria do processo como *procedimento em simétrico contraditório* – se revelam insuficientes para definir o devido processo legal como um *direito fundamental* cuja *estrutura constitucional* está destinada à tutela e à concretização de todas as *garantias processuais*.

A nosso ver, é necessário que o processo se desvincule de tecnicismos teóricos e de formalidades conceituais que não contribuem para a efetivação de um regime *democrático*. O atual estágio de evolução da Teoria Geral do Processo Civil atesta uma realidade que nem todos ainda perceberam: vivemos um *dilema*.

---

[1] Por todos, conferir: TORNAGHI, Hélio. *A relação processual penal*. 2. ed., São Paulo: Saraiva, 1987.

De um lado, parte dos doutrinadores enfoca a necessidade de reforçar a *legitimidade democrática* do procedimento decisório, sobretudo mediante o fortalecimento da garantia de participação influente das partes na construção do conteúdo da decisão judicial. Por sua vez, outra parcela doutrinária concentra as suas energias na busca pela concretização de um processo judicial *efetivo* e com *duração razoável*, diante da necessidade de "desafogar" um sistema judiciário atingido por uma avalanche de demandas com altíssima taxa de congestionamento nos órgãos judiciais.[2]

Todavia, o que se percebe é que, em boa parte das vezes, essas duas posições são – erroneamente – tratadas como ideias antagônicas e incomunicáveis. Aqueles que privilegiam a tutela do contraditório e da ampla defesa, por exemplo, costumam desprezar a importância do aspecto quantitativo que envolve o exercício da jurisdição. Já a busca pela efetividade do processo é habitualmente confundida com celeridade processual a todo custo, inclusive em detrimento das demais garantias processuais constitucionais. Ora a balança pende para um lado, ora para o outro, e, infelizmente, não alcançamos até o momento um *ponto de equilíbrio* entre os dois entendimentos.

É a partir dessa premissa que a presente obra tem como objetivo debater temas centrais da *teoria do processo* em um Estado Democrático de Direito, com o escopo maior de contribuir para o amadurecimento da discussão. Sem a pretensão de esgotar o tema ou de tratar a natureza jurídica do processo como um assunto encerrado, o estudo é direcionado às searas do Direito Processual Civil – e apenas subsidiariamente aos outros ramos da processualística –, da jurisdição ordinária – e não da jurisdição constitucional –, e do sistema do *civil law* – com abordagens pontuais do sistema do *common law* –, dentro desse contexto que denominamos de *dilema da jurisdição*.

Para tanto, optei por condensar nesse livro as principais ideias expostas na dissertação de Mestrado por mim defendida na Faculdade de Direito da Universidade Federal de Minas Gerais no ano de 2012, sob a orientação do Prof. Dr. Fernando Gonzaga Jayme. Trata-se de uma versão modificada e com enfoque diverso daquele que foi abordado na referida dissertação, inclusive com ideais novas que foram surgindo com o prosseguimento dos estudos sobre o tema. As bases conclusivas, no entanto, foram mantidas.

O estudo segue, em um primeiro momento, com a análise do problema da legitimidade democrática da jurisdição. Nesse ponto, propõe-se examinar de que forma a jurisdição se legitima a partir do devido processo legal, especialmente em face da necessidade de garantia de participação das partes na elaboração do conteúdo da decisão judicial.

Posteriormente, são analisadas as questões que envolvem a efetividade do processo diante do contexto atual de *crise da Justiça*. Nesse momento, analisa-se a

---

[2] Frederico Augusto Koehler chama o dilema que propomos de *duelo* entre uma corrente doutrinária "que prioriza a salvaguarda das garantias processuais" e outra que "pugna por uma maior eficiência/celeridade do processo" (KOEHLER, Frederico Augusto Leopoldino. *A razoável duração do processo*. 2. ed., Salvador: Jus Podivm, 2013, p. 31).

necessidade de concretização de uma tutela jurisdicional que forneça uma pronta resposta ao jurisdicionado, tanto no aspecto temporal – com razoável duração – como no sentido de satisfação efetiva do direito material reconhecido na decisão.

Na sequência, passa-se ao exame do movimento de *constitucionalização* do Direito Processual como uma etapa essencial para a conclusão da obra. A visão do processo com base nas garantias processuais constitucionais é imprescindível para a solução do dilema ora exposto, por meio da convergência da legitimidade da decisão judicial e da efetividade da jurisdição em prol da democracia e da cidadania no processo judicial.

E assim é que, ao final, analisa-se em que medida a teoria do *processo justo* – idealizada na Itália com o nome de *giusto processo* ou *processo equo* e no Direito anglo-saxão como *fair trial* – parece ser aquela que, atualmente, melhor está apropriada ao Estado Democrático de Direito, tendo em vista que define o processo a partir de sua *estrutura constitucional*. Realmente, a adoção de uma concepção *constitucional* de devido processo legal reúne um conjunto de princípios que visam a conciliar a atribuição de legitimidade democrática à jurisdição e a concretização de uma tutela jurisdicional efetiva.

Durante o livro, de acordo com o desenrolar dos conceitos e ideias, serão também pontuadas algumas das principais inovações decorrentes do advento do Código de Processo Civil brasileiro de 2015 – CPC/2015, aprovado pelo Congresso Nacional e sancionado pela Presidência da República em 16 de março de 2015, com vigência a partir de 18 de março de 2016. No tópico conclusivo, será possível atestar se o novo diploma processual civil adota, ou não, a ideia de *processo justo* ora desenvolvida neste trabalho, especialmente no que se refere às *normas fundamentais do processo civil* nele dispostas.

A rigor, a ideia do processo justo abrange – sem nelas se exaurir – garantias fundamentais de *legitimidade do provimento*, tais como o juízo natural (art. 5º, XXXVII, da Constituição da República Federativa do Brasil – CRFB) e o juiz competente (art. 5º, LIII, da CRFB), a ampla defesa e o contraditório (art. 5º, LV, da CRFB), e a fundamentação das decisões judiciais (art. 93, IX, da CRFB).

Ademais, a concepção do *giusto processo* abarca também garantias fundamentais de *efetividade da tutela jurisdicional*. O processo deve ser adequado para produzir o melhor resultado concreto na prática social, no que se refere à defesa e à satisfação do direito material subjetivo – aspecto substancial do devido processo legal. A necessidade de tornar substantiva a proteção jurisdicional da esfera jurídica dos cidadãos contra lesões ou ameaças a direitos (art. 5º, XXXV, da CRFB) demanda uma pronta resposta jurisdicional, a qual tenha como finalidade efetivar a tutela do direito material de modo adequado e em tempo razoável (art. 5º, LXXVIII, da CRFB).

Portanto, é com a teoria do *processo justo* que se alcança a noção de que o processo não pode apenas se voltar à concretização da garantia do contraditório, ou tão somente se direcionar para a efetivação de uma tutela jurisdicional com razoável duração. É necessário encontrar os meios para se conjugar *legitimidade do provimento* e *efetividade da tutela*. E, para tanto, propõe-se superar as eventuais críticas quanto à indeterminação semântica da expressão "processo justo", a fim de afirmar que o equilíbrio de todas as garantias processuais constitucionais é o caminho mais adequado para a concretização de uma tutela jurisdicional cívica e democrática.

2
LEGITIMIDADE DEMOCRÁTICA DO PROVIMENTO JURISDICIONAL

2.1 A LEGITIMIDADE DA FUNÇÃO JURISDICIONAL A PARTIR DO DEVIDO PROCESSO LEGAL

Tradicionalmente, a jurisdição é definida como a função do juiz de *dizer o direito* (*juris dicere*), resultante do poder do Estado de resolver, com fundamento no Direito, os conflitos de interesses[1] que lhe são submetidos.[2] É a função jurisdicional que possibilita ao Estado, quando provocado e por meio do processo, corrigir o descumprimento de normas jurídicas através de pronunciamento decisório imperativo, com aptidão para a formação de coisa julgada material, e proferido por um juízo natural[3] e imparcial.

Como "*função* essencial própria à administração da justiça", a jurisdição, em seu conceito clássico-formal, expressa "o poder de atuar a vontade da lei no caso concreto".[4] A atividade jurisdicional, de natureza indelegável, visa a tutelar, declarar,

---

[1] Francesco Carnelutti ensina que o conceito de *interesse*, fundamental para o estudo da teoria do processo, significa "a posição favorável à satisfação de uma necessidade", a qual se verifica em relação a um *bem*. Nesse sentido, o *conflito de interesses* surge quando "a situação favorável à satisfação de uma necessidade excluir a situação favorável à satisfação de uma necessidade distinta" (CARNELUTTI, Francesco. *Sistema de Direito Processual Civil*. Tradução de Hiltomar Martins Oliveira. São Paulo: Classic Book, 2000. v. 1, p. 55-61).

[2] LLOBREGAT, José Garberí. *Constitución y Derecho Procesal*: los fundamentos constitucionales del Derecho Procesal. Pamplona: Thommson Reuters, 2009, p. 40.

[3] Prefere-se, tecnicamente, a terminologia *juízo natural* ao invés de *juiz natural*. É que "a expressão *juízo* revela designação jurídica mais qualificada tecnicamente do órgão estatal incumbido de exercer a função jurisdicional (por isso, nomenclatura constitucional), enquanto o termo *juiz* indica o agente público investido pelo Estado do poder de julgar (por exemplo, enunciados do artigo 93, incisos I e VII, e do artigo 95 da Constituição Federal)". Já o termo *natural*, que qualifica o *juízo*, atua "como indicativo da coexistência de Estado e jurisdição", isto é, demonstra que a jurisdição é função essencial e naturalmente inerente à criação jurídica do Estado de Direito (DIAS, Ronaldo Brêtas de Carvalho. *Processo Constitucional e Estado Democrático de Direito*. Belo Horizonte: Del Rey, 2010, p. 112-113, destaques no original).

[4] CHIOVENDA, Giuseppe. *Instituições de Direito Processual Civil*. Tradução de J. Guimarães Menegale. São Paulo: Saraiva, 1942. v. 1, p. 73-74.

reconhecer ou efetivar esferas jurídicas ameaçadas ou lesionadas em determinada situação concreta, e é exercida por alguém investido na autoridade de juiz.[5]

Para Elio Fazzalari, a jurisdição apresenta as seguintes características: a) tem como pressuposto o ilícito, "mais precisamente a (perpetrada ou atualmente ameaçada) violação de um dever substancial, já imposto pela lei substancial"; b) a imparcialidade do juízo, decorrente da "posição de 'estraneidade do juiz' em relação à situação substancial deduzida na lide, vale dizer a sua posição de 'terceiro' (*a terzietá*)";[6] c) o fato de que a coordenação do processo jurisdicional provém de "iniciativa de sujeito diverso do órgão judicante (*nemo iudex sine actore*)"; d) a autoridade da coisa julgada, "entendida como *incontestabilidade* (por obra das partes) e *intocabilidade* (por obra do juiz), portanto como *irretratabilidade em sede judiciária* do provimento jurisdicional e dos seus efeitos".[7]

Em um Estado Democrático de Direito, contudo, a função jurisdicional assume uma nova feição e gradativamente passa a ostentar um "papel central na arquitetura constitucional"[8] e o Judiciário, de "poder quase 'nulo'", se vê "alçado a uma posição muito mais importante no desenho institucional do Estado contemporâneo".[9] É possível dizer que, atualmente, há uma tendência de deslocamento do centro de decisões para o Judiciário,[10] que tem como consequências a "revalorização do momento juris-

---

[5] Como bem salienta Piero Calamandrei, o conceito de jurisdição guarda "relatividade histórica", de modo que "Não se pode dar uma definição do conceito de jurisdição absoluta, válida para todos os tempos e para todos os povos". Contudo, ainda que seja um conceito contingencial e relativo a certo momento histórico, é certo que a jurisdição é manifestação da soberania estatal e se revela quando o Estado intervém para pacificar e manter a convivência social ameaçada por um conflito de interesses (CALAMANDREI, Piero. *Direito Processual Civil*: estudos sobre o Processo Civil. Tradução de Luiz Abezia e Sandra Drina Fernandez Barbery. Campinas: Bookseller, 1999. v. 1, p. 96-97 e 150-155).

[6] No ponto, é importante a advertência do próprio Elio Fazzalari: "A estranheza (ou 'terceiridade') do juiz não significa imparcialidade do provimento jurisdicional: ele é por excelência parcial, é todo a favor de quem tem razão, já que, uma vez estabelecida a existência dos pressupostos, isto é, o certo e o errado, o juiz invoca medidas a cargo de quem está errado". Portanto, "o momento do 'julgamento' é o cume do qual se colhe a 'imparcialidade' do juiz"; porém, acertados os fundamentos fáticos e jurídicos, o juiz profere o comando jurisdicional de forma "parcial", uma vez que se coloca em posição "favorável a quem ele haja dado razão, que o tutela contra o autor do ilícito" (FAZZALARI, Elio. *Instituições de Direito Processual*. Tradução de Elaine Nassif. Bookseller: Campinas, 2006, p. 489; 560).

[7] FAZZALARI, Elio. *Instituições de Direito Processual*. Tradução de Elaine Nassif. Bookseller: Campinas, 2006, p. 560-561, destaques no original.

[8] CARVALHO NETTO, Menelick de. Requisitos pragmáticos da interpretação jurídica sob o paradigma do Estado Democrático de Direito. *Revista de Direito Comparado*, Belo Horizonte, v. 3, p. 474-475, 1999.

[9] SARMENTO, Daniel. O neoconstitucionalismo no Brasil: riscos e possibilidades. *In*: NOVELINO, Marcelo (Org.). *Leituras complementares de Direito Constitucional*: Teoria da Constituição. Salvador: Jus Podivm, 2009, p. 37. A ideia do Judiciário como "poder quase nulo" remonta à época do liberalismo político do século XVIII, quando o juiz era visto apenas como a "boca que pronuncia as palavras da lei" (*bouche de la loi*), ou seja, nada mais do que "seres inanimados que não podem moderar nem sua força, nem seu rigor" (MONTESQUIEU, Charles de Secondat. *O espírito das leis*. Tradução de Cristina Murachco. São Paulo: Martins Fontes, 2005, p. 175).

[10] STRECK, Lenio. *Hermenêutica jurídica e(m) crise*: uma exploração hermenêutica da construção do direito. 8. ed., Porto Alegre: Livraria do Advogado, 2009, p. 37-38.

prudencial do direito", o "incremento dos poderes do juiz"[11] e a formação até mesmo de um "Estado Jurisdição".[12]

A crescente movimentação da sociedade civil, cada vez mais engajada na busca judicial de suas pretensões, implica o fortalecimento do papel da jurisdição na concretização dos direitos fundamentais. No atual Estado Democrático de Direito, o conceito de jurisdição supera a estrita relação formal entre legalidade e poder judicial. Diferentemente, em uma sociedade democrática, a magistratura possui um importante papel democrático de efetivação da Constituição e de transformação da realidade social. A atividade jurisdicional, desse modo, representa uma relevante função estatal de tutela de esferas jurídicas ameaçadas ou lesionadas e de satisfação de bens materiais, bem como de concretização das normas constitucionais e de proteção dos direitos e garantias fundamentais.

Dentro desse contexto, ganha relevância o debate acerca da – suposta – inexistência de fundamentos aptos para atribuir legitimidade democrática à função jurisdicional. A ausência de mandato eletivo para o exercício da jurisdição e a possibilidade de intervenção judicial em matérias relativas à esfera de atribuições de instâncias estatais eleitas pelo voto popular resultam em questionamentos acerca do caráter democrático da função jurisdicional.

Conforme ensina Norberto Bobbio, a questão acerca da legitimidade de uma função estatal perpassa a discussão acerca da justificação do poder político com relação à obediência de sua autoridade pela força, o que ocorre a partir da seguinte indagação: "Admitido que o poder político é o poder que dispõe do uso exclusivo da força num determinado grupo social, basta a força para fazê-lo aceito por aqueles sobre os quais se exerce, para induzir os seus destinatários a obedecê-lo?". Nesse sentido, o debate sobre a legitimidade do poder estatal se prende ao problema da obediência de sua autoridade pelos seus destinatários, se pela força ou pelo convencimento, pois "onde acaba a obrigação de obedecer às leis (...) começa o direito de resistência (...)".[13]

Em um Estado Democrático de Direito, a questão acerca da legitimação de uma função estatal se relaciona ao seu exercício com a observância das normas constitucionais. A justificação da imperatividade estatal, que possibilita a sua aceitação pelos seus destinatários, está associada ao respeito dos princípios basilares da democracia, da cidadania, da soberania popular e da dignidade da pessoa humana, bem como dos direitos e das garantias fundamentais.

---

[11] *Apud* Prólogo de Carlos Alberto Alvaro de Oliveira ao PICARDI, Nicola. *Jurisdição e Processo*. Organização e revisão técnica da tradução de Carlos Alberto Alvaro de Oliveira. Rio de Janeiro: Forense, 2008, p. VII.

[12] BOLZAN DE MORAIS, José Luis. O Estado Constitucional – entre justiça e política: porém, a vida não cabe em silogismos! *In*: MACHADO, Felipe; CATTONI, Marcelo (Coord.). *Constituição e Processo*: entre o Direito e a Política. Belo Horizonte: Fórum, 2011, p. 168.

[13] BOBBIO, Norberto. *Estado, governo, sociedade*: para uma teoria geral da política. Tradução de Marco Aurélio Nogueira. 14. ed., São Paulo: Paz e Terra, 2007, p. 86-91.

No que tange à função jurisdicional, a questão acerca da sua legitimidade democrática constitui um *formidável problema* (*problème formidable*), nas palavras de Mauro Cappelletti. O referido autor indaga se, em um regime democrático, é possível o exercício da jurisdição por magistrados não eleitos pelo voto popular e com relativa isenção de responsabilidade política (*accountability*) perante a sociedade.[14]

Com efeito, é discutível a ideia de que o Judiciário pode substituir a vontade popular no exercício da função jurisdicional, de maneira a impor *poder de veto* (ou "faculdade de impedir")[15] em face do Executivo – politicamente responsável – e do Legislativo – democraticamente eleito –, os quais, em tese, refletem a vontade da maioria popular.[16] Trata-se da chamada *dificuldade contramajoritária*, a qual discute a existência de fundamentos democráticos para o exercício da função jurisdicional por juízes tecnicamente especializados, mas não investidos no cargo mediante eleição popular.[17]

Todavia, a nosso ver, o problema da legitimidade democrática da jurisdição não se prende unicamente ao debate sobre a forma de investidura dos magistrados – se mediante eleição popular, livre nomeação ou seleção técnica. Diante da distinção entre princípio democrático e princípio majoritário, a opção constitucional pela seleção e recrutamento dos juízes mediante critério distinto do sufrágio popular "não retira a condição de legitimação democrática do exercício do poder e muito menos a natureza de mandato".[18]

Diversamente, a legitimidade democrática da função jurisdicional, em um Estado Democrático de Direito, é extraída da própria Constituição, uma vez que é esta, promulgada através de Assembleia Nacional Constituinte de caráter popular, que atribui aos membros do Judiciário a prerrogativa de exercício da atividade jurisdicional. As normas constitucionais consagram o Judiciário como poder – função – nuclear

---

[14] CAPPELLETTI, Mauro. *Processo, ideologias e sociedade*. Tradução de Elício de Cresci Sobrinho. Porto Alegre: Sergio Antonio Fabris, 2008. v. 1, p. 121-122.

[15] O Judiciário, além da função de controle como fiscalização (expressão francesa *contrôle*), detém também a função de controle como comando (expressão inglesa *control*). Fazendo "um paralelo com a distinção de Montesquieu entre a *faculté de statuer* e a *faculté d'empêcher* no processo legislativo, o Judiciário tem, hoje, nitidamente, uma faculdade de impedir" (FERREIRA FILHO, Manoel Gonçalves. *Aspectos do Direito Constitucional contemporâneo*. 3. ed., São Paulo: Saraiva, 2011, p. 228).

[16] MACEDO, Elaine Harzheim. *De Salomão à escolha de Sofia*: proposta de legitimação da decisão judicial à luz da Constituição de 1988. Disponível em: http://livros-e-revistas.vlex.com.br/vid/salom-escolha-sofia-proposta-decis-277503171. Acesso em: 12 ago. 2014.

[17] O *contramajoritarismo*, que permeia a discussão acerca da legitimidade da jurisdição, está presente quando se indaga "como a decisão do juiz, ao afirmar a norma constitucional ou o direito fundamental, pode se opor à norma editada pelo parlamento". No constitucionalismo norte-americano, a questão é bem trabalhada por Alexander Bickel, o qual discute se o exercício do controle de constitucionalidade pela Suprema Corte frustra ou não a vontade dos representantes do povo (BICKEL, Alexander. *The least dangerous branch*. 2. ed., New Haven: Yale University Press, 1986, p. 16-17).

[18] MACEDO, Elaine Harzheim. *De Salomão à escolha de Sofia*: proposta de legitimação da decisão judicial à luz da Constituição de 1988. Disponível em: http://livros-e-revistas.vlex.com.br/vid/salom-escolha-sofia-proposta-decis-277503171. Acesso em: 12 ago. 2014.

da estrutura estatal (art. 2º, da CRFB), cuja atividade se dirige para a proteção das normas jurídicas e das liberdades fundamentais:

> O juiz recebe do povo, através da Constituição, a legitimação formal de suas decisões, que muitas vezes afetam de modo extremamente grave a liberdade, a situação familiar, o patrimônio, a convivência na sociedade e toda uma gama de interesses fundamentais de uma ou de muitas pessoas. Essa legitimação deve ser permanentemente complementada pelo povo, o que só ocorre quando, segundo a convicção predominante, os juízes estão cumprindo seu papel constitucional, protegendo eficazmente os direitos e decidindo com justiça.[19]

Nessa perspectiva, o poder jurisdicional "se legitima por si mesmo pelo fato de encontrar-se reconhecido como tal na Constituição".[20] O embasamento democrático da jurisdição decorre da "noção de democracia constitucional" e da sua finalidade de guarda da Constituição "e, portanto, das instituições e dos direitos individuais".[21] A Constituição, nessa ótica, representa "a manifestação do princípio majoritário permanente", e não a "vontade de uma maioria conjuntural (decorrente do sufrágio)".[22]

Sendo assim, a atividade jurisdicional, exercida por um número reduzido de juízes – minoria –, não consiste em um instrumento de substituição da vontade da maioria. O Judiciário guarda características distintas de um órgão típico de representação popular. O magistrado atua em razão do jurisdicionado – cidadão – e em função do povo e para o povo, em prol da cidadania e da democracia, contanto que decida a lide com respeito à estrutura constitucional do devido processo legal.[23]

O fundamento maior de legitimidade democrática da jurisdição é a incondicional sujeição dos magistrados às normas constitucionais[24] e ao princípio da vinculação ao

---

[19] DALLARI, Dalmo de Abreu. *O poder dos juízes*. São Paulo: Saraiva, 1996, p. 87.

[20] LLOBREGAT, José Garberí. *Constitución y Derecho Procesal*: los fundamentos constitucionales del Derecho Procesal. Pamplona: Thommson Reuters, 2009, p. 46, tradução livre.

[21] LORENZETTI, Ricardo Luis. *Teoria da decisão judicial*: fundamentos de direito. 2. ed., São Paulo: Revista dos Tribunais, p. 336.

[22] MACEDO, Elaine Harzheim. *De Salomão à escolha de Sofia*: proposta de legitimação da decisão judicial à luz da Constituição de 1988. Disponível em: http://livros-e-revistas.vlex.com.br/vid/salom-escolha-sofia-proposta-decis-277503171. Acesso em: 12 ago. 2014.

[23] A afirmação de que o magistrado atua em nome do povo não significa que o processo judicial, no âmbito da jurisdição ordinária (e não constitucional), seja uma via direta de manifestação do poder da maioria popular, como é comum no campo da Política, da Filosofia ou do Direito Constitucional. O processo ordinário tem como finalidade precípua a resolução de litígios intersubjetivos e/ou sociais dentro de um arcabouço de normas constitucionais que lhe dá suporte, e não a atuação como um mecanismo de projeção da representatividade popular, como pode ocorrer na esfera da jurisdição constitucional.

[24] A título ilustrativo, a Constituição dos EUA prevê, em sua cláusula 2ª do artigo VI, que "Esta Constituição e as leis complementares e todos os tratados já celebrados ou por celebrar sob a autoridade dos Estados Unidos constituirão a lei suprema do país; os juízes de todos os Estados serão sujeitos a ela, ficando sem efeito qualquer disposição em contrário na Constituição ou nas leis de qualquer dos Estados" (Disponível em: http://braziliantranslated.com/euacon01.html. Acesso em: 12 ago. 2014).

Estado Democrático de Direito.²⁵ As normas constitucionais atuam para resguardar o exercício da função jurisdicional²⁶ com o escopo de tutela dos direitos fundamentais e dos princípios consagrados na ordem constitucional. O exercício legítimo da jurisdição advém da competência jurisdicional direcionada à proteção das liberdades públicas e da garantia de observância dos procedimentos democráticos de participação e de deliberação.²⁷ Considerando a íntima articulação entre Constituição e processo, a jurisdição deve se voltar para tutelar o princípio da supremacia constitucional e para assegurar as liberdades públicas elementares.²⁸

Ademais, o Judiciário também se legitima a partir de suas próprias garantias constitucionais e prerrogativas funcionais. O alto grau de independência funcional conferido aos magistrados possibilita que a função jurisdicional seja exercida com a responsabilidade,²⁹ a autonomia e a imparcialidade³⁰ necessárias à adequada resolução dos conflitos de interesses.³¹ É necessária a "existência de uma jurisdição em que o poder estatal seja exercido exclusiva e excludentemente por tribunais independentes prévia e legalmente estabelecidos, funcionalmente desenvolvidos de modo imparcial

---

[25] CARVALHO DIAS, Ronaldo Brêtas. *Reponsabilidade do Estado pela função jurisdicional*. Belo Horizonte: Del Rey, 2004, p. 132.

[26] ANDOLINA, Ítalo; VIGNERA, Giuseppe. *I fondamenti costituzionali della giustizia civile*: il modelo costituzionale del processo civile italiano. 2. ed., Torino: G. Giappichelli Editore, 1997, p. 07; BARACHO, José Alfredo de Oliveira. Teoria Geral do Processo Constitucional. *Revista de Direito Comparado*, Belo Horizonte: UFMG, v. 4, p. 54, 2000.

[27] BARROSO, Luís Roberto. *Neoconstitucionalismo e constitucionalização do Direito*: o triunfo tardio do Direito Constitucional no Brasil. Disponível em: http://www.georgemlima.xpg.com.br/barroso.pdf. Acesso em: 12 ago. 2014.

[28] BARACHO, José Alfredo de Oliveira. *Direito Processual Constitucional*: aspectos contemporâneos. Belo Horizonte: Fórum, 2008, p. 45.

[29] Como ressalta Calmon de Passos, "a independência de que precisam desfrutar os juízes em face dos agentes das demais funções do Estado é diretamente proporcional a sua responsabilidade sócio-política, vale dizer, a sua submissão a controles sociais institucionalizados, capazes de coibir-lhes os abusos e os desvios deslegitimadores. Conseqüentemente, somar poderes aos magistrados sem lhes acrescer, também, a responsabilidade é deslegitimá-lo democraticamente" (PASSOS, José Joaquim Calmon de. *Direito, poder, justiça e processo*: julgando os que nos julgam. Rio de Janeiro: Forense, 1999, p. 106).

[30] José Garberí Llobregat diz que a legitimidade democrática do Judiciário se manifesta quando os juízes exercem o poder jurisdicional de maneira independente e imparcial, pronta e eficaz ('justiça tardia não é justiça'), e, sobretudo, com irrestrito respeito à legalidade vigente, tanto material como processual (LLOBREGAT, José Garberí. *Constitución y Derecho Procesal*: los fundamentos constitucionales del Derecho Procesal. Pamplona: Thommson Reuters, 2009, p. 51).

[31] O Ministro Celso de Mello, por ocasião de sua posse como Presidente do Supremo Tribunal Federal em 22/05/1997, salientou que "a independência dos juízes e tribunais (...) representa decisiva conquista histórica da própria coletividade, pois significa fator essencial de legitimação ética e política da própria ordem democrática. A independência judicial, no contexto das relações entre o cidadão e o Estado, representa elemento assegurador das liberdades civis e dos direitos e prerrogativas de que as pessoas e as instituições se acham investidas. Os magistrados, por isso mesmo, devem obediência exclusiva à Constituição. Cabe-lhes resolver, com independência, todas as controvérsias que envolvam os cidadãos, as instituições e as próprias instâncias governamentais" (Disponível em: http://www.stf.jus.br/arquivo/cms/publicacaoPublicacaoInstitucionalPossePresidencial/anexo/CELSO_DE_MELLO.pdf. Acesso em: 12 ago. 2014).

no processo", e cuja atividade visa à "satisfação irrevogável dos interesses jurídicos socialmente relevantes".[32] A imparcialidade se apresenta como o "único requisito constitucional do juízo condicionante da estrutura do procedimento jurisdicional".[33]

O Judiciário, respaldado pelos princípios constitucionais da inafastabilidade da jurisdição (art. 5º, XXXV, da CRFB) e do juízo natural (art. 5º, XXXVII, da CRFB), é essencial para a democracia,[34] a qual pressupõe a "existência de uma magistratura bem preparada para o desempenho da função, independente e responsável", em um contexto de respeito à cidadania e de submissão do poder estatal a "efetivos controles sociais".[35]

Nessa linha, também o *controle* do exercício da função jurisdicional é imprescindível para a conferência de legitimidade democrática à jurisdição. Inocêncio Mártires Coelho salienta que, "enquanto o Parlamento ostenta uma legitimidade de origem, os juízes têm-na adquirida, pelo modo como exercem a jurisdição. Aos parlamentares a sociedade confere legitimidade pela eleição; aos juízes, pelos controles de seu comportamento".[36]

O Judiciário consiste em uma instância estatal limitada pela Constituição, a qual confere à sociedade a prerrogativa de fiscalização do exercício da jurisdição. O controle e a participação popular são relevantes para sustentar a justificação democrática da função jurisdicional, pois um "poder só será democraticamente exercido se houver a correspondente responsabilidade".[37] Na mesma toada, Dalmo de Abreu Dallari diz que o "controle do Poder Judiciário pela sociedade e pelos próprios juízes é um requisito da democracia".[38]

Para tanto, a consagração do *devido processo legal* como garantia fundamental é indispensável para permitir a legítima fiscalização da atividade jurisdicional ordinária, sobretudo por meio das garantias do *contraditório* e da *fundamentação*

---

[32] BARACHO, José Alfredo de Oliveira. *Teoria geral da cidadania*: a plenitude da cidadania e as garantias constitucionais processuais. São Paulo: Saraiva, 1995, p. 13.

[33] ANDOLINA, Ítalo; VIGNERA, Giuseppe. *I fondamenti costituzionali della giustizia civile*: il modello costituzionale del processo civile italiano. 2. ed., Torino: G. Giappichelli Editore, 1997, p. 59.

[34] DALLARI, Dalmo de Abreu. *O poder dos juízes*. São Paulo: Saraiva, 1996, p. 44-45.

[35] PASSOS, José Joaquim Calmon de. *Direito, poder, justiça e processo*: julgando os que nos julgam. Rio de Janeiro: Forense, 1999, p. 117.

[36] COELHO, Inocêncio Mártires. *Interpretação constitucional*. São Paulo: Saraiva, 2007, p. 60.

[37] MACEDO, Elaine Harzheim. *De Salomão à escolha de Sofia*: proposta de legitimação da decisão judicial à luz da Constituição de 1988. Disponível em: http://livros-e-revistas.vlex.com.br/vid/salom-escolha-sofia-proposta-decis-277503171. Acesso em: 12 ago. 2014. A autora ensina que há três sistemas de fiscalização da atividade jurisdicional: a) a fiscalização do juiz enquanto agente público, de natureza administrativo-burocrática, através de órgãos internos e externos ao Judiciário; b) o controle do juiz a partir do sistema de freios e contrapesos, em face do Legislativo e do Executivo; c) o controle social, exercido pelo público em geral, a exemplo das assembleias populares e do *recall* norte-americano (requerimento popular para a remoção do juiz, através de processo eleitoral).

[38] DALLARI, Dalmo de Abreu. *O poder dos juízes*. São Paulo: Saraiva, 1996, p. 75.

dos pronunciamentos judiciais. Ao assegurar às partes o direito de participar e de influenciar no conteúdo da decisão judicial, torna-se possível evitar a prolação de decisões judiciais com base no "capricho ou idiossincrasias e predileções subjetivas dos juízes". A fiscalização da jurisdição coloca o Judiciário sob um alto "grau de 'exposição' ao público e de controle por parte da coletividade".[39] O devido processo legal, nessa ótica, retrata "um complexo de garantias mínimas contra o subjetivismo e o arbítrio dos que têm poder de decidir".[40]

A exigência de fundamentação das decisões judiciais "é fator que contribui para minorar os efeitos do caráter contramajoritário da investidura dos juízes", sendo que, "ao motivar suas decisões judiciais, o magistrado externa as razões que formaram o seu convencimento, sujeitando-as ao controle endo e extraprocessual, no primeiro caso pela via dos recursos e, no segundo, pela crítica da opinião pública".[41] Em sentido semelhante, Marcelo Cattoni aduz que:

> O que garante a legitimidade das decisões são antes garantias processuais atribuídas às partes e que são, principalmente, a do contraditório e a da ampla defesa, além da necessidade de fundamentação das decisões. A construção participada da decisão judicial, garantida num nível institucional, e o direito de saber sobre quais bases foram tomadas as decisões dependem não somente da atuação do juiz, mas também do Ministério Público e fundamentalmente das partes e dos seus advogados. Não é, pois, sem motivo o fato de que ordens jurídicas que refletem o paradigma do Estado Democrático de Direito determinarem, sob pena de nulidade, que as decisões jurisdicionais sejam fundamentadas, no quadro de um devido processo.[42]

Em tom análogo, Darci Ribeiro e Felipe Scalabrini se manifestam que:

> Onde estaria a legitimidade democrática do Judiciário, que não é eleito nem escolhido por esse ator decisivo que é o povo? Sua legitimidade decorre não do sufrágio universal como nas outras esferas de poder, mas de uma legitimação procedimental que encontra no irrestrito acesso ao Judiciário, no contraditório, na publicidade e na fundamentação os mais altos desígnios da legitimidade democrática, pois é através do processo, como garantia constitucional do Estado Democrático de Direito, que o direito é realmente criado e não através da lei.[43]

---

[39] CAPPELLETTI, Mauro. *Juízes legisladores?*. Tradução de Carlos Alberto Alvaro de Oliveira. Porto Alegre: Sergio Antonio Fabris, 1993, p. 98-99.

[40] PASSOS, José Joaquim Calmon de. *Direito, poder, justiça e processo*: julgando os que nos julgam. Rio de Janeiro: Forense, 1999, p. 69.

[41] SANTOS BARREIROS, Lorena Miranda. *Fundamentos constitucionais do princípio da cooperação processual*. Salvador: Jus Podivm, 2013, p. 144.

[42] CATTONI, Marcelo. *Direito Constitucional*. Belo Horizonte: Mandamentos, 2002, p. 78-79.

[43] RIBEIRO, Darci Guimarães; SCALABRINI, Felipe. O papel do processo na construção da democracia: para uma nova definição de democracia participativa. *Revista Brasileira de Direito Processual*, Belo Horizonte, v. 17, n. 65, p. 64, jan./mar. 2009.

Também Mauro Cappelletti, ao examinar a questão da criatividade jurisdicional, ensina que o "critério legitimador da função jurisdicional" é diferente do "critério da 'democraticidade' da função legislativa", fundado na "vontade majoritária". Para o autor, a jurisdição se legitima por meio "da própria natureza do processo judiciário", isto é, com base "na conexão da função judiciária com *cases and controversies*, e na 'virtude passiva', a 'passividade' do Juiz quanto a iniciar o processo nesses casos, e a imparcialidade processual do próprio Juiz, imparcialidade que há de traduzir-se num 'processo justo' ou *fair hearing* de todas as partes".[44]

A "participação das partes na formação da decisão" e a garantia dos meios necessários à *efetiva influência* dessa participação atuam para *legitimar* o exercício da função jurisdicional.[45] Uma vez que "democracia quer significar, acima de tudo, participação" e que a "participação no poder é da essência da democracia", infere-se que os resultados do exercício da jurisdição – inclusive quanto à fundamentação do provimento – se conectam à participação influente das partes – através, sobretudo, do contraditório e da ampla defesa. De tal sorte, é a *participação* – efetiva, adequada e influente – que dá suporte à legitimação do exercício do poder jurisdicional.[46] Cândido Rangel Dinamarco explica que:

> Em substância, o que legitima a outorga da tutela jurisdicional é a *participação* que o procedimento propiciou, em associação com a observância da legalidade inerente à garantia do *devido processo legal*. Um processo não será *justo e équo* quando os sujeitos não puderam participar adequadamente ou quando, por algum modo, haja o juiz avançado além de seus poderes ou transgredido regras inerentes à disciplina legal do processo (*due process of law*).[47]

O exercício legítimo da jurisdição também pressupõe a observância do direito fundamental ao juízo natural (art. 5º, XXXVII e LIII, da CRFB). Em face da vedação de juízos ou tribunais de exceção, a garantia constitucional do juízo natural assegura o exercício da jurisdição por um órgão competente, preestabelecido em lei e devidamente investido na função jurisdicional. Com isso, é *naturalmente* competente para o exercício da jurisdição o órgão instituído anteriormente ao conhecimento da demanda, cujas competências são constitucionalmente outorgadas de modo inderrogável, indisponível e insubstituível, com base em critérios abstratos, objetivos e genéricos previamente estipulados no ordenamento jurídico.

---

[44] CAPPELLETTI, Mauro. *Processo, ideologias e sociedade*. Tradução de Elício de Cresci Sobrinho. Porto Alegre: Sergio Antonio Fabris, 2008. v. 1, p. 17-23.

[45] MARINONI, Luiz Guilherme. Da teoria da relação jurídica processual ao processo civil do Estado constitucional. *Revista dos Tribunais*, São Paulo, vol. 852, ano 95, p. 13-14, out. 2006.

[46] MARINONI, Luiz Guilherme. *Novas linhas do processo civil*. 2. ed., São Paulo: Malheiros, 1996, p. 143-145.

[47] DINAMARCO, Cândido Rangel. *Instituições de Direito Processual Civil*. 4. ed., São Paulo: Malheiros, 2004. v. II, p. 32, destaques no original.

O juízo natural representa a antítese do juízo de exceção – ou juízo *ad hoc* – e retrata a inadmissibilidade da criação de juízos ou tribunais *post factum* – ou juízo constituído depois de ocorrido o fato. É proibida a designação de juízos para julgarem casos concretos específicos de acordo com determinadas contingências ou situações particulares – ainda que em caráter excepcional ou temporário. A garantia fundamental do juízo natural assegura aos cidadãos, ao menos em tese, o eventual processamento e julgamento da causa por um juízo competente e imparcial – *nemo iudex in causa sua*.[48] O juízo natural traduz mecanismo de *autocontrole* da jurisdição, o qual visa a garantir o seu exercício de forma impessoal, independente e alheia a personalismos – juízos *ad personam* – e a interesses de cunho particular.[49]

Enfim, as *garantias processuais constitucionais*, além de consistirem em *fundamento* da jurisdição, também conferem *legitimidade* à atuação dos juízes no âmbito da jurisdição ordinária. Ao atuar como mecanismo de controle da atividade jurisdicional, o devido processo legal legitima a jurisdição *a partir das garantias constitucionais do processo*, com a finalidade de proteção dos direitos fundamentais. A legitimidade democrática da jurisdição reside na vinculação do Judiciário à *estrutura constitucional* do devido processo legal e está calcada no respeito às garantias fundamentais que representam a materialização, no processo, da democracia, da cidadania, da soberania popular e da dignidade da pessoa humana. Fernando Gonzaga Jayme leciona que:

> Na qualidade de guardião da Constituição e dos direitos fundamentais, o julgador está adstrito aos princípios constitucionais, principalmente aos do devido processo legal, do contraditório e da ampla defesa. (...). O desdobramento da posição constitucional em que se encontra o magistrado brasileiro vai significar, sobretudo, a observância rigorosa do *due process of law*. O juiz não deve, em hipótese alguma, descurar do respeito aos direitos fundamentais, nem das garantias constitucionais do processo.[50]

Disso não decorre, é bom ressaltar, qualquer supressão ou mitigação da independência do juiz. Pelo contrário, a necessidade de uma atuação democrática do Judiciário, conformada pelas garantias processuais que compõem o devido processo legal, é necessária para eliminar o arbítrio judicial.[51]

---

[48] OLIVEIRA, Carlos Alberto Alvaro de. *Do formalismo no processo civil*. 2. ed., São Paulo: Saraiva, 2003, p. 79.

[49] LEAL, Rosemiro Pereira. *Teoria processual da decisão jurídica*. São Paulo: Landy, 2002, p. 101.

[50] JAYME, Fernando Gonzaga. *Tribunal Constitucional*: exigência democrática. Belo Horizonte: Del Rey, 2000, p. 80.

[51] RAMOS, Glauco Gumerato. Poderes do juiz – ativismo (= autoritarismo) ou garantismo (= liberdade) no projeto do novo CPC. *In*: ROSSI, Fernando; RAMOS, Glauco Gumerato; GUEDES, Jefferson Carús; DELFINO, Lúcio; MOURÃO, Luiz Eduardo Ribeiro (Coord.). *O futuro do processo civil no Brasil*: uma análise crítica ao projeto do novo CPC. Belo Horizonte: Fórum, 2011, p. 711.

Nesses termos, a legitimidade democrática da jurisdição provém e, simultaneamente, se sujeita à Constituição: provém, porque é a Constituição que confere as bases para uma atuação democrática dos juízes, por meio das garantias constitucionais do processo e da finalidade de proteção dos direitos fundamentais; mas também se sujeita, porque é a Constituição que delimita os espaços de interpretação e de aplicação do Direito a fim de evitar o *decisionismo judicial*.

Ao Judiciário, como função estatal independente e imparcial, compete defender a legitimidade e a eficácia da ordem constitucional democrática.[52] As garantias constitucionais que compõem o devido processo legal consistem em parâmetros que conformam o exercício legítimo e democrático da jurisdição ordinária.[53]

2.2 "INDEVIDO PROCESSO SENTIMENTAL" X DEVIDO PROCESSO LEGAL

A garantia constitucional do *devido processo legal* como o parâmetro que conforma o exercício da jurisdição ordinária é importante para impedir o que contrapomos como um *indevido processo sentimental*. A previsão de um arcabouço constitucional de garantias processuais que vinculam a atividade jurisdicional visa a evitar que decisões judiciais sejam proferidas com base no *sentimento íntimo* do julgador, o que, indubitavelmente, é um fator de *ilegitimidade* na construção do provimento. O devido processo legal não autoriza que os julgamentos sejam decorrências de

---

[52] BONAVIDES, Paulo. O Poder Judiciário e o parágrafo único do art. 1º da Constituição do Brasil. *In*: CUNHA, Sérgio Sérvulo da; GRAU, Eros Roberto (Org.). *Estudos de Direito Constitucional em homenagem a José Afonso da Silva*. São Paulo: Malheiros, 2003, p. 68-71.

[53] Como já ressaltado, não pretendemos, no presente trabalho, abordar a legitimidade democrática da jurisdição sob o enfoque da *jurisdição constitucional*, ou da função do Judiciário como órgão *político* de controle do Legislativo e do Executivo. Ademais, também não temos o objetivo de discorrer sobre o aspecto relativo à aceitabilidade da *criatividade jurisdicional* – vale dizer, se a criação jurisprudencial do Direito (*judicial lawmaking*) tem ou não justificativa democrática –, no que se refere à tensão entre o *ativismo judicial* (*judicial activism*) e a *autocontenção judicial* (*judicial self restraint*). Caso se queira aprofundar nesses temas, sugere-se, a título exemplificativo, a leitura de: CAPPELLETTI, Mauro. *Juízes legisladores?*. Tradução de Carlos Alberto Alvaro de Oliveira. Porto Alegre: Sergio Antonio Fabris, 1993; CAPPELLETTI, Mauro. *Processo, ideologias e sociedade*. Tradução de Elício de Cresci Sobrinho. Porto Alegre: Sergio Antonio Fabris, 2008. v. 1; DWORKIN, Ronald. *Justice for hedgehogs*. Cambridge: Belknap, 2011; DWORKIN, Ronald. *Uma questão de princípio*. Tradução de Luis Carlos Borges. São Paulo: Martins Fontes, 2005; ELY, John Hart. *Democracia e desconfiança*: uma teoria do controle judicial de constitucionalidade. Tradução de Juliana Lemos. São Paulo: Martins Fontes, 2000; HABERMAS, Jürgen. *Direito e democracia*: entre facticidade e validade. Tradução de Flávio Beno Siebeneichler. 2. ed., Rio de Janeiro: Tempo Brasileiro, 2003. v. I; HART, Herbert L. A. *O conceito de Direito*. Tradução de A. Ribeiro Mendes. 5. ed., Lisboa: Fundação Calouste Gulbenkian, 2007; MAUS, Ingeborg. *O Judiciário como superego da sociedade*. Tradução de Geraldo de Carvalho e Gercélia Batista de Oliveira Mendes. Rio de Janeiro: Lumen Juris, 2010; PICARDI, Nicola. *Jurisdição e Processo*. Organização e revisão técnica da tradução de Carlos Alberto Alvaro de Oliveira. Rio de Janeiro: Forense, 2008; TUSHNET, Mark. Marbury v. Madison and the Theory of Judicial Supremacy. *In*: George, R (Ed.). *Great Cases in Constitutional Law*. Princeton: Princeton Univ. Press, 2000; WALDRON, Jeremy. *Law and Disagreement*. Oxford: OUP, 1999; WOLFE, Christopher. *The rise of modern judicial review*: from constitutional interpretation to judge-made law. Revised edition. Maryland: Littlefield Adams Quality Paperbacks, 1994.

juízos de valor baseados nas convicções particulares e na sensação de justiça pessoal dos magistrados.

Não é raro o entendimento de que ao julgador seria conferido o poder de decidir *conforme a sua própria consciência* ou de acordo com o seu *livre pensamento*. Para essa posição, o juiz, *pelo fato em si de ser juiz*, poderia valorar as variáveis fáticas e jurídicas envolvidas no caso concreto e resolvê-lo com base na sua exclusiva vontade, independentemente de outros fatores.[54]

Piero Calamandrei, citado por Mauro Cappelletti, já disse que a sentença, derivada da palavra *sentire*, guarda íntima relação com o *sentimento* do juiz. Com isso, em muitas ocasiões, o citado autor sustentava que "a motivação verdadeira, real, efetiva de uma sentença não é completamente revelada na 'fundamentação' da decisão do juiz", mas, ao revés, "encontra-se nas ocultas inclinações (...) do ânimo do julgador" (tais como na simpatia ou antipatia por uma parte, ou no interesse ou desinteresse por uma tese jurídica).[55]

De acordo com essa orientação, o juiz seria uma manifestação estatal soberana que se coloca "acima de tudo e de todos (*super omnia*)", cujo poder, inevitável, impõe-se contra qualquer proibição. Uma vez que "ocupa na relação processual uma posição de realce e de mando", ao juiz caberia fazer "justiça pelas suas próprias mãos".[56] Por conseguinte, o julgamento nada mais seria do que um "ato de vontade" do magistrado revestido de "subjetivismo e feição ideológica". O juiz possuiria "poderes para conferir novos contornos aos ditames da lei" e a participação das partes no processo representaria uma barreira ao exercício da função jurisdicional. O julgador usaria do seu "intelecto" para mitigar as injustiças e a Constituição se transformaria em "um ato jurisprudencial",[57] de maneira que "o direito é o que os tribunais dizem que é".[58]

O exercício da jurisdição, para essa linha de pensamento, estaria desatrelado da soberania popular. O *Justice* da Suprema Corte dos Estados Unidos da América, Antonin Scalia, entendia que "Os juízes não têm idéia de qual é a vontade do povo. Nós trabalhamos em palácios de mármore". Para ele, o magistrado "expressa vontade de juiz, e não (vontade) do povo".[59] Por meio de uma prática *invertida* da função jurisdicional, o juiz primeiramente decidiria, com base na sua consciência, qual é o

---

[54] Criticando essa postura dos juízes, ver: STRECK, Lenio Luiz. *O que é isto – decido conforme minha consciência?*. 2. ed., Porto Alegre: Livraria do Advogado, 2010.

[55] apud CAPPELLETTI, Mauro. *Processo, ideologias e sociedade*. Tradução de Hermes Zaneti Junior. Porto Alegre: Sergio Antonio Fabris, 2010. v. 2, p. 29-30.

[56] TORNAGHI, Hélio. *A relação processual penal*. 2. ed., São Paulo: Saraiva, 1987, p. 141.

[57] NALINI, José Renato. *A rebelião da toga*. Campinas: Millennium, 2006, p. 248-294.

[58] HART, Herbert L. A. *O conceito de direito*. Tradução de A. Ribeiro Mendes. 5. ed., Lisboa: Fundação Calouste Gulbenkian, 2007, p. 155.

[59] apud LEAL, Saul Tourinho. *Ativismo ou altivez? O outro lado do Supremo Tribunal Federal*. Belo Horizonte: Fórum, 2010, p. 109.

teor da decisão, para, só a partir de então, buscar no ordenamento jurídico a suposta fundamentação jurídica para o seu pronunciamento.[60]

Contudo, a nosso ver, a tutela do devido processo legal, como fundamento da jurisdição, não condiz com o entendimento acima exposto de que ao magistrado seria conferido o poder de decidir de acordo com as suas opiniões e predileções pessoais, ou em critérios marcados "pela arbitrariedade, pela discricionariedade, pelo subjetivismo, pelo messianismo, pela sensibilidade, pelas individualidades carismáticas ou pela patologia judiciária" denominada de *complexo de Magnaud*.[61]

O Estado Democrático de Direito se projeta para impedir o exercício *decisionista*, *abusivo* e *arbitrário* da atividade jurisdicional. A jurisdição é uma função estatal sujeita a limites e controles materiais e processuais, os quais visam a assegurar a *fiscalização democrática* do processo de produção das decisões judiciais.[62]

Os perigos advindos de um exercício decisionista da função jurisdicional são capazes de resultar em desgaste institucional e violação aos direitos e às garantias fundamentais. A jurisdição não pode ser refém da vontade unilateral do órgão julgador. A legitimidade democrática da atividade judicante requer que as decisões judiciais sejam prolatadas com respeito à participação influente e dialética dos destinatários do provimento. O pronunciamento jurisdicional não pode ser a consequência de um ato monológico e solitário do juiz;[63] pelo contrário, o *decisum* deve ser o resultado da apreciação pelo julgador das provas e das alegações deduzidas pelos respectivos interessados, com base em uma atividade cooperativa entre as partes, e entre estas e o magistrado.

---

[60] Resumidamente, essa linha de pensamento é fortemente influenciada pelo movimento denominado *realismo legal* (ou *realismo jurídico norte-americano*), cujos principais adeptos (Jerome Frank Llewelyn, Wesley Sturges e Morris e Felix Cohen) defendem que "os juízes tomam as suas decisões de acordo com as suas próprias preferências políticas e então escolhem uma regra jurídica apropriada como uma racionalização" (DWORKIN, Ronald. *Levando os direitos a sério*. Tradução de Nelson Boeira. 3. ed., São Paulo: Martins Fontes, 2010, p. 6-7).

[61] DIAS, Ronaldo Brêtas de Carvalho. *Processo constitucional e Estado Democrático de Direito*. Belo Horizonte: Del Rey, 2010, p. 120, destaque no original. O autor explica que Jean-Marie Bernard Magnaud foi o juiz presidente do Tribunal de Primeira Instância de Château-Thierry da França, no período de 1899 a 1904, cujos julgamentos se tornaram célebres por formularem regras apoiadas unicamente no sentimentalismo e nas suas opiniões pessoais.

[62] PICARDI, Nicola. *Jurisdição e processo*. Organização e revisão técnica da tradução de Carlos Alberto Alvaro de Oliveira. Rio de Janeiro: Forense, 2008, p. 18.

[63] No entendimento de Lenio Luiz Streck, o provimento como consequência de um ato monológico e solitário é próprio de um "sujeito *solipsista*" (*Selbstsüchtiger*), o qual, egoísta e fechado em seu interior, dita a *verdade* a partir de sua própria consciência. O juiz solipsista, portanto, é aquele que, ultrapassando os legítimos contornos de sua discricionariedade, decide conforme as suas convicções pessoais e profere sentenças a partir de seu *sentire*, como resultado das representações extraídas de seu pessoal *feixe de sensações* (STRECK, Lenio Luiz. O que é isto: 'decidir conforme a consciência'? Protogênese do protagonismo judicial. *In*: MACHADO, Felipe; CATTONI, Marcelo (Coord.). *Constituição e Processo*: entre o Direito e a Política. Belo Horizonte: Fórum, 2011, p. 224-225).

É por meio da efetivação do devido processo legal que passa a ser possível a conformação do exercício de uma função jurisdicional que prime pelo respeito à democracia e às garantias processuais constitucionais. A justificação da atividade jurisdicional a partir do processo tem o mérito de impedir que a legitimidade da jurisdição seja extraída de um poder estatal decisionista.[64] As garantias processuais que compõem o *due process of law*, especialmente as do contraditório e da motivação decisória, consistem em ferramentas de *controle democrático* e *cívico* do exercício da jurisdição:

> Os princípios constitucionais, como o da *motivação* facilitam o controle da aplicação judicial da lei. As partes devem conhecer, também, os motivos da decisão, para poder da mesma recorrer, circunstância que facilita o controle da sentença impugnada. (...). A Constituição requer que o juiz motive suas decisões, antes de tudo, para permitir o controle da atividade jurisdicional. Os fundamentos da sentença dirigem-se ao convencimento não só do acusado, mas das partes do processo, demonstrando a correção e a justiça da decisão judicial sobre os direitos da cidadania.[65]

A garantia de elaboração do provimento com base no contraditório vincula a apreciação pelo magistrado dos argumentos e provas deduzidos pelas partes, o que impede que o processo judicial seja utilizado como mero instrumento para a realização das opiniões subjetivas do julgador. Nesse sentido, "o resultado do processo não é fruto da sorte ou do acaso",[66] uma vez que o convencimento racional do magistrado possui conexão direta e objetiva com a atividade desenvolvida pelos destinatários da decisão judicial.

Dessa forma, evita-se que o juiz, "em 'solitária onipotência', aplique normas ou embase a decisão sobre fatos completamente estranhos à dialética defensiva de uma ou de ambas as partes".[67] Por conseguinte, impede-se a prolação das chamadas *decisões-surpresa*, isto é, provimentos que surpreendem as partes por meio de um conteúdo que não possui relação com as alegaç*ões dialeticamente discutidas nos autos*:

> Vislumbra-se, aqui, os limites da fundamentação jurisdicional para impedir o subjetivismo do juiz e sua parcialidade, eis que, embora seja ele uma pessoa humana com suas convicções e história de vida, a limitação se dá justamente no impedimento de uma fundamentação que extrapole os argumentos jurídicos e na obrigatoriedade de se construir a decisão com argumentação participada das partes, que, como partes contraditoras, possam discutir a questão do caso concreto,

---

[64] LEAL, André Cordeiro. *Instrumentalidade do processo em crise*. Belo Horizonte: Mandamentos, 2008, p. 110-121.

[65] BARACHO, José Alfredo de Oliveira. Teoria Geral do Processo Constitucional. *Revista de Direito Comparado*, Belo Horizonte: UFMG, v. 4, p. 60-61, 2000.

[66] TUCCI, Rogério Lauria; TUCCI, José Rogério Cruz e. *Constituição de 1988 e processo*: regramentos e garantias constitucionais do processo. São Paulo: Saraiva, 1989, p. 74.

[67] NUNES, Dierle José Coelho. *Processo Jurisdicional Democrático*: uma análise crítica das reformas processuais. 1. ed., Curitiba: Juruá, 2011, p. 83.

de modo que a decisão racional se garanta em termos de coerência normativa, a partir da definição do argumento mais adequado ao caso concreto. Assim, se pode garantir que um juiz, mesmo com suas convicções, não apresente um juízo axiológico, no sentido de que todos os cidadãos comunguem da mesma concepção de vida, ou que os valores ali expostos na sentença vinculem normativamente todos os demais sujeitos do processo.[68]

Conforme ensina Francesco Carnelutti, as *razões de justificação* – argumentos e contra-argumentos –, deduzidas pelas partes em torno das *razões de discussão* – questões de fato e de direito –, formam a base das *razões da decisão* – motivação –, "e aí encontramos a essência do dever de fundamentação, permitindo a geração de um pronunciamento decisório participado e democrático".[69] A formulação da *ratio decidendi* com base nas alegações e nas provas apresentadas pelos interessados impede pronunciamentos jurisdicionais baseados em argumentos alheios ao conhecimento das partes ou inseridos unicamente no íntimo sentimento psicológico de justiça do magistrado.

Nessa abordagem, as garantias constitucionais processuais que estruturam o devido processo legal consistem em expressão da democracia e justificam a prática de uma função jurisdicional exercida com respeito à atuação dos respectivos destinatários – os quais, mais do que apenas partes processuais, são *cidadãos* diretamente beneficiários do serviço público jurisdicional. Com isso, a construção do provimento é marcada pela "efetiva atuação das partes" na condição simultânea de "destinatárias e autoras das decisões jurisdicionais",[70] de forma que o contraditório se revela como um "poderoso fator de contenção do arbítrio do juiz".[71]

Indo além, em um regime democrático não só as partes possuem a prerrogativa de controle da jurisdição. Também a *sociedade*, dentro de um contexto de amplos espaços públicos de debate e de abertura dos intérpretes constitucionais,[72] detém a

---

[68] BARROS, Flaviane de Magalhães. A fundamentação das decisões a partir do modelo constitucional de processo. *Revista do Instituto de Hermenêutica Jurídica*: 20 anos de constitucionalismo democrático – e agora?. Porto Alegre: Instituto de Hermenêutica Jurídica, 2008, p. 135-145.

[69] CARNELUTTI, Francesco. *Instituciones del proceso civil*. Traducción de Santiago Sentis Melendo. Buenos Aires: EJEA, 1973. v. 1, p. 33-34.

[70] FARIA, Gustavo de Castro. *Jurisprudencialização do Direito*: reflexões no contexto da Processualidade Democrática. Belo Horizonte: Arraes, 2012, p. 54. A efetiva participação das partes como fator de legitimação da elaboração do provimento jurisdicional torna possível um paralelo com a teoria de Jürgen Habermas acerca da legitimação da atividade política através do processo de *autolegislação*, no qual os cidadãos se apresentam simultaneamente como autores e destinatários das normas jurídicas (HABERMAS, Jürgen. *Direito e democracia*: entre facticidade e validade. Tradução de Flávio Beno Siebeneichler. 2. ed., Rio de Janeiro: Tempo Brasileiro, 2003. v. I, p. 128-139; HABERMAS, Jürgen. *A inclusão do outro*: estudos de teoria política. Tradução de George Sperber e Paulo Astor Soethe. São Paulo: Loyola, 2002, p. 292-293).

[71] OLIVEIRA, Carlos Alberto Alvaro de. *Do formalismo no processo civil*. 2. ed., São Paulo: Saraiva, 2003, p. 115.

[72] HÄBERLE, Peter. *A sociedade aberta dos intérpretes da Constituição*: contribuição para a interpretação pluralista e "procedimental" da Constituição. Tradução de Gilmar Ferreira Mendes. Porto Alegre: Sergio Antonio Fabris, 1997, p. 11-18.

faculdade de fiscalizar o exercício e os resultados da atividade jurisdicional.[73] De tal sorte, a decisão judicial escapa à esfera da intimidade pessoal do julgador para alcançar a *intersubjetividade* própria de uma democracia.[74]

Nesse cenário, quaisquer cidadãos e entidades civis alheios ao direito material em litígio – porém, juridicamente interessados – adquirem aptidão para conhecer e participar de demandas judiciais, o que ocorre, por exemplo, mediante a participação em audiências públicas[75] ou pela intervenção processual na qualidade de *amicus curiae*.[76]

Também a garantia fundamental da *publicidade* das decisões judiciais (art. 5º, LX, e art. 93, IX e X, da CRFB) constitui um mecanismo essencial para o controle do exercício da jurisdição pela sociedade, especialmente diante da necessidade de o juiz dar conhecimento público dos motivos que o levaram à prolação do provimento.[77] A administração da justiça em nome do povo torna a publicidade uma garantia fundamental que possibilita "julgar os juízes" e impede o exercício de uma "justiça 'secreta', esotericamente administrada 'atrás de portas fechadas, escondida da vista do público e da imprensa e imune à responsabilidade pública'".[78]

Como expressão da democracia, da legalidade e da soberania popular, a publicidade das decisões judiciais – sobretudo da fundamentação – retrata empecilho à

---

[73] COSTA, Fabrício Veiga. Modelo constitucional de processo coletivo: um estudo crítico a partir da teoria das ações coletivas como ações temáticas. *Revista do Instituto dos Advogados de Minas Gerais*, Belo Horizonte, n. 17, p. 224, 2011.

[74] STRECK, Lenio; CATTONI DE OLIVEIRA, Marcelo Andrade. *(Mais) um passo atrás no direito brasileiro*: quem vai cuidar do guarda da esquina?. Disponível em: <http://jus.com.br/revista/texto/7987/mais-um-passo-atras-no-direito-brasileiro>. Acesso em: 16 ago. 2014.

[75] A possibilidade de realização de audiências públicas está prevista, por exemplo, no art. 9º, §1º, da Lei n.º 9.868/99 e tem como objetivo a elucidação de matéria ou circunstância de fato. O Supremo Tribunal Federal já realizou audiências públicas para o debate de diversas questões constitucionais, destacando-se os casos das células-tronco (ADI n.º 3.510), da viabilidade jurídica da interrupção de gravidez na hipótese de feto anencéfalo (ADPF n.º 54) e da importação de pneus usados (ADPF n.º 101).

[76] O *amicus curiae* (em tradução literal, *amigo da Corte*) tem o objetivo de pluralizar o debate sobre matérias constitucionais e significa a intervenção processual de terceiros como "fator de legitimação social das decisões". Sendo manifestação da democracia, o *amicus curiae* possibilita "a participação formal de entidades e de instituições que efetivamente representem os interesses gerais da coletividade ou que expressem os valores essenciais e relevantes de grupos, classes ou estratos sociais". Com isso, busca-se valorizar o "sentido essencialmente democrático" da participação processual, "enriquecida pelos elementos de informação e pelo acervo de experiências que o *amicus curiae* poderá transmitir à Corte Constitucional" (BRASIL. Supremo Tribunal Federal, ADI n.º 2.130 AgR, Rel. Ministro Celso de Mello, julgado em 03/10/2001, publicação em 14/12/2001).

[77] LLOBREGAT, José Garberí. *El derecho a la tutela judicial efectiva en la jurisprudencia del Tribunal Constitucional*. Barcelona: Bosch, 2008, p. 80; ANDOLINA, Ítalo; VIGNERA, Giuseppe. *I fondamenti costituzionali della giustizia civile*: il modello costituzionale del processo civile italiano. 2. ed., Torino: G. Giappichelli Editore, 1997, p. 193-194.

[78] COMOGLIO, Luigi Paolo. Garanzie costituzionali e 'giusto processo' (modelli a confronto). *Revista de Direito Comparado*, Belo Horizonte: UFMG, v. 2, n. 2, p. 284, mar./1998, tradução livre.

arbitrariedade judicial, pois é essencial à imparcialidade do juiz e assegura a necessidade de transparência dos resultados da atividade jurisdicional:[79]

> O princípio da publicidade é uma garantia imprescindível, para possibilitar a participação da cidadania, pelo que todos têm direito a um processo público. (...). É o mais precioso instrumento de fiscalização popular sobre as obras dos magistrados e defensores. (...). Com a publicidade, o ato jurisdicional pode ser julgado socialmente, expondo-se às críticas das partes e de seus representantes, evitando o juízo arbitrário.[80]

Em suma, a garantia fundamental do devido processo legal se contrapõe a um *indevido processo sentimental* de viés arbitrário, por meio do qual as decisões judiciais são – supostamente – motivadas com base no *sentimento pessoal* ou na íntima consciência moral ou *psicológica* do juiz.

Conforme explica Chaïm Perelman, a motivação das decisões judiciais, historicamente, "pode ser compreendida ora como a indicação das razões que motivam o julgamento, como ocorre na terminologia jurídica francesa, ora como a indicação dos móbeis psicológicos de uma decisão". Porém, o autor diz que, em uma democracia, vários motivos se opõem "à identificação da motivação com a indicação 'de todas as operações da mente que conduziram o juiz ao dispositivo adotado por ele'". E arremata com a conclusão: "Bastará descrever fielmente as operações da mente do juiz para motivar bem uma decisão jurídica? (...). Uma simples descrição das operações da mente do juiz não fornece, necessariamente, uma boa motivação, ou seja, uma legitimação ou uma justificação que persuadiria as partes, as instâncias superiores e a opinião pública da legitimidade da decisão".[81] Em sentido semelhante, Michele Taruffo sustenta que:

> Do mesmo modo, a motivação – ao contrário do que muitos pensam – não é um detalhamento do assim chamado *iter* lógico-psicológico que o juiz seguiu para chegar à formulação final de sua decisão. À parte o fato de que isso seria impossível (por razões óbvias), não interessa a dinâmica das sinapses ocorridas nos neurônios do juiz, e nem mesmo importam seus humores, sentimentos, e tudo mais que pode ter ocorrido *in interiore homine*. (...). Essa conclusão parece, todavia, excessivamente redutiva e substancialmente inaceitável: o juiz, ao motivar, não deve persuadir pessoa alguma; ao invés disso, deve fornecer as razões pelas quais sua decisão pode parecer fundada diante de um controle intersubjetivo de validade e confiabilidade. (...). A motivação deve indicar as razões pelas quais

---

[79] ZUFELATO, Camila. Fundamentação lógica das decisões judiciais: notas sobre a racionalização da função jurisdicional de decidir. *In*: THEODORO JUNIOR, Humberto; CALMON, Petrônio; NUNES, Dierle (Coord.). *Processo e Constituição*: os dilemas do processo constitucional e dos princípios processuais constitucionais. Rio de Janeiro: GZ, 2012, p. 479.

[80] BARACHO, José Alfredo de Oliveira. *Direito processual constitucional*: aspectos contemporâneos. Belo Horizonte: Fórum, 2008, p. 19-20.

[81] PERELMAN, Chaïm. *Ética e Direito*. Tradução de Maria Ermanita Galvão. São Paulo: Martins Fontes, 2000, p. 559-560.

o juiz entendeu que os fatos resultaram provados segundo critérios objetivos e racionalmente verificáveis. (...). Em outros termos, o juiz não pode fundar sua decisão em fatos simplesmente invocando fatores de que não tem condições de falar porque pertencem à sua impenetrável subjetividade.[82]

A motivação decisória, assim, baliza os limites de discricionariedade da atuação do julgador por meio da necessidade de prolação de decisões judiciais objetivamente assentadas. Para tanto, é preciso que haja uma "efetiva comparticipação dos sujeitos processuais em todo o *iter* formativo das decisões" através do incentivo ao "aspecto dialógico do procedimento",[83] com o correspondente respaldo nas garantias processuais que compõem o *due process of law*.[84]

---

[82] TARUFFO, Michele. *Uma simples verdade*: o juiz e a construção dos fatos. Tradução de Vitor de Paula Ramos. Madrid: Marcial Pons, 2012, p. 271-277.

[83] THEODORO JUNIOR, Humberto. *Processo justo e contraditório dinâmico*. Disponível em: <http://revistas.unisinos.br/index.php/RECHTD/article/view/4776>. Acesso em: 16 ago. 2014.

[84] Parte das ideias desenvolvidas nesse tópico foram também abordadas em: FRANCO, Marcelo Veiga. Devido processo legal x indevido processo sentimental: o controle da função jurisdicional pelo contraditório e o modelo comparticipativo de processo. *Revista da Faculdade de Direito do Sul de Minas*, v. 29, p. 39-61, 2013.

3
EFETIVIDADE DA TUTELA JURISDICIONAL

Analisado de que forma o devido processo legal atua como um fator de legitimação do exercício democrático da jurisdição, é preciso, nessa segunda etapa, examinar as questões que envolvem a *efetividade do processo* diante do contexto atual de *crise da Justiça*. A nosso ver, não basta a realização de um processo que se legitime em termos de garantia de participação das partes na elaboração do provimento e de controle dos resultados advindos da atividade jurisdicional, se a tutela prestada não fornecer uma pronta resposta ao jurisdicionado, tanto sob a ótica temporal – razoável duração – como no aspecto da efetiva satisfação do direito material reconhecido na decisão.

Processo e provimento *legítimos*, portanto, devem se conjugar com tutela jurisdicional *efetiva*.

3.1 "CRISE DA JUSTIÇA" E INEFETIVIDADE DA JURISDIÇÃO

Já é frequente a utilização da expressão *crise da Justiça* (ou *crise judiciária*) para retratar a insuficiência dos resultados advindos do exercício da função jurisdicional, especialmente diante da verificação de inúmeras falhas no sistema estatal de resolução das controvérsias.[1] A ausência de concretização de uma tutela jurisdicional adequada e efetiva[2] ocasiona um contínuo descrédito do Judiciário perante a

---

[1] A expressão "crise da Justiça" é criticada por parte da doutrina. Para Adel El Tasse, "não há crise alguma no Poder Judiciário", já que a palavra "crise pressupõe que, em algum momento, se teve, no Brasil, justiça célere e efetiva, para todos os setores da sociedade, o que, em momento algum, ocorreu". Nessa linha de raciocínio, o "Judiciário brasileiro não está em crise", mas, sim, é "o modelo de Justiça brasileira que já não serve mais", sendo que apenas agora que a sociedade brasileira acordou "de um sono coletivo" e se deu conta "de que a estrutura judicial brasileira não é eficaz em resolver as problemáticas complexas da vivência comunitária nacional" (TASSE, Adel El. *A "crise" do Poder Judiciário*: a falsidade do discurso que aponta os problemas, a insustentabilidade das soluções propostas e os apontamentos para a democratização estrutural. Curitiba: Juruá, 2004, p. 43).

[2] MARINONI, Luiz Guilherme. *Técnica processual e tutela dos direitos*. São Paulo: Revista dos Tribunais, 2004, p. 84; 146-147; 165 *et seq*.

sociedade,³ a qual se mostra insatisfeita com a morosidade excessiva na tramitação dos processos judiciais. Os métodos tradicionais de resolução de conflitos de interesses vêm se mostrando precários para atender às demandas da população, sobretudo em face do aumento expressivo do número de ações levadas a um Judiciário incapaz de absorver a judicialização *massificada* de contendas.

Sabe-se que, em um Estado Democrático de Direito que idealiza uma sociedade pluralista, heterogênea e multifacetária, é natural que haja uma maior possibilidade de ocorrência de controvérsias entre pessoas ou grupos sociais com interesses ou posicionamentos díspares. A democracia, ao expressar "o regime da igualdade na diferença",⁴ faz com que a sociedade complexa e multicultural guarde uma imensa variedade de opiniões e de condutas, de maneira que o *discordar* seja uma lícita possibilidade de tolerância e de convívio com a diversidade.⁵ O dissenso, portanto, é essencial nas sociedades democráticas.⁶

Como anota Boaventura de Sousa Santos, na sociedade contemporânea é comum a existência de uma infinidade de "relações sociais com potencialidade de lesão", as quais ensejam reclamações junto aos causadores dos danos. Essa "polarização" acarreta em dualidades – ou multiplicidades – de interesses conflitantes, os quais reclamam negociações e tentativas de resolução – consensual ou litigiosa. Dessa maneira, "os litígios são construções sociais" resultantes de um "contexto de interações" em que indivíduos e grupos demonstram "percepções diferentes das situações de litígio e níveis de tolerância diferentes perante as injustiças".⁷ Nesse contexto, é possível dizer que o atual aumento do número de conflitos é consequência, dentre outros fatores, da própria complexidade de uma sociedade democrática.

No entanto, o sistema jurisdicional brasileiro não foi capaz de antever essa realidade. A ausência de uma prestação jurisdicional efetiva e adequada, em termos qualitativos e quantitativos, é um dos principais sintomas da *crise* que afeta o sistema judiciário nacional. Fatores como precário gerenciamento dos órgãos da Justiça,

---

3   A fim de demonstrar o desprestígio social do Judiciário, cite-se pesquisa realizada pela Fundação Getúlio Vargas no ano de 2014, na qual o Judiciário apareceu em oitavo lugar no índice de confiabilidade das instituições, com 30% de percentual de confiança, ficando atrás, em ordem decrescente, das Forças Armadas, da Igreja Católica, do Ministério Público, da Imprensa Escrita, das Grandes Empresas, da Polícia e das Emissoras de Televisão (*Relatório do Índice de Confiança na Justiça no Brasil – ICJBrasil*. Fundação Getúlio Vargas. 1º trimestre de 2014 – 4º trimestre de 2014. Ano 06. Disponível em: https://bibliotecadigital.fgv.br/dspace/handle/10438/14089. Acesso em: 14 jan. 2015, p. 06 e 24).

4   JAYME, Fernando Gonzaga. *Direitos humanos e sua efetivação pela Corte Interamericana de Direitos Humanos*. Belo Horizonte: Del Rey, 2005, p. 31.

5   LORENZETTI, Ricardo Luis. *Teoria da decisão judicial*: fundamentos de direito. 2. ed., São Paulo: Revista dos Tribunais, p. 335-336.

6   ZANETI JÚNIOR, Hermes. *A constitucionalização do processo*: o modelo constitucional da justiça brasileira e as relações entre processo e constituição. 2. ed., São Paulo: Atlas, 2014, p. 109.

7   SANTOS, Boaventura de Sousa; MARQUES, Maria Manuel Leitão; PEDROSO, João. Os Tribunais nas sociedades contemporâneas. *Revista brasileira de ciências sociais*, Associação Nacional de Pós-Graduação e Pesquisa em Ciências Sociais, n. 30, ano 11, p. 50-56, fev. 1996.

falta de infraestrutura material, burocracia excessiva em cartórios judiciais, insuficiência do número de juízes e de serventuários, atraso tecnológico, dentre outros, demonstram um esgotamento das condições ideais para a obtenção da tão *sonhada* efetividade jurisdicional.

É indubitável que a jurisdição estatal não se mostra eficiente para solucionar, a contento, os litígios que lhe são dirigidos, o que retrata a sua incapacidade de atender a uma "massa de lides sem absorção pelo aparato estatal".[8] O desagrado social em relação ao Judiciário dá a ideia "de que o anseio de justiça das comunidades se esvai numa grande e generalizada frustração",[9] diante da sobrecarga de demandas a que está sujeita a jurisdição estatal.

Basta perceber os dados estatísticos extraídos das pesquisas realizadas pelo Conselho Nacional de Justiça – CNJ no projeto "Justiça em números". Em 2013, "tramitaram aproximadamente 95,14 milhões de processos na Justiça, sendo que, dentre eles, 70%, ou seja, 66,8 milhões já estavam pendentes desde o início de 2013, com ingresso no decorrer do ano de 28,3 milhões de casos novos (30%)". O CNJ considera "preocupante constatar o progressivo e constante aumento do acervo processual, que tem crescido a cada ano, a um percentual médio de 3,4%", o que representa, no quinquênio 2009-2013, o aumento no número de casos novos, em números absolutos, em quase 12 milhões (variação de 13,9%).[10]

É possível inferir, desses números, que "a montanha de processos acumulados ou que entram em pauta de julgamento compromete a qualidade da prestação jurisdicional", impondo à magistratura "uma tarefa que excede suas forças e sua capacidade de trabalho". A avalanche de demandas judiciais pendentes de julgamento implica, inevitavelmente, um afastamento entre os juízes e os cidadãos, com "queda de teor democrático" do Judiciário e distanciamento "da concretização de um legítimo Estado de Direito".[11] O Judiciário ainda não obteve êxito em se adaptar a uma *litigiosidade de massas*, conforme observa Fernando Gonzaga Jayme:

> Os números evidenciam que a excessiva litigiosidade demonstra encontrar-se a sociedade brasileira doente, por causa da carência de efetividade do Direito, inexistindo, até o momento, remédios que possam preveni-la, sendo que para a cura dispomos de um processo oneroso, lento e ineficiente. A desordem social decorrente da crise do Direito face à incapacidade da jurisdição de preservar a coesão

---

[8] ASSIS, Araken. Duração razoável do processo e reformas da lei processual civil. *In*: FUX, Luiz; NERY JR., Nelson; WAMBIER, Teresa Arruda Alvim (Coord.). *Processo e Constituição*: estudos em homenagem ao professor José Carlos Barbosa Moreira. São Paulo: Revista dos Tribunais, 2006, p. 198-199.

[9] THEODORO JUNIOR, Humberto. Celeridade e efetividade da prestação jurisdicional: insuficiência da reforma das leis processuais. *Revista de processo*, São Paulo, ano 30, n. 125, p. 61, jul. 2005.

[10] Disponível em: http://www.cnj.jus.br/programas-de-a-a-z/eficiencia-modernizacao-e-transparencia/pj-justica-em-numeros/relatorios. Acesso em: 24 out. 2014.

[11] BONAVIDES, Paulo. O Poder Judiciário e o parágrafo único do art. 1º da Constituição do Brasil. *In*: CUNHA, Sérgio Sérvulo da; GRAU, Eros Roberto (Org.). *Estudos de Direito Constitucional em homenagem a José Afonso da Silva*. São Paulo: Malheiros, 2003, p. 82-83.

da sociedade e de fazer as normas jurídicas serem cumpridas, além de comprometer a imagem do Poder Judiciário, ocasiona insegurança jurídica. O astronômico volume de processos julgados anualmente pelo Supremo Tribunal Federal e pelo Superior Tribunal de Justiça não representa nenhum alento, mas, ao contrário, deve constituir motivo para sérias preocupações (...).[12]

A insatisfação crônica e generalizada com a ausência de uma pronta e adequada resposta jurisdicional gera *denegação de justiça* e "frustração permanente em face da longa tramitação dos litígios". O brocardo "a justiça tarda, mas não falha" se transforma nos aforismos a "justiça que tarda é sempre falha"[13] e "justiça retardada, justiça negada".[14] Nessa perspectiva, a efetividade da tutela é essencial para a conquista de uma *ordem jurídica justa* que seja capaz de garantir a proteção jurisdicional do cidadão dentro de um prazo razoável (art. 5º, XXXV e LXXVIII, da CRFB).

3.2 EFETIVIDADE DO PROCESSO, ACESSO À ORDEM JURÍDICA JUSTA E GARANTIA DE PROTEÇÃO JUDICIAL DENTRO DE UM PRAZO RAZOÁVEL

Diante do contexto abordado da chamada "crise da justiça", não há dúvidas de que a busca pela *efetividade processual* constitui preocupação recorrente em um Estado Democrático de Direito. A obtenção de uma prestação jurisdicional dentro de um prazo razoável (art. 5º, LXXVIII, da CRFB) é essencial para que seja realizada a tutela do direito material de modo adequado.

Nessa ordem de ideias, é necessária a concretização de uma resposta jurisdicional que seja capaz de materializar a precípua função do processo de "efetiva realização dos direitos".[15] Busca-se a satisfação do direito substancial e a materialização das garantias constitucionais[16] através de um processo que "assegura a concretização e a conservação dos direitos fundamentais".[17] Entrementes, o princípio constitucional da inafastabilidade da jurisdição permite que haja a

---

[12] JAYME, Fernando Gonzaga. Os problemas da efetiva garantia de proteção judicial perante o Poder Judiciário brasileiro. *In*: JAYME, Fernando Gonzaga; FARIA, Juliana Cordeiro de; LAUAR, Maira Terra (Coord.). *Processo Civil – novas tendências*: estudos em homenagem ao Professor Humberto Theodoro Júnior. Belo Horizonte: Del Rey, 2008, p. 239.

[13] TAVARES, Fernando Horta. Acesso ao Direito, duração razoável do procedimento e tutela jurisdicional efetiva nas Constituições brasileira e portuguesa: um estudo comparativo. *In*: MACHADO, Felipe Daniel Amorim; CATTONI DE OLIVEIRA, Marcelo Andrade (Coord.). *Constituição e Processo*: a contribuição do processo ao constitucionalismo democrático brasileiro. Belo Horizonte: Del Rey, 2009, p. 270.

[14] DIAS, Ronaldo Brêtas de Carvalho. *Processo Constitucional e Estado Democrático de Direito*. Belo Horizonte: Del Rey, 2010, p. 162.

[15] WATANABE, Kazuo. *Da cognição no processo civil*. 2. ed., Campinas: Bookseller, 2000, p. 19.

[16] OLIVEIRA, Carlos Alberto Alvaro de. *Teoria e prática da tutela jurisdicional*. Rio de Janeiro: Forense, 2008, p. 92-93.

[17] CASAGRANDE, Érico Vinícius Prado. Efetividade do Direito e eficiência do Judiciário. *In*: TAVARES, Fernando Horta (Coord.). *Urgências de tutela*. Curitiba: Juruá, 2007, p. 82.

garantia da proteção judicial contra ameaças ou lesões às esferas jurídicas dos cidadãos (art. 5º, XXXV, da CRFB).[18]

A atribuição de *efetividade* à tutela jurisdicional requer a superação da ideia do processo como forma, e pela forma. A partir de uma perspectiva *substancial* da instrumentalidade processual – que ultrapassa uma visão meramente *nominal* ou *formal* – o processo se torna apto a efetivamente implicar transformações e resultados práticos na realidade social.[19]

José Carlos Barbosa Moreira enumera cinco itens que retratam um "programa básico" da efetividade processual, a saber: a) o processo deve dispor de instrumentos adequados de tutela a todos os direitos; b) esses instrumentos devem ser praticamente utilizáveis; c) é preciso assegurar condições propícias para a completa restituição dos fatos relevantes, a fim de que o convencimento do julgador corresponda à realidade; d) o resultado do processo deve assegurar à parte vitoriosa o gozo pleno da específica utilidade a que faz jus; e) é preciso atingir o resultado prático com o mínimo dispêndio de tempo e de energia.[20]

Já Carlos Alberto Alvaro de Oliveira aduz que o "princípio da efetividade impõe a superação de modelos ultrapassados de tutela jurisdicional para certas situações lesivas ao direito material, em prol de mais eficaz e rápida realização do direito material".[21] José Roberto Bedaque entende que é necessário definir o processo como um "instrumento cuja utilidade é medida em função dos benefícios que possa trazer para o titular de um interesse protegido pelo ordenamento jurídico material".[22]

Destarte, a efetividade processual visa "a proporcionar precisamente aquilo que o cumprimento de uma obrigação ou obediência ao dever proporcionaria se não tivesse havido ilícito algum".[23] O processo efetivo se destina à produção de resultados semelhantes àqueles gerados por meio do cumprimento espontâneo das normas jurídicas.

Paralelamente, a efetividade do processo possui estreita relação com a garantia fundamental do acesso à justiça, de modo que a duração razoável do processo se

---

[18] THEODORO JUNIOR, Humberto. Celeridade e efetividade da prestação jurisdicional: insuficiência da reforma das leis processuais. *Revista de processo*, São Paulo, ano 30, n. 125, p. 63, jul. 2005.

[19] DINAMARCO, Cândido Rangel. *Instituições de Direito Processual Civil*. 6. ed., São Paulo: Malheiros, 2009. v. I, p. 110-112.

[20] MOREIRA, José Carlos Barbosa. *Temas de Direito Processual*: sexta série. São Paulo: Saraiva, 1991, p. 17-18.

[21] OLIVEIRA, Carlos Alberto Alvaro de. Efetividade e tutela jurisdicional. *In*: MARINONI, Luiz Guilherme (Coord.). *Estudos de Direito Processual Civil*: homenagem ao professor Egas Dirceu Moniz de Aragão. São Paulo: Revista dos Tribunais, 2006, p. 438.

[22] BEDAQUE, José Roberto dos Santos. *Direito e processo*: influência do direito material sobre o processo. 5. ed., São Paulo: Malheiros, 2009, p. 14-15.

[23] WAMBIER, Teresa Arruda Alvim. *Aspectos polêmicos da antecipação da tutela*. São Paulo: Revista dos Tribunais, 1997, p. 206-209.

apresenta como um desdobramento do princípio constitucional da inafastabilidade da jurisdição (art. 5º, XXXV, da CRFB).[24]

A moderna concepção do princípio da inafastabilidade da jurisdição vai além da ideia de garantia formal do cidadão de provocar o Judiciário e de ingressar em juízo – direito público subjetivo de invocar a prestação jurisdicional[25] –, para retratar o *acesso à ordem jurídica justa* – o qual resulta em uma tutela jurisdicional efetiva e sem dilações excessivas ou formalismos desnecessários, enfim, tempestiva, adequada e qualificada contra qualquer forma de denegação de justiça.[26] Nessa linha, o processo "tem de se apresentar como instrumento capaz de propiciar *efetividade* à garantia de 'acesso à Justiça'".[27]

Segundo Kazuo Watanabe, os dados elementares do acesso à ordem jurídica justa são: a) o direito à informação; b) o direito à adequação entre a ordem jurídica e a realidade socioeconômica do país; c) o direito ao acesso a uma Justiça adequadamente organizada, formada por juízes inseridos na realidade social e comprometidos com o objetivo de uma prestação jurisdicional justa; d) o direito à preordenação dos instrumentos processuais capazes de promover a tutela objetiva dos direitos; e) o direito à remoção dos obstáculos que se anteponham ao acesso efetivo a uma Justiça que tenha tais características.[28]

Nessa perspectiva, o cidadão possui o *direito fundamental à tutela jurisdicional efetiva*. O jurisdicionado goza da garantia constitucional de que terá efetividade na proteção judicial de sua esfera jurídica, por meio de um processo desenvolvido sem dilações indevidas, em face do dever do Estado de tutela dos direitos ameaçados ou lesados.[29]

Sendo assim, o "direito à efetividade da jurisdição nada mais é do que exigir do Estado uma decisão justa num prazo razoável, pois é repugnante ter que esperar anos e anos para ver concretizado um direito subjetivo violado".[30] Na *luta* pela efetividade

---

[24] WAMBIER, Luiz Rodrigues; WAMBIER, Teresa Arruda Alvim; MEDINA, José Miguel Garcia. *Breves comentários à nova sistemática processual civil*. 3. ed., São Paulo: Revista dos Tribunais, 2005, p. 27.

[25] TUCCI, Rogério Lauria; TUCCI, José Rogério Cruz e. *Constituição de 1988 e processo*: regramentos e garantias constitucionais do processo. São Paulo: Saraiva, 1989, p. 10.

[26] WATANABE, Kazuo. *Da cognição no processo civil*. 2. ed., Campinas: Bookseller, 2000, p. 27; OLIVEIRA, Carlos Alberto Alvaro de. *Do formalismo no processo civil*. 2. ed., São Paulo: Saraiva, 2003, p. 271; BEDAQUE, José Roberto dos Santos. *Direito e processo*: influência do direito material sobre o processo. 5. ed., São Paulo: Malheiros, 2009, p. 14-16; DINAMARCO, Cândido Rangel. *Instituições de Direito Processual Civil*. 6. ed., São Paulo: Malheiros, 2009. v. I, p. 117-119; DIDIER JR., Fredie. Notas sobre a garantia constitucional do acesso à justiça: o princípio do direito de ação ou da inafastabilidade do Poder Judiciário. *Revista de Processo*, São Paulo, ano 27, n. 108, p. 28, out./dez. 2002.

[27] THEODORO JUNIOR, Humberto. Celeridade e efetividade da prestação jurisdicional: insuficiência da reforma das leis processuais. *Revista de processo*, São Paulo, ano 30, n. 125, p. 65, jul. 2005.

[28] WATANABE, Kazuo. *Participação e processo*. São Paulo: Revista dos Tribunais, 1988, p. 128.

[29] MARINONI, Luiz Guilherme. *Técnica processual e tutela dos direitos*. São Paulo: Revista dos Tribunais, 2004, p. 84; 146-147; 165 *et seq*.

[30] FERREIRA, Simone Rodrigues. A efetividade do direito fundamental à razoável duração do processo. *Revista IOB de Direito Civil e Processual Civil*, Porto Alegre, v. 9, n. 53, p. 142, maio/jun. 2008.

da jurisdição, busca-se que "o vencedor da demanda obtenha o bem da vida pleiteado no processo em um período de tempo razoável".[31] Com isso, o direito de ação se relaciona ao direito à tutela jurisdicional efetiva – "inserindo-se no direito de ação o direito à tempestividade da prestação jurisdicional"[32] – e denota o "direito subjetivo público dirigido frente ao Estado a fim de que este preste a tutela jurisdicional sobre os direitos e interesses em conflito"[33] dentro de um prazo razoável.

Por conseguinte, a tutela jurisdicional dos direitos assegura uma resposta estatal em tempo hábil, no que tange à pretensão deduzida e aos resultados proporcionados pelo processo no âmbito do direito material.[34] As garantias constitucionais do acesso à justiça e do devido processo legal objetivam que "seja assegurada a efetividade real do 'resultado'", o que significa "a possibilidade de obter uma eficaz tutela jurisdicional" em um prazo razoável e que seja destinada à proteção das necessidades do direito substancial.[35] A ideia do *due process of law* requer a conjugação dos direitos ao acesso à justiça, da obtenção da solução da controvérsia em um tempo razoável e da plena eficácia dos pronunciamentos decisórios.[36]

Igualmente, o cidadão possui o *direito fundamental à tutela jurisdicional adequada*. A proteção judicial dos direitos deve ser proporcional à justa composição do litígio, exercida em tempo razoável e acessível para toda a população.[37]

Portanto, o acesso à *ordem jurídica justa* se relaciona com a busca por uma tutela jurisdicional *efetiva* e *adequada*, seja quanto à sua tempestividade – duração razoável –, seja quanto aos seus resultados – satisfação do direito material. Nessa toada, Fernando Gonzaga Jayme ensina que da efetividade do processo e do acesso à justiça decorre a cláusula da *garantia de proteção judicial*, a qual está prevista no art. 25 da Convenção Americana de Direitos Humanos (Pacto de São José da Costa Rica):

> Artigo 25º – Proteção judicial

---

[31] ROCHA, Cesar Asfor. *A luta pela efetividade da jurisdição*. São Paulo: Revista dos Tribunais, 2008, p. 39.

[32] MARINONI, Luiz Guilherme. Direito fundamental à duração razoável do processo. *Revista Jurídica*, Porto Alegre, ano 57, n. 379, p. 12, maio/2009.

[33] LLOBREGAT, José Garberí. *El derecho a la tutela judicial efectiva en la jurisprudencia del Tribunal Constitucional*. Barcelona: Bosch, 2008, p. 18, tradução livre.

[34] MAGALHÃES, Ana Luíza de Carvalho; CÔRTES, Osmar Mendes Paixão. Efetividade da prestação jurisdicional: o inciso LXXVIII, do Art. 5º da Constituição Federal inserido pela EC 45/2004. *Revista de Processo*, São Paulo, v. 31, n. 138, p. 85, ago. 2006.

[35] OLIVEIRA, Carlos Alberto Alvaro de. *Teoria e prática da tutela jurisdicional*. Rio de Janeiro: Forense, 2008, p. 84-85.

[36] BARACHO, José Alfredo de Oliveira. Teoria Geral do Processo Constitucional. *Revista de Direito Comparado*, Belo Horizonte: UFMG, v. 4, p. 92, 2000.

[37] MELO, Gustavo de Medeiros. *O acesso adequado à justiça na perspectiva do justo processo*. Disponível em: http://www.ibds.com.br/artigos/OACESSOADEQUADOaJUSTIcANAPERSPECTIVADO-JUSTOPROCESSO.pdf. Acesso em: 18 ago. 2014.

1. Toda pessoa tem direito a um recurso simples e rápido ou a qualquer outro recurso efetivo, perante os juízes ou tribunais competentes, que a proteja contra atos que violem seus direitos fundamentais reconhecidos pela constituição, pela lei ou pela presente Convenção, mesmo quando tal violação seja cometida por pessoas que estejam atuando no exercício de suas funções oficiais.

2. Os Estados Partes comprometem-se:

a) a assegurar que a autoridade competente prevista pelo sistema legal do Estado decida sobre os direitos de toda pessoa que interpuser tal recurso;

b) a desenvolver as possibilidades de recurso judicial; e

c) a assegurar o cumprimento, pelas autoridades competentes, de toda decisão em que se tenha considerado procedente o recurso.

A garantia de proteção judicial engloba "o direito de acesso à justiça como meio para se obter, em tempo razoável, uma decisão jurisdicional eficaz, quando houver interesse em reparar lesões ou prevenir ameaças a direitos".[38] É possível, assim, que haja um processo jurisdicional conectado com a realidade social e que produza, dentro de um prazo tolerável, transformações concretas na esfera do direito material.

Em suma, a atribuição de efetividade ao processo – ou melhor, à tutela jurisdicional – e a concretização do acesso a uma ordem jurídica justa, em sintonia com a garantia de proteção judicial contra ameaças ou lesões a esferas jurídicas, são essenciais para resguardar e realizar os direitos dos cidadãos. A necessidade de uma resposta jurisdicional em um prazo razoável se revela como uma garantia fundamental *cívica* imprescindível à materialização de uma ordem jurídica *democrática*,[39] em conjugação com as garantias processuais constitucionais que conferem a base da *legitimação democrática* da jurisdição.

---

[38] JAYME, Fernando Gonzaga. Os problemas da efetiva garantia de proteção judicial perante o Poder Judiciário brasileiro. *In*: JAYME, Fernando Gonzaga; FARIA, Juliana Cordeiro de; LAUAR, Maira Terra (Coord.). *Processo Civil – novas tendências*: estudos em homenagem ao Professor Humberto Theodoro Júnior. Belo Horizonte: Del Rey, 2008, p. 243.

[39] THEODORO JUNIOR, Humberto. Celeridade e efetividade da prestação jurisdicional: insuficiência da reforma das leis processuais. *Revista de Processo*, São Paulo, ano 30, n. 125, p. 63-65, jul. 2005; MARINONI, Luiz Guilherme. Da teoria da relação jurídica processual ao processo civil do Estado constitucional. *Revista dos Tribunais*, São Paulo, vol. 852, ano 95, p. 19, out. 2006; MARINONI, Luiz Guilherme. *Novas linhas do processo civil*. 2. ed., São Paulo: Malheiros, 1996, p. 24.

4

OS PILARES DO PROCESSO JUSTO (*GIUSTO PROCESSO* OU *FAIR TRIAL*)

A fim de compreender de que forma a teoria do *processo justo* – chamada na Itália de *giusto processo* ou *processo equo* e no *common law* de *fair trial*[1] – se revela como de fundamental importância para resolver o *dilema* entre a *legitimidade do provimento* e a *efetividade da tutela jurisdicional*, é preciso, em um primeiro momento, contextualizar o estudo tomando-se como base o movimento de *constitucionalização* do Direito Processual Civil.

É a partir de sua *estrutura constitucional* que passa a ser possível definir os três pilares que formam o processo justo e que embasam a própria ideia de devido processo legal, quais sejam: a) a tutela do contraditório como fundamento de *legitimidade* do procedimento de elaboração da decisão judicial; b) o respeito aos direitos e garantias fundamentais como baliza de conformação do *conteúdo* da decisão judicial; c) a satisfação do direito material em tempo razoável como fator de *efetivação* – inclusive social – do próprio processo e da atividade jurisdicional.

4.1 A IMPORTÂNCIA DO MOVIMENTO DE CONSTITUCIONALIZAÇÃO DO PROCESSO

Historicamente, a noção de devido processo legal – correspondente à tradução para o português da expressão inglesa *due process of law* – remonta ao Édito de Conrado II (Decreto Feudal Alemão do ano 1037 d. C.), o qual inspirou posteriormente a edição da *Magna Charta Libertatum* de 1215 – pacto entre o Rei João Sem Terra e os barões ingleses – e da Carta de Henrique III de 1225. A partir da submissão do monarca ao *law of the land* passa-se gradativamente à noção de *due process of law*, em que a palavra *Law* significa Direito, e não apenas lei posta (*statute law*).

---

[1] Daniel Mitidiero observa que o direito ao *fair trial* "constitui a maior contribuição do *Common Law* para a civilidade do Direito e hoje certamente representa o novo *jus commune* em matéria processual" (MITIDIERO, Daniel. *O direito fundamental ao processo justo*. Disponível em: file:///C:/Users/pr095143/Downloads/direito%20fundamental%20ao%20justo%20processoart_srt_arquivo20130419164953%20 (1).pdf. Acesso em: 23 out. 2014).

Processo devido, portanto, é aquele em conformidade com o Direito, e não apenas em consonância com a lei.[2]

Com o desenrolar da história, o conteúdo do devido processo legal sofreu profundas modificações, pois os conceitos de *devido*, de *processo* e de *legal* são situados temporal e espacialmente. Nesse contexto, o movimento de *constitucionalização* do Direito Processual Civil, verificado a partir da Segunda Guerra Mundial (1939-1945), é de suma importância para lançar as bases para uma concepção de devido processo legal condizente com o regime jurídico instaurado pelo Estado Democrático de Direito.

A necessidade de tutela e concretização de uma vasta gama de direitos e garantias fundamentais de natureza processual inaugurou uma perspectiva eminentemente constitucional do processo. A idealização de um *modelo constitucional de devido processo legal* torna-se essencial para a construção da noção de *processo justo* como o ponto de equilíbrio entre a legitimidade do provimento jurisdicional e a efetividade da jurisdição.

A tutela constitucional do processo pressupõe, para a sua efetivação, o princípio da supremacia da Constituição sobre as demais normas do ordenamento jurídico – inclusive as processuais –, de modo que haja um "império das previsões constitucionais, que têm como suporte as garantias".[3] Sob a perspectiva da constitucionalização do Direito Processual Civil, o devido processo legal – como um *direito fundamental* – visa a resguardar o exercício de todas as *garantias fundamentais do processo*. O *due process of law*, consagrado no art. 5º, LIV, da CRFB, coordena e orienta a aplicação dos princípios processuais, e possui uma importância basilar dentro do quadro das garantias constitucionais.[4]

Nessa toada, a compreensão do processo sob o prisma da constitucionalização do Direito Processual Civil possibilita que sejam asseguradas aos cidadãos as múltiplas garantias constitucionais de caráter processual. Trata-se de uma *proteção constitucional do processo* que tem por finalidade conformar a aplicação dos institutos

---

[2] DIDIER JR., Fredie. *Curso de Direito Processual Civil*: teoria geral do processo e processo de conhecimento. 12. ed., Salvador: Jus Podium, 2010. v. 1, p. 41-43; LEAL, Rosemiro Pereira. *Teoria geral do processo*: primeiros estudos. 10. ed., Rio de Janeiro: Forense, 2011, p. 42-43.

[3] BARACHO, José Alfredo de Oliveira. Teoria Geral do Processo Constitucional. *Revista de Direito Comparado*, Belo Horizonte: UFMG, v. 4, p. 49, 2000. Para que haja a tutela do processo através do princípio da supremacia da Constituição, são necessárias algumas premissas, a saber: a) a Constituição pressupõe a existência do processo como garantia da pessoa humana; b) a lei deve instituir esse processo; c) a lei não pode conceber formas que tornem ilusória a concepção de processo consagrada na Constituição; d) a lei não pode privar o indivíduo da razoável oportunidade de fazer valer o seu direito; e) devem estar em jogo os meios de impugnação que a lei institui para fazer efetivo o controle de constitucionalidade das leis (BARACHO, José Alfredo de Oliveira. Processo constitucional. *Revista Forense*, v. 337, ano 93, p. 105, fev./mar. 1997).

[4] THEODORO JUNIOR, Humberto. *Processo justo e contraditório dinâmico*. Disponível em: <http://revistas.unisinos.br/index.php/RECHTD/article/view/4776>. Acesso em: 20 ago. 2014.

processuais de acordo com a Constituição.⁵ O devido processo legal, no Estado Democrático de Direito, é concebido como um direito fundamental de proteção e de concreção das garantias constitucionais do processo, cuja finalidade é viabilizar a tutela e o exercício dos direitos fundamentais.⁶

Com o movimento de constitucionalização do processo, "os institutos processuais passam (...) a ser entendidos e lidos sempre a partir da perspectiva da estrutura constitucional do processo, ou seja, das garantias constitucionais mínimas do processo". Verifica-se uma verdadeira "mudança metodológica", pois a compreensão do processo se dá a partir das normas constitucionais, e não mais através da legislação ordinária. Há a formação de uma "principiologia constitucional do processo" que formata um "modelo processual encampado nas garantias processuais acolhidas na Constituição".⁷

Com isso, a constitucionalização do Direito Processual se revela em duas dimensões básicas, isto é, tanto na incorporação, aos textos constitucionais, de normas processuais com o *status* de direitos fundamentais, como na aplicação das normas processuais infraconstitucionais com o fim de concretizar as disposições constitucionais. Mediante a intensificação do diálogo entre processualismo e constitucionalismo, a Constituição "passa a ser examinada como o *mais* importante capítulo do Direito Processual".⁸ Fala-se em um Direito Processual *na* Constituição, o qual exige uma leitura constitucional da processualística.⁹

A ideia do *modelo constitucional do processo* – também denominado de *devido processo constitucional*¹⁰ – surgiu do próprio movimento de constitucionalização dos princípios do Direito Processual, e foi concebido especialmente por meio dos estudos desenvolvidos por autores como Ítalo Andolina, Giuseppe Vignera, Nicolò Trocker e Luigi Paolo Comoglio (Itália), Hector Fix-Zamudio (México), José Alfredo de Oliveira Baracho (Brasil) e Eduardo Couture (Uruguai).

Como ensina Nicolò Trocker, as Constituições europeias do século XIX e do início do século XX não tiveram a necessidade de incluir garantias específicas de conteúdo processual no catálogo dos direitos fundamentais, ao lado da garantia

---

[5] MARINONI, Luiz Guilherme. *Novas linhas do processo civil*. 2. ed., São Paulo: Malheiros, 1996, p. 18.

[6] A ideia do processo como unificador de uma série de garantias constitucionais é denominada por alguns de *garantismo processual* (LORENZETTI, Ricardo Luis. *Teoria da decisão judicial*: fundamentos de direito. 2. ed., São Paulo: Revista dos Tribunais, p. 139-140).

[7] ANDRADE, Érico. *O Mandado de Segurança*: a busca da verdadeira especialidade (proposta de releitura à luz da efetividade do processo). Rio de Janeiro: Lumen Juris, 2010, p. 53-54.

[8] DIDIER JR., Fredie. *Sobre a Teoria Geral do Processo, essa desconhecida*. Salvador: Jus Podivm, 2012, p. 149-152, destaque no original.

[9] LLOBREGAT, José Garberí. *Constitución y Derecho Procesal*: los fundamentos constitucionales del Derecho Procesal. Pamplona: Thommson Reuters, 2009, p. 35.

[10] PASSOS, José Joaquim Calmon de. Instrumentalidade e Devido Processo Legal. *Revista Síntese de Direito Civil e Processual Civil*, Porto Alegre: Síntese, v. 1, n. 1, p. 8-9, set./out. 1999.

de liberdade dos cidadãos e do princípio da separação dos poderes. Apenas a partir da última grande guerra mundial foi que as Constituições europeias passaram a prever que "determinadas garantias atinentes à função jurisdicional e ao processo se impusessem como 'fundamentais' e invioláveis no contexto dos direitos e da liberdade pessoal do indivíduo".[11]

Também Luigi Paolo Comoglio aduz que, no percurso da história constitucional moderna depois do último grande confronto mundial, tanto convenções internacionais como Constituições de Estados de democracia clássica, sobretudo na Europa, determinaram que garantias atinentes à função jurisdicional e ao processo passassem progressivamente à condição de *fundamentais* e *invioláveis*, "em virtude de uma contingente necessidade jurídico-política". As garantias processuais, a partir de 1946, foram proclamadas, reconhecidas e protegidas em convenções internacionais e no âmbito de Constituições, inserindo-se no amplo quadro do sistema de direitos humanos.[12]

Destarte, em meados do século XX passa a ser delineado um modelo constitucional de processo estruturado em um esquema geral de princípios e de garantias constitucionais processuais. Mencionado modelo, cujo substrato principiológico é a Constituição, dirige-se a esferas administrativa, legislativa e jurisdicional, uma vez que *todo processo é constitucional*.[13] A formatação de um modelo processual constituído por uma base principiológica constitucional faz com que o processo se converta em "garantia constitutiva dos direitos fundamentais dos sujeitos de direitos".[14]

Portanto, com a previsão de direitos fundamentais processuais nas Constituições do pós-Segunda Guerra Mundial, a teoria do modelo constitucional consolida a ideia do *processo como uma garantia fundamental constitucional* que possibilita a tutela

---

[11] TROCKER, Nicolò. Il nuovo articolo 111 della costituzione e il 'giusto processo' in materia civile: profili generali. *Rivista Trimestrale di Diritto e Procedura Civile*, Milano, Giuffrè editore, anno LV, n. 2, p. 384, 2001, tradução livre. No mesmo sentido Remo Caponi e Andrea Proto Pisani aduzem que "Depois do final da segunda guerra mundial, na Europa continental, determinadas garantias atinentes à função jurisdicional e ao processo começam a ser concebidas como direitos fundamentais e invioláveis do homem e vêm inseridas na nova Constituição democrática" (CAPONI, Remo; PISANI, Andrea Proto. *Lineamenti di diritto processuale civile*. Napoli: Jovene Editore, 2001, p. 28, tradução livre *apud* ANDRADE, Érico. *O Mandado de Segurança*: a busca da verdadeira especialidade (proposta de releitura à luz da efetividade do processo). Rio de Janeiro: Lumen Juris, 2010, p. 20).

[12] COMOGLIO, Luigi Paolo. Garanzie costituzionali e 'giusto processo' (modelli a confronto). *Revista de Direito Comparado*, Belo Horizonte: UFMG, v. 2, n. 2, p. 263-264, mar./1998, tradução livre.

[13] MITIDIERO, Daniel. *O direito fundamental ao processo justo*. Disponível em: file:///C:/Users/pr095143/Downloads/direito%20fundamental%20ao%20justo%20processoart_srt_arquivo20130419164953%20 (1).pdf. Acesso em: 23 out. 2014.

[14] BARROS, Flaviane de Magalhães. O modelo constitucional de processo e o processo penal: a necessidade de uma interpretação das reformas do processo penal a partir da Constituição. *In*: MACHADO, Felipe Daniel Amorim; CATTONI DE OLIVEIRA, Marcelo Andrade (Coord.). *Constituição e Processo*: a contribuição do processo ao constitucionalismo democrático brasileiro. Belo Horizonte: Del Rey, 2009, p. 333-334.

da Constituição e dos direitos fundamentais.[15] Ao assumir a condição de *garantia*, o processo se transforma em um instrumento técnico-jurídico destinado a converter um direito puramente reconhecido *in abstracto* na norma, em um direito efetivamente protegido *in concreto*, e assim suscetível de plena reparação toda vez que ameaçado ou violado.[16]

Ítalo Andolina e Giuseppe Vignera atribuem ao modelo constitucional de processo as características de *expansividade*, *variabilidade* e *perfectibilidade*, com o objetivo de possibilitar a expansão – conformação da atuação do legislador –, a variação – possibilidade de mudança de forma para o fim de adequação às necessidades do direito material e do caso concreto – e o aperfeiçoamento – pelo legislador infraconstitucional – da estrutura normativa processual. As características gerais do modelo constitucional de processo se manifestam da seguinte maneira:

> a) na 'expansividade' (do modelo), consistente na sua idoneidade (derivada da posição primária das normas constitucionais na hierarquia das fontes) para condicionar a fisionomia dos procedimentos jurisdicionais comuns introduzidos pelo legislador ordinário, fisionomia essa que deverá ser compatível com aquele modelo (o constitucional);
>
> b) na 'variabilidade', indicativa da possibilidade de assumir (o procedimento) formas diversas, de modo que a adequação ao modelo constitucional (por obra do legislador ordinário) das figuras processuais concretamente funcionais possa ocorrer segundo várias modalidades, de acordo com os escopos particularmente perseguidos;
>
> c) na 'perfectibilidade', consistente na idoneidade (do modelo constitucional) de ser aperfeiçoado pela legislação infraconstitucional, a qual (no próprio respeito daquele modelo e em função de alcançar objetivos particulares) pode mesmo construir procedimentos jurisdicionais caracterizados por (novas) garantias e institutos desconhecidos pelo modelo constitucional.[17]

Não há mais dúvidas de que a Constituição exerce influência decisiva sobre o Direito Processual. O movimento de constitucionalização do processo adveio da consolidação de um Estado Democrático de Direito que reconhece a força normativa e irradiante da Constituição para as demais normas do ordenamento jurídico.[18] A criação, interpretação e aplicação do Direito baseiam-se na observância das

---

[15] BARACHO, José Alfredo de Oliveira. *Direito Processual Constitucional*: aspectos contemporâneos. Belo Horizonte: Fórum, 2008, p. 11-15.

[16] COMOGLIO, Luigi Paolo. Garanzie costituzionali e 'giusto processo' (modelli a confronto). *Revista de Direito Comparado*, Belo Horizonte: UFMG, v. 2, n. 2, p. 265, mar./1998.

[17] ANDOLINA, Ítalo; VIGNERA, Giuseppe. *I fondamenti costituzionali della giustizia civile*: il modello costituzionale del processo civile italiano. 2. ed., Torino: G. Giappichelli Editore, 1997, p. 09, tradução livre, acréscimos nosso.

[18] SARLET, Ingo Wolfgang. *A eficácia dos direitos fundamentais*: uma teoria geral dos direitos fundamentais na perspectiva constitucional. 10. ed., Porto Alegre: Livraria do Advogado, 2009, p. 142-151 e 365-374.

normas constitucionais e dos direitos fundamentais. O fortalecimento e a expansão do catálogo dos direitos fundamentais atribuem ao processo a função de materialização dos princípios constitucionais.

Nessa perspectiva, a aproximação entre Constituição e Direito Processual pode ser vista seja sob a ótica da consagração no texto constitucional de garantias processuais, seja sob o enfoque da necessidade de interpretação das normas processuais a partir dos princípios constitucionais. A constitucionalização do Direito Processual projeta o caráter de interdependência entre o processo e os direitos fundamentais: o processo, como garantia constitucional, destina-se à tutela dos direitos fundamentais, ao mesmo tempo em que é estruturado com base em uma gama de garantias processuais de natureza constitucional.[19]

Os direitos e as garantias fundamentais do processo representam o núcleo do movimento de constitucionalização do Direito Processual e delineiam a necessidade de interpretação do processo a partir da Constituição. Os direitos fundamentais, como "máximas processuais" com força imperativa, determinam direta ou indiretamente a conformação do processo.[20] O processo é configurado na dimensão da proteção da Constituição e dos direitos fundamentais:[21]

> Os direitos e garantias fundamentais, como vimos, são quem comandam todo esse processo de compreensão da Constituição como centro do ordenamento jurídico e de um processo que tenha como premissa a concretização desses direitos em cada caso concreto (...). Dentro dessa perspectiva, observa-se facilmente que os direitos e garantias fundamentais que tratam da forma de se assegurar os direitos em geral são juridicamente o alicerce para o neoprocessualismo (processo constitucional em nossa visão), já que toda a leitura e a conseqüente aplicação das normas criadas pós Constituição passam compulsoriamente por eles, não como guias abstratos aos juristas, mas como elementos que devem necessariamente ser materializados por meio do processo com amparo direto da Carta Maior. (...). Entendemos, pois, por neoprocessualismo, numa visão inicial, justamente essa contaminação dos valores constitucionais em todos os ramos processuais, de modo que as garantias constitucionais processuais previstas expressamente no bojo da Constituição impõem uma releitura de todas as regras e princípios processuais (...).[22]

---

[19] DIDIER JR., Fredie. Teoria do Processo e Teoria do Direito: o Neoprocessualismo. *In*: DIDIER JR., Fredie (Org.). *Teoria do Processo*: panorama doutrinário mundial. Segunda série. Salvador: Jus Podivm, 2010. v. 2, p. 257-263.

[20] OLIVEIRA, Carlos Alberto Alvaro de. *Do formalismo no processo civil*. 2. ed., São Paulo: Saraiva, 2003, p. 83.

[21] MARINONI, Luiz Guilherme. Da teoria da relação jurídica processual ao processo civil do Estado constitucional. *Revista dos Tribunais*, São Paulo, vol. 852, ano 95, p. 37, out. 2006.

[22] SAMPAIO JUNIOR, José Herval. A influência da constitucionalização do Direito no ramo processual: neoprocessualismo ou processo constitucional? Independente da nomenclatura adotada, uma realidade inquestionável. *In*: DIDIER JR., Fredie (Org.). *Teoria do Processo*: panorama doutrinário mundial. Segunda série. Salvador: Jus Podivm, 2010. v. 2, p. 430-433.

A constitucionalização do Direito Processual e a interdependência entre o processo e os direitos fundamentais são fruto de uma fase evolutiva do Direito Processual denominada de *neoprocessualismo*.[23] O movimento de constitucionalização do Direito Processual representa um aspecto do fenômeno maior da *constitucionalização do Direito*, por meio do qual a Constituição, como o *locus* hermenêutico,[24] fornece os parâmetros para a formação, interpretação e aplicação da ordem jurídica sob a "lente da Constituição, com o objetivo de realização dos valores nela consagrados" (*filtragem constitucional*).[25]

Como um estágio avançado em relação ao *sincretismo* – confusão entre processo e direito material –, ao *processualismo* – autonomia científica do processo – e ao *instrumentalismo* – processo puramente como instrumento de concretização do direito material –, a teoria *neoprocessualista* consagra o estudo e a aplicação do Direito Processual com base nos pressupostos teóricos do *neoconstitucionalismo*, a saber: a) reconhecimento da força normativa da Constituição; b) expansão da jurisdição constitucional; c) consagração e aumento do catálogo dos direitos fundamentais, com base na dignidade da pessoa humana; d) reaproximação entre o Direito, a Moral e a Filosofia, por meio da consolidação do caráter normativo dos princípios; e) desenvolvimento de uma hermenêutica constitucional que leve em consideração o caráter plural e discursivo da sociedade.[26]

Além disso, alguns adeptos da teoria do modelo constitucional do processo – a nosso ver equivocadamente – entendem que o movimento de constitucionalização das garantias processuais implicou a criação de novos e autônomos ramos jurídicos. O primeiro deles, denominado de *Direito Processual Constitucional*, seria o campo da processualística direcionado a regulamentar os dispositivos processuais que

---

[23] CAMBI, Eduardo. Neoconstitucionalismo e Neoprocessualismo. *Panóptica*. Vitória, ano 1, n. 6, fev./2007. Disponível em: http://www.panoptica.org/seer/index.php/op/article/view/59. Acesso em: 02 set. 2014.

[24] STRECK, Lenio Luiz. *Hermenêutica jurídica e(m) crise*: uma exploração hermenêutica da construção do Direito. 8. ed., Porto Alegre: Livraria do Advogado, 2009, p. 241.

[25] BARROSO, Luís Roberto. *Interpretação e aplicação da Constituição*. 7. ed., São Paulo: Saraiva, 2009, p. 341-342.

[26] BARROSO, Luís Roberto. *Neoconstitucionalismo e constitucionalização do Direito*: o triunfo tardio do Direito Constitucional no Brasil. Disponível em: http://www.georgemlima.xpg.com.br/barroso.pdf. Acesso em: 02 set. 2014. É certo que concordamos com os pressupostos teóricos do *neoconstitucionalismo* e do *neoprocessualismo*. Porém, particularmente entendemos que tais nomenclaturas, em virtude do prefixo "neo", podem levar a conclusões distorcidas que erroneamente considerem que os *novos* constitucionalismo e processualismo rompem completamente com os *antigos*. Por isso, é importante a advertência de Fredie Didier Jr. ao defender a adoção do termo neoprocessualismo: "Isso não significa que devam ser desprezadas as 'velhas' construções da ciência jurídica, tão ou mais imprescindíveis para a correta compreensão do fenômeno processual. Os institutos da Teoria do Direito (situações jurídicas, fatos jurídicos, norma jurídica etc.) e a História do Direito e do pensamento jurídico, tradicionais objetos das investigações científicas, não podem ser ignorados" (DIDIER JR., Fredie. Teoria do Processo e Teoria do Direito: o Neoprocessualismo. *In*: DIDIER JR., Fredie (Org.). *Teoria do Processo*: panorama doutrinário mundial. Segunda série. Salvador: Jus Podivm, 2010. v. 2, p. 257).

visam a assegurar a supremacia constitucional, sendo constituído pela jurisdição constitucional e pelo processo constitucional.[27] Por seu turno, o segundo ramo, chamado de *Direito Constitucional Processual*, seria aquele dirigido a outorgar "efetividade às disposições constitucionais através dos instrumentos processuais" e a tratar da "regulação constitucional das instituições processuais".[28]

Em suma, a ideia do processo como *garantia constitucional* é corolário da teoria do *modelo constitucional de processo*, o qual é baseado na conexão direta entre a Constituição e o Direito Processual. O modelo constitucional de processo, como uma consequência do movimento de constitucionalização do Direito Processual, representa "o conjunto de garantias constitucionais referentes ao processo dispostos no rol de direitos e de garantias fundamentais"[29] e, por isso, "assenta-se no entendimento de que as normas e princípios constitucionais resguardam o exercício da função jurisdicional".[30]

Como se verá adiante, é a partir desse esquema geral de princípios e de garantias constitucionais processuais que é possível construir a teoria do *processo justo* como aquele que, na nossa visão, melhor conjuga os objetivos de atribuição de legitimidade ao provimento jurisdicional e de efetividade à jurisdição.

---

[27] SAGÜÉS, Nestor Pedro. *Derecho Procesal Constitucional*. 4 ts., Buenos Aires: Astrea, 1989 *apud* DANTAS, Ivo. Teoria do processo constitucional: uma breve visão pessoal. *In*: MAC-GREGOR, Eduardo Ferrer; LELO DE LARREA, Arturo Zaldívar (Coord.). *Estudos de Direito Processual Constitucional*: homenagem brasileira a Héctor Fix-Zamudio em seus 50 anos como Pesquisador do Direito. São Paulo: Malheiros, 2009, p. 105-149. A nosso ver, na linha do que entende João Batista Lopes, a criação de uma disciplina jurídica autônoma na grade curricular das Faculdades de Direito, denominada de Direito Processual Constitucional, afigura-se desnecessária, "já que o objeto de estudo de que se cuida é o próprio processo civil, posto que sob a perspectiva constitucional. Mais adequado se mostra falar de constitucionalização do processo como simples método de trabalho em que o processo é estudado sob à luz dos princípios e valores expressos ou implícitos na Constituição Federal" (LOPES, João Batista. Princípio da proporcionalidade e efetividade do processo civil. *In*: MARINONI, Luiz Guilherme (Coord.). *Estudos de Direito Processual Civil*: homenagem ao professor Egas Dirceu Moniz de Aragão. São Paulo: Revista dos Tribunais, 2005, p. 134). Nesse mesmo sentido, Cândido Rangel Dinamarco conceitua o Direito Processual Constitucional como o "método consistente em examinar o sistema processual e os institutos do processo à luz da Constituição e das relações mantidas com ela" (DINAMARCO, Cândido Rangel. *Institui*ções de Direito Processual Civil. 6. ed., São Paulo: Malheiros, 2009. v. I, p. 193).

[28] FIX-ZAMUDIO, Héctor. *Latino America*: Constitución, proceso y derechos humanos. México: UDUAL: Miguel Angel Porrúa, 1988, p. 192 e 218 *apud* WALTER, Carlos. *Discurso jurídico na democracia*: processualidade constitucionalizada. Belo Horizonte: Fórum, 2008, p. 174.

[29] SAMPAIO JUNIOR, José Herval. A influência da constitucionalização do Direito no ramo processual: neoprocessualismo ou processo constitucional? Independente da nomenclatura adotada, uma realidade inquestionável. *In*: DIDIER JR., Fredie (Org.). *Teoria do Processo*: panorama doutrinário mundial. Segunda série. Salvador: Jus Podivm, 2010. v. 2, p. 436.

[30] BARACHO, José Alfredo. Processo Constitucional. *Revista Forense*, Rio de Janeiro, ano. 93, v. 337, p. 107, jan./mar. 1997.

4.2 A CONSTRUÇÃO DA IDEIA DO PROCESSO JUSTO

A construção da ideia do *processo justo* está intimamente relacionada com o movimento de constitucionalização do Direito Processual. A noção do *giusto processo* representa a consolidação de um modelo constitucional de devido processo legal democrático, o qual se mostra capaz de harmonizar a interpretação e a aplicação do conjunto das garantias processuais dispostas no texto constitucional.

O processo justo "não é aquele desempenhado segundo um único e dominante princípio", mas, sim, aquele "que permite a convivência harmoniosa de todos os princípios e garantias constitucionais pertinentes ao acesso à justiça e prestação efetiva da adequada tutela aos direitos subjetivos materiais".[31] O processo justo visa a representar uma "síntese" que incorpore as diversas garantias processuais previstas na Constituição.[32]

A premissa básica é o respeito à supremacia da Constituição. O processo justo busca suplantar uma visão formal e "desgastada" de devido processo legal, a qual encara o processo como um repositório de formalidades rígidas, ritualismos exacerbados e desprovido de pretensões de transformar a realidade social. Nessa perspectiva, o *giusto processo* traduz um devido processo legal dinâmico e substancial,[33] vale dizer, um modelo de processo cuja estrutura constitucional é pautada na materialização de uma tutela jurisdicional legítima, efetiva, adequada e, sobretudo, *justa*, no sentido de dar concretude aos direitos fundamentais e ao conjunto das garantias processuais constitucionais. Humberto Theodoro Júnior contextualiza o debate:

> Na segunda métade do século XX, o direito processual passou por uma significativa evolução, decorrente do ideário dos direitos humanos incrementado pelo Estado Democrático de Direito, emergido do pós Segunda Guerra Mundial. O pleno e efetivo acesso à Justiça granjeou o *status* de *direito fundamental* e em torno dele se deu a passagem do direito ao *devido processo legal* para a garantia constitucional

---

[31] THEODORO JUNIOR, Humberto. Constituição e Processo: desafios constitucionais da reforma do Processo Civil no Brasil. *In*: THEODORO JUNIOR, Humberto; CALMON, Petrônio; NUNES, Dierle (Coord.). *Processo e Constituição*: os dilemas do processo constitucional e dos princípios processuais constitucionais. Rio de Janeiro: GZ, 2012, p. 45.

[32] DENTI, Vittorio. *La Giustizia Civile*. Bologna: Il Mulino, 2004, p. 71-73; COMOGLIO, Luigi Paolo. Garanzie costituzionali e 'giusto processo' (modelli a confronto). *Revista de Direito Comparado*, Belo Horizonte: UFMG, v. 2, n. 2, p. 307, mar./1998.

[33] Luigi Paolo Comoglio aduz que os *requisitos mínimos* de *justiça procedimental* (imparcialidade e independência judiciais, ação, defesa, contraditório, coerência da forma com o escopo institucional do processo) "fazem coincidir o *devido processo* com o *processo justo* (...)", excluindo a possibilidade de que alguém possa ser privado dos seus direitos sem fruir de uma adequada oportunidade de ser ouvido e de se defender perante o juiz (COMOGLIO, Luigi Paolo. Garanzie costituzionali e 'giusto processo' (modelli a confronto). *Revista de Direito Comparado*, Belo Horizonte: UFMG, v. 2, n. 2, p. 272, mar./1998, tradução livre, destaques no original). Também José Alfredo de Oliveira Baracho diz que "a garantia de um 'processo justo' equivale à função que corresponde, nos Estados Unidos, ao *due process of law*" (BARACHO, José Alfredo de Oliveira. Teoria Geral do Processo Constitucional. *Revista de Direito Comparado*, Belo Horizonte: UFMG, v. 4, p. 58, 2000).

do *processo justo*. Os numerosos princípios do processo, com isso, foram também alçados ao nível de direitos fundamentais, para que, em seu conjunto, se tornasse possível visualizar aquilo que na ordem constitucional se haveria de entender como *processo justo*.[34]

Conforme ensina Carlos Alberto Alvaro de Oliveira ao examinar o *direito ao processo*, é possível contrapor uma visão *estática* do devido processo legal puramente formal ou abstrata (processo *tout court*), a uma visão *dinâmica* do devido processo legal atrelada a um "conteúdo modal qualificado ('direito ao justo processo')" e segundo a qual "todos os institutos e categorias jurídicas são relidos à luz da Constituição e na qual o processo civil é materialmente informado pelos direitos fundamentais".[35] Humberto Theodoro Júnior, novamente, manifesta-se sobre essa questão:

> Tutela jurisdicional efetiva, adequada e justa somente seria a disponibilizada às partes com observância e respeito aos ditames garantísticos da Constituição. (...). Todo o direito processual, direito ao acesso à justiça, se viu envolvido pelo manto da constitucionalidade, traduzido na declaração de garantia de 'processo justo' em substituição à velha noção de 'devido processo legal'. (...). Em suma: o 'justo processo' não pode ser formalizado pelo legislador ordinário, nem aplicado pelos órgãos jurisdicionais, sem amoldar-se ao modelo constitucional. (...). Da constitucionalização do processo decorre um 'processo justo' que absorve, naturalmente, aqueles direitos fundamentais específicos do processo, como a garantia do juiz natural e a proibição do juízo de exceção (CF, art. 5º, XXXVII e LII), do contraditório e ampla defesa (art. 5º, LV), da inadmissibilidade das provas obtidas por meios ilícitos (art. 5º, LVI) e da motivação obrigatória das decisões judiciais (art. 94, IX).[36]

Na verdade, "a noção básica do 'justo processo' e a consequente identificação de suas 'garantias mínimas'" resultam da "tradição angloamericana do *due process of law*".[37] No entanto, quanto à nomenclatura, Daniel Mitidiero explica que a opção pela expressão *processo justo* se justifica já que a terminologia *devido processo legal* é criticável no mínimo por dois motivos.

O primeiro deles porque a expressão *due process of law* "remete ao contexto cultural do Estado de Direito (*Rechtsstaat*, État Légal), em que o processo era concebido unicamente como um anteparo ao arbítrio estatal".

---

[34] THEODORO JUNIOR, Humberto. Prefácio ao SANTOS, Marina França. *A garantia constitucional do duplo grau de jurisdição*. Belo Horizonte: Del Rey, 2012, p. xiii.

[35] OLIVEIRA, Carlos Alberto Alvaro de. Os direitos fundamentais à efetividade e à segurança em perspectiva dinâmica. *Revista de Processo*, São Paulo, ano 33, n. 155, p. 22, jan. 2008.

[36] THEODORO JUNIOR, Humberto. Constituição e processo: desafios constitucionais da reforma do processo civil no Brasil. *In*: MACHADO, Felipe Daniel Amorim; CATTONI DE OLIVEIRA, Marcelo Andrade (Coord.). *Constituição e Processo*: a contribuição do processo ao constitucionalismo democrático brasileiro. Belo Horizonte: Del Rey, 2009, p. 233-243.

[37] COMOGLIO, Luigi Paolo. *Etica e tecnica del 'giusto processo'*. Torino: G. Giappichelli Editore, 2004, p. 01.

Em segundo lugar, porque, na sua opinião, a expressão *devido processo legal* "dá azo a que se procure, por conta da tradição estadunidense em que colhida, uma dimensão substancial à previsão (*substantive due process of law*), quando inexiste necessidade de pensá-la para além de sua dimensão processual no direito brasileiro".[38] Para o autor, é desnecessário perquirir sobre a existência do devido processo legal substancial – como fonte dos princípios da proporcionalidade e da razoabilidade[39] – "com o objetivo de reconhecer e proteger direitos fundamentais implícitos", já que tal decorre da própria Constituição.

Com base nessas razões, a terminologia *processo justo* vem se difundindo na medida em que parece adequada aos escopos do Estado Democrático de Direito. Não apenas por parte dos doutrinadores brasileiros, mas também em vários países a expressão é utilizada inclusive no âmbito legislativo: *giusto processo* (Itália), *procès équitable* (França), *faires Verfahren* (Alemanha) e *fair trial* (Inglaterra).[40] Na Constituição brasileira, porém, preferiu-se a nomenclatura *devido processo legal*, por influência da Constituição dos Estados Unidos da América – EUA de 1787.

A nosso ver, as eventuais críticas quanto à indeterminação semântica da expressão *processo justo* não merecem prosperar em face do objetivo maior de tutela e concretização das garantias constitucionais. A questão, na verdade, não é simplesmente terminológica. A opção pela expressão *processo justo* se justifica para deixar clara a possibilidade de atribuir ao processo os fundamentais e importantes *valores* que carregam o adjetivo *justo* (ou équo, équitable, *faires, fair*).[41]

Assim, ainda que se questione o que é ou não a *justeza processual*, não se pode perder de vista que a *justiça*, no Estado Democrático de Direito, está intimamente relacionada a princípios fundantes como a *democracia, cidadania, soberania popular, dignidade da pessoa humana* e *direitos e garantias fundamentais*. É por esse

---

[38] Parte da doutrina denomina de *devido processo legal formal* (ou *procedimental*) a composição do processo pelas diversas garantias constitucionais processuais que geram um processo formalmente justo. Em contraposição, sustenta-se também a existência de um *devido processo legal substantivo* (ou *substancial*), o qual produz decisões jurídicas substancialmente devidas a partir da proteção do princípio da proporcionalidade, bem como exige a elaboração de leis com razoabilidade (*reasonableness*) e racionalidade (*rationality*). O devido processo legal substancial é aquele que atua como instrumento de controle e proteção em face de ações arbitrárias e desproporcionais – especialmente estatais – e que visa a garantir a igualdade material das partes no processo. Por todos, conferir: BARROSO, Luís Roberto. *Interpretação e aplicação da Constituição*. 7. ed., São Paulo: Saraiva, 2009, p. 224-253.

[39] Sobre a ausência de extração do princípio da proporcionalidade a partir do devido processo legal substancial, conferir: ÁVILA, Humberto. O que é 'devido processo legal'? *In*: DIDIER JR., Fredie (Org.). *Teoria do Processo*: panorama doutrinário mundial. Segunda série. Salvador: Jus Podivm, 2010. v. 2, p. 353-362.

[40] COMOGLIO, Luigi Paolo. *Etica e tecnica del 'giusto processo'*. Torino: G. Giappichelli Editore, 2004, p. 01-02; MITIDIERO, Daniel. *O direito fundamental ao processo justo*. Disponível em: file:///C:/Users/pr095143/Downloads/direito%20fundamental%20ao%20justo%20processoart_srt_arquivo20130419164953%20(1).pdf. Acesso em: 23 out. 2014

[41] COMOGLIO, Luigi Paolo. *Etica e tecnica del 'giusto processo'*. Torino: G. Giappichelli Editore, 2004, p. 05.

motivo que realizar a justiça *no* processo equivale à busca do *projeto constitucional de uma sociedade*.

Não obstante a generalidade e a incerteza terminológica gerada pela expressão processo justo, entende-se que "é possível identificar um 'núcleo forte ineliminável', um 'conteúdo mínimo essencial' sem o qual seguramente não se está diante de um processo justo".[42] Esse *núcleo mínimo* do processo justo se relaciona, fundamentalmente, com as garantias constitucionais processuais que outorgam, de modo harmônico, a *legitimidade* ao provimento e a *efetividade* à tutela jurisdicional.

Fato é que, independentemente da terminologia, a consagração na ordem constitucional de um "rico quadro de garantias fundamentais" faz com que a ideia do *devido processo legal* (art. 5º, LIV, da CRFB) se converta em uma *"síntese garantística"*. Nesse sentido, é possível dizer que a estrutura constitucional do *due process of law* previsto na nossa Constituição formata um *"modelo constitucional* brasileiro de *processo équo e justo"*.[43]

Também o CPC/2015, sobretudo em seu Capítulo I do Livro I (arts. 1º a 12), prevê, como normas fundamentais do processo civil, todas aquelas que a ordem constitucional brasileira confere ao devido processo legal. A nosso ver, portanto, o CPC/2015 confirma e encampa a ideia de um devido processo legal que, ao sintetizar as garantias de legitimidade do provimento e de efetividade da jurisdição, denota a ideia do *processo justo brasileiro*.

De fato, o modelo brasileiro de processo justo abarca a maioria das garantias processuais fundamentais previstas nas Constituições modernas pós-Segunda Guerra Mundial e nas convenções internacionais.[44] O *devido processo legal* brasileiro representa a ideia do *processo justo* cujo escopo – ainda que muitas vezes de difícil realização prática – é a *efetividade* de um sistema amplo de *garantias* processuais fundamentais e invioláveis.

---

[42] MITIDIERO, Daniel. *O direito fundamental ao processo justo*. Disponível em: file:///C:/Users/pr095143/Downloads/direito%20fundamental%20ao%20justo%20processoart_srt_arquivo20130419164953%20(1).pdf. Acesso em: 23 out. 2014.

[43] COMOGLIO, Luigi Paolo. Garanzie costituzionali e 'giusto processo' (modelli a confronto). *Revista de Direito Comparado*, Belo Horizonte: UFMG, v. 2, n. 2, p. 309-313, mar./1998, tradução livre. Com a mesma ideia, Daniel Mitidiero anota que o art. 5º, LIV, CRFB, ao consagrar o devido processo legal, "institui o direito fundamental ao processo justo no direito brasileiro" (MITIDIERO, Daniel. *O direito fundamental ao processo justo*. Disponível em: file:///C:/Users/pr095143/Downloads/direito%20fundamental%20ao%20justo%20processoart_srt_arquivo20130419164953%20(1).pdf. Acesso em: 23 out. 2014).

[44] A inclusão da garantia fundamental da razoável duração do processo, por meio da Emenda Constitucional n.º 45/2004, foi importante para acrescentá-la ao rol componente do devido processo legal brasileiro. Contudo, é possível ainda adicionar a garantia fundamental do duplo grau de jurisdição (relativo a decisões de mérito), para que haja coerência com os ordenamentos internacionais e com a tradição das Constituições do *civil law* (COMOGLIO, Luigi Paolo. Garanzie costituzionali e 'giusto processo' (modelli a confronto). *Revista de Direito Comparado*, Belo Horizonte: UFMG, v. 2, n. 2, p. 314, mar./1998). Sobre o duplo grau de jurisdição como garantia fundamental, conferir: SANTOS, Marina França. *A garantia constitucional do duplo grau de jurisdição*. Belo Horizonte: Del Rey, 2012.

Na teoria do processo justo, é essencial a conjugação da *tutela de garantias* com a *efetivação de direitos*. A garantia de proteção judicial é obtida através da conquista de uma ordem jurídica justa apta a modificar a prática social em um tempo razoável, mas sempre com o envolvimento das garantias que formatam a base constitucional do processo. A justeza processual resulta na consagração de um devido processo legal que prima pela legitimidade, efetividade e adequação da tutela jurisdicional, em consonância com as garantias constitucionais processuais.

Na visão de Gustavo de Medeiros Melo, o processo justo é a "espinha dorsal que move a idéia mais moderna de acesso aos canais de jurisdição, congregando as condições mínimas e insuprimíveis sem as quais não será possível ao Estado aplicar o direito material com justiça no seio das relações em conflito". O processo justo, composto "de garantias fundamentais de justiça", atua como "veículo de realização dos valores básicos consagrados no sistema constitucional que institui o Estado democrático de Direito".[45] O *direito fundamental ao processo* representa o "princípio fundamental para organização do processo no Estado Constitucional" e constitui o "modelo mínimo de atuação processual" do Estado e dos particulares, cuja observância "é condição necessária e indispensável para obtenção de decisões justas".[46]

Nessa ordem de ideias, o processo justo consiste em uma *garantia constitucional* que viabiliza o acesso à tutela jurisdicional legítima, efetiva e adequada, com o objetivo de "preparar e proporcionar provimento jurisdicional compatível com a supremacia da Constituição e a garantia de efetividade dos direitos fundamentais". O direito fundamental ao processo justo é "meio indispensável à realização da justiça". Na busca dos melhores resultados concretos pertinentes à defesa do direito material subjetivo, o processo justo "se insere entre as garantias fundamentais e se apresenta como apanágio da cidadania".[47]

Destarte, o processo justo é projetado com base na Constituição. As garantias processuais constitucionais que legitimam a formação do provimento e a efetividade da tutela jurisdicional consistem nos seus alicerces, os quais estabelecem a necessidade de prolação de decisões judiciais com respeito ao contraditório, que sejam racionalmente motivadas e aptas a gerar a satisfação do direito material e a concretização de direitos fundamentais. O processo justo é aquele que "garante, em tempo razoável, e mediante amplo contraditório, a efetiva e adequada atuação do direito material".[48]

---

[45] MELO, Gustavo de Medeiros. *O acesso adequado à justiça na perspectiva do justo processo*. Disponível em: http://www.ibds.com.br/artigos/OACESSOADEQUADOaJUSTIcANAPERSPECTIVADOJUSTOPROCESSO.pdf. Acesso em: 23 set. 2014.

[46] MITIDIERO, Daniel. *O direito fundamental ao processo justo*. Disponível em: file:///C:/Users/pr095143/Downloads/direito%20fundamental%20ao%20justo%20processoart_srt_arquivo20130419164953%20(1).pdf. Acesso em: 23 out. 2014.

[47] THEODORO JUNIOR, Humberto. *Processo justo e contraditório dinâmico*. Disponível em: <http://revistas.unisinos.br/index.php/RECHTD/article/view/4776>. Acesso em: 23 set. 2014.

[48] THEODORO JUNIOR, Humberto. Constituição e processo: desafios constitucionais da reforma do processo civil no Brasil. *In*: MACHADO, Felipe Daniel Amorim; CATTONI DE OLIVEIRA, Marcelo

Em outras palavras, o *giusto processo* "se desenvolve respeitando os parâmetros fixados pelas normas constitucionais", "perante um juiz imparcial, em contraditório entre todos os interessados, em tempo razoável".[49] Por essa razão, o art. 111 da Constituição italiana preceitua que "A jurisdição actua-se mediante o justo processo regulado pela lei. Cada processo desenvolve-se no contraditório entre as partes, em condições de igualdade perante juiz terceiro e imparcial. A lei assegura a razoável duração".[50]

Por conseguinte, o processo justo é o "meio concreto de praticar o processo judicial delineado pela Constituição para assegurar o pleno acesso à justiça e a realização das garantias fundamentais traduzidas nos princípios da legalidade, liberdade e igualdade",[51] e consagra garantias processuais constitucionais, tais como: a) o direito de pleno acesso à justiça (art. 5º, XXXV, da CRFB), inclusive com o dever estatal de assistência jurídica integral e gratuita a todos que comprovarem insuficiência de recursos (art. 5º, LXXIV, da CRFB); b) o direito de ampla defesa e do contraditório (art. 5º, LIV e LV, da CRFB); c) a independência e a imparcialidade do juiz, bem como a garantia do juízo natural (art. 5º, XXXVII e LIII, da CRFB); d) a obrigatoriedade da motivação das decisões judiciais (art. 93, IX, da CRFB), em conjugação com a garantia da publicidade dos atos processuais (art. 5º, LX, da CRFB); e) a vedação das provas ilícitas (art. 5º, LVI, da CRFB); f) a garantia de uma duração razoável, que proporcione uma tempestiva tutela jurisdicional (art. 5º, LXXVIII, da CRFB).[52]

Além do resguardo das garantias processuais constitucionais, o processo justo visa a proporcionar a efetividade da tutela jurisdicional e a concreta satisfação do direito material, à luz da supremacia constitucional e dos direitos fundamentais. A Constituição, ao estatuir que "ninguém será privado da liberdade ou de seus bens sem o devido processo legal" (art. 5º, LIV, da CRFB), assegura, aos jurisdicionados, a proteção de um devido processo legal substantivo. Fernando Gonzaga Jayme se

---

Andrade (Coord.). *Constituição e Processo*: a contribuição do processo ao constitucionalismo democrático brasileiro. Belo Horizonte: Del Rey, 2009, p. 251.

[49] TROCKER, Nicolò. Il nuovo articolo 111 della costituzione e il 'giusto processo' in materia civile: profili generali. *Rivista Trimestrale di Diritto e Procedura Civile*, Milano, Giuffrè editore, anno LV, n. 2, p. 383-384, 2001, tradução livre.

[50] Disponível em: http://www.educazioneadulti.brescia.it/certifica/materiali/6.Documenti_di_riferimento/La%20Costituzione%20in%2015%20lingue%20(a%20cura%20della%20Provincia%20di%20Milano)/CostituzioneItaliana-Portoghese.pdf. Acesso em: 23 set. 2014. Vittorio Denti observa que "o uso da expressão 'atua-se' ao invés de 'exercita-se' (...) não parece privada de significado: essa é idônea a reclamar um conceito de jurisdição que (...) a identifica na atividade de *ius dicere*, de tal modo se referindo ao resultado final daquela atividade" (DENTI, Vittorio. *La Giustizia Civile*. Bologna: Il Mulino, 2004, p. 78, tradução livre).

[51] THEODORO JUNIOR, Humberto. *Processo justo e contraditório dinâmico*. Disponível em: <http://revistas.unisinos.br/index.php/RECHTD/article/view/4776>. Acesso em: 23 set. 2014.

[52] THEODORO JUNIOR, Humberto. *Direito fundamental à duração razoável do processo*. Disponível em: http://www.anima-opet.com.br/segunda_edicao/Humberto_Theodoro_Junior.pdf. Acesso em: 23 set. 2014.

manifesta sobre a concepção de processo justo que melhor se adequa ao modelo constitucional de devido processo legal inserido no Estado Democrático de Direito:

> A observância da garantia do devido processo legal visa a assegurar um processo justo que regula a atuação das partes e do juiz no procedimento que se realiza em contraditório. Manifesta será a arbitrariedade quando se privar alguém de sua liberdade ou de seu patrimônio sem assegurar-lhe, previamente, acesso ao devido processo legal. (...). O processo, enquanto instrumento de realização do direito substancial, tem de ser tempestivo e deve velar para que o procedimento se desenvolva sem dilações indevidas, conforme regras previamente estabelecidas, que assegurem a participação em contraditório das partes e que o julgador competente, independente e imparcial, profira uma sentença fundamentada, admitindo-se, quando não excepcionado pela Constituição da República, o duplo grau de jurisdição.[53]

Por seu turno, Luigi Paolo Comoglio aduz que o *giusto processo* compreende *garantias individuais* e *garantias estruturais*. Como garantias individuais, o autor enumera: a) acesso amplo à justiça para todos, em condições de igualdade e de correlação e adequação da tutela correspondente à situação jurídica substancial concreta; b) ampla defesa, como "direito inviolável", em todas as fases e graus do procedimento jurisdicional; c) assistência judiciária gratuita aos necessitados; d) juiz natural, previamente constituído pela lei.[54]

Como garantias estruturais, o autor aponta: a) justiça administrada em nome do povo e juízes sujeitos apenas à lei; b) função jurisdicional confiada a magistrados instituídos e disciplinados com base nas normas de organização judiciária; c) vedação dos juízes extraordinários ou de exceção; d) atribuição à jurisdição do fim institucional de realizar a tutela dos direitos subjetivos substanciais; e) independência e autonomia da magistratura (Poder Judiciário); f) independência dos juízes e do Ministério Público; g) exercício da jurisdição segundo o "justo processo regulado pela lei" (art. 111 da Constituição italiana); h) garantia, em qualquer tipo de processo, do contraditório entre as partes, em condições de igualdade, diante de um juiz neutro e imparcial, assegurada a razoável duração do processo; i) motivação de todas as decisões judiciais; j) direito sempre ao recurso de cassação, por violação da lei.

---

[53] JAYME, Fernando Gonzaga. Os problemas da efetiva garantia de proteção judicial perante o Poder Judiciário brasileiro. *In*: JAYME, Fernando Gonzaga; FARIA, Juliana Cordeiro de; LAUAR, Maira Terra (Coord.). *Processo Civil – novas tendências*: estudos em homenagem ao Professor Humberto Theodoro Júnior. Belo Horizonte: Del Rey, 2008, p. 246.

[54] Francisco Rubio Lorrente entende que o direito ao juízo previamente constituído por lei "exige em primeiro lugar que o órgão judicial tenha sido criado por norma jurídica, e que esta lhe haja investido de jurisdição e de competência com anterioridade ao fato que motivou a atuação do processo judicial e que seu regime organizacional ou processual não permita qualificá-lo como órgão especial ou excepcional". Ademais, exige-se também "que a composição do órgão judicial venha determinada por lei e que em cada caso concreto se siga o procedimento legalmente estabelecido para a designação dos membros que hão de constituir o órgão correspondente" (LLORENTE, Francisco Rubio. *Derechos fundamentales y principios constitucionales*: doctrina jurisprudencial. Barcelona: Ariel, 1995, p. 299, tradução livre).

De forma mais sintética, Luigi Paolo Comoglio agrupa as *garantias mínimas* do processo justo, a saber: a) a relação de instrumentalidade necessária entre direito substancial e processo; b) o acesso às cortes de justiça, com superação dos fatores de desigualdade socioeconômica que limitam tal acesso; c) a independência, a autonomia e a imparcialidade do juiz; d) o exercício, em condições adequadas e paritárias, dos direitos de ação e defesa; e) o direito das partes a um processo justo e équo.[55]

O "paradigma-base de um processo *équo, razoável* e *justo*", no âmbito civil, é formado com: a) a igualdade das partes; b) a independência e a imparcialidade dos juízes, cortes e tribunais, pré-constituídos pela lei; c) a publicidade das audiências e dos pronunciamentos judiciais; d) o direito efetivo de ação e de recurso aos órgãos estatais de justiça, sem quaisquer discriminações irrazoáveis; e) o contraditório e a defesa técnica; f) o direito à prova – ou seja, o direito de agir e de defender-se provando; g) a duração razoável do procedimento.[56]

Sob a ótica do Estado Democrático de Direito, o processo justo é formado por garantias processuais destinadas a efetivar, no domínio processual, os princípios constitucionais da igualdade, da liberdade, da democracia, da cidadania, da soberania popular e da dignidade da pessoa humana. Nesse sentido, "o processo, para ser justo, deve refletir o ideal democrático, a participação na formação do ato decisório, o exercício da cidadania no âmbito jurisdicional".[57]

A partir de uma *deontologia* pautada no respeito aos direitos essenciais da pessoa humana, o *direito fundamental ao processo justo* visa a tutelar um mínimo inderrogável e inviolável de garantias constitucionais, cuja ética é edificada no "conjunto dos valores fundamentais da civilização e da democracia".[58] A noção de *giusto processo* carrega em si uma "abordagem *valorativa*" que "visa a consagrar de modo estável determinados *fundamentos éticos* do processo", os quais conferem "*legitimidade e relevância jurídica*" às "*escolhas de civilidade democrática* que são destinadas a condicionar, no tempo, o máximo grau de *aceitabilidade moral* das formas de tutela judicial e das estruturas publicistas" do processo e da jurisdição. É justamente essa abordagem que visa a transformar o processo de uma "*garantia de legalidade procedimental* (ou de *justiça formal*) em uma mais ampla *garantia de justiça substancial*" ou, em outras palavras, são os "*componentes*

---

[55] COMOGLIO, Luigi Paolo. *Etica e tecnica del 'giusto processo'*. Torino: G. Giappichelli Editore, 2004, p. 162, tradução livre.

[56] COMOGLIO, Luigi Paolo. Garanzie costituzionali e 'giusto processo' (modelli a confronto). *Revista de Direito Comparado*, Belo Horizonte: UFMG, v. 2, n. 2, p. 273-274, mar./1998, tradução livre.

[57] SANTOS BARREIROS, Lorena Miranda. *Fundamentos constitucionais do princípio da cooperação processual*. Salvador: Jus Podivm, 2013, p. 260.

[58] COMOGLIO, Luigi Paolo. *Etica e tecnica del 'giusto processo'*. Torino: G. Giappichelli Editore, 2004, p. 07, tradução livre.

equitativos e os *perfis éticos-deontológicos*" que permitem que a ideia de *devido processo legal* se converta na noção do *processo justo*.[59]

Enfim, o processo justo é estruturado com base em uma série de garantias processuais de estatura constitucional, as quais atuam como fonte de legitimação do próprio exercício da atividade jurisdicional. Para a compreensão do *giusto processo* em um Estado Democrático de Direito, é necessária uma releitura de várias dessas garantias processuais em prol da concretização de um processo que, simultaneamente, seja formado e se destine à tutela de direitos fundamentais e à satisfação do direito material reconhecido na decisão judicial. A *estrutura constitucional* do devido processo legal – isto é, o dinâmico entrelaçamento entre as garantias processuais constitucionais – fornece as bases para a formatação da ideia de um processo com bases democráticas.

Dessa forma, o processo justo não é apenas aquele estruturado nas garantias fundamentais processuais que legitimam o procedimento de elaboração do provimento. A ideia do *giusto processo* requer, além do aspecto procedimental, que também o resultado advindo do exercício da atividade jurisdicional produza *decisões justas*. É necessária a conjugação entre a tutela procedimental das garantias processuais e a qualidade do conteúdo da decisão que encerra o procedimento. O ensinamento de Michele Taruffo é claro nesse sentido:

> Frisa-se, todavia, o surgimento de pelo menos duas noções diferentes de *justo processo*. Segundo a primeira delas, tem-se um processo justo quando são postas em prática todas as garantias processuais fundamentais, e em particular aquelas que concernem às partes. Essa noção pode ser certamente aceita, mas a propósito pode-se observar que de tal modo os critérios do justo processo coincidem substancialmente com as garantias fundamentais do processo (...). O processo, por conseguinte, é justo se e desde que seja correto o procedimento em que se articula (...). Na segunda interpretação da expressão *justo processo*, o processo é justo se arquitetado de modo que, além de assegurar que se ponham em prática as garantias, faça com que nele se obtenham decisões justas. (...). Mesmo um processo em que as garantias fundamentais são postas em prática pode produzir uma decisão injusta, como ocorre – por exemplo – se for violada ou mal aplicada a norma substancial que regula a situação que é objeto do processo.[60]

É por essa razão que, a nosso ver, há três *pilares* básicos que formam a noção do processo justo, quais sejam: a) a tutela do contraditório como fundamento de legitimidade do *procedimento* de elaboração da decisão judicial; b) o respeito aos direitos e garantias fundamentais como baliza de conformação do *conteúdo* da

---

[59] COMOGLIO, Luigi Paolo. Garanzie costituzionali e 'giusto processo' (modelli a confronto). *Revista de Direito Comparado*, Belo Horizonte: UFMG, v. 2, n. 2, p. 270-271; 321, mar./1998, tradução livre, destaques no original.

[60] TARUFFO, Michele. *Uma simples verdade*: o juiz e a construção dos fatos. Tradução de Vitor de Paula Ramos. Madrid: Marcial Pons, 2012, p. 141.

decisão judicial; c) a satisfação do direito material em tempo razoável como fator de *efetivação* – inclusive social – do próprio processo e da atividade jurisdicional.

4.2.1 A legitimação do procedimento de elaboração da decisão judicial a partir do contraditório

O primeiro pilar que formata o processo justo consiste na tutela da garantia constitucional do *contraditório* como o *fundamento de legitimação do procedimento de elaboração da decisão judicial*. Em outras palavras, a participação influente das partes no *iter* de elaboração do provimento judicial consiste na própria *justificação democrática* do processo decisório resultante do exercício da jurisdição.

Primeiramente, todavia, ressalte-se que o estudo acerca da legitimação do processo decisório pressupõe que haja a observância de outras garantias constitucionais elementares relativas à jurisdição, dentre elas o juízo natural (art. 5°, XXVII, CRFB), a inadmissibilidade de produção de provas ilícitas pelas partes (art. 5°, LVI, CRFB), a imparcialidade e a legalidade.

Ademais, a ideia do contraditório como o fundamento de legitimação da atividade jurisdicional não significa, de forma alguma, retirar do juiz a prerrogativa de decidir a lide. A participação influente das partes na elaboração do provimento não equivale a excluir a competência do magistrado de proferir a palavra final sobre o imbróglio.

Diferentemente, o que se pretende é promover uma releitura da garantia constitucional do contraditório apta a justificar *democraticamente* o exercício da jurisdição, como forma de evitar o *decisionismo judicial* decorrente da prática do já comentado *indevido processo sentimental*. A reconstrução do conceito de contraditório é necessária para alcançar uma definição que possibilite *legitimar* o procedimento de elaboração da decisão judicial dentro de um contexto de efetivo diálogo entre as partes e o juiz.

Para tanto, passa-se a seguir à reconstrução do conceito de contraditório que, a nosso ver, melhor se adéqua ao propósito de legitimar o processo de elaboração da decisão judicial no âmbito do processo justo.[61]

4.2.1.1 A contribuição da teoria do processo como procedimento realizado em simétrico contraditório entre as partes

O conceito de contraditório adequado ao Estado Democrático de Direito pressupõe a análise das bases lançadas pela *teoria do processo como procedimento realizado em simétrico contraditório entre as partes*. Isso porque a garantia de *iguais*

---

[61] Essa reconstrução foi realizada também em: JAYME, Fernando Gonzaga; FRANCO, Marcelo Veiga. O princípio do contraditório no Projeto do novo Código de Processo Civil. *Revista de Processo*, v. 227, p. 335-362, 2014; FRANCO, Marcelo Veiga. Dimensão dinâmica do contraditório, fundamentação decisória e conotação ética do processo justo: breve reflexão sobre o art. 489, §1°, IV, do novo CPC. *Revista de Processo*, vol. 247, ano 40, p. 105-136, São Paulo: Ed. RT, set. 2015.

oportunidades de participação entre as partes é elemento essencial de legitimação do procedimento de produção dos atos decisórios jurisdicionais.

Elio Fazzalari foi o principal autor a conceituar o processo como procedimento realizado em contraditório entre as partes. No Brasil, esta teoria foi desenvolvida por Aroldo Plínio Gonçalves. De forma sintética, a referida teoria preconiza que o processo é "um procedimento do qual participam (são habilitados a participar) aqueles em cuja esfera jurídica o ato final é destinado a desenvolver efeitos: em contraditório, e de modo que o autor do ato não possa obliterar as suas atividades".[62]

Para essa teoria, *processo* e *procedimento* são conceitos jurídicos inconfundíveis, porém relacionados.[63] O procedimento, enquanto *estrutura normativa* de descrição de condutas e de qualificação de direitos e obrigações, representa o gênero do qual o processo é a espécie mais elaborada e complexa, exatamente porque se qualifica pela exigência do simétrico contraditório entre os interessados ao provimento jurisdicional final.[64]

O procedimento é uma sequência de normas e de posições subjetivas[65] preparatória do provimento, o qual, por sua vez, é o ato estatal imperativo destinado a produzir efeitos na esfera jurídica de seus destinatários. A estrutura do procedimento é constituída a partir de uma série de normas em que cada uma delas regula uma específica "conduta (qualificando-a como direito ou como obrigação), mas que enuncia como pressuposto da sua própria aplicação, o cumprimento de uma atividade regulada por uma outra norma da série".[66]

Dessa maneira, os atos processuais realizam-se no curso do procedimento mediante a sujeição às regras que determinam a sua aparição e os seus efeitos.

---

[62] FAZZALARI, Elio. *Instituições de Direito Processual*. Tradução de Elaine Nassif. Bookseller: Campinas, 2006, p. 118-119.

[63] CARNELUTTI, Francesco. *Derecho y processo*. Buenos Aires: Ediciones Jurídicas Europa-América, 1971, p. 21.

[64] FAZZALARI, Elio. *Instituições de Direito Processual*. Tradução de Elaine Nassif. Bookseller: Campinas, 2006, p. 93-94. No ponto, ressalte-se que Enrico Redenti – antes mesmo de Elio Fazzalari – já trabalhava na renovação do conceito de procedimento, entendendo "o processo como a atividade destinada à formação do provimento jurisdicional". Para o referido autor, a atividade preparatória do provimento é disciplinada por vários esquemas normativos propostos para as diversas possibilidades de processos, e que devem tomar o nome de procedimento, o qual é entendido como o "módulo legal do fenômeno em abstrato" (GONÇALVES, Aroldo Plínio. *Técnica processual e teoria do processo*. Rio de Janeiro: AIDE, 1992, p. 103-104).

[65] A expressão *posição subjetiva* (ou posição jurídica subjetiva) contém um significado peculiar e se refere "à posição de sujeitos perante a norma, que valora suas condutas como lícitas, facultadas ou devidas", e com isso não se relaciona "à posição de sujeitos em uma relação com outro sujeito ou à posição de sujeitos em um quadro qualquer de liames". A posição subjetiva, como posição do sujeito em relação à norma, permite "qualificar a conduta como faculdade ou poder, se é valorada como lícita, e como dever, se é valorada como devida" (GONÇALVES, Aroldo Plínio. *Técnica processual e teoria do processo*. Rio de Janeiro: AIDE, 1992, p. 106-109).

[66] FAZZALARI, Elio. *Instituições de Direito Processual*. Tradução de Elaine Nassif. Bookseller: Campinas, 2006, p. 113-114.

Cada ato processual deve ajustar-se às normas que presidem a sua criação e lhes conferem valor jurídico. Se isso não ocorre, o ato carece de validade e o procedimento se torna maculado, pois cada um dos atos jurídicos do *iter* procedimental influi sobre a validade do conjunto – ou seja, cada um se encontra sustentado pelo ato precedente e é, ao seu turno, alicerce dos demais. O desfecho desta sequência de atos é o provimento que dirime a controvérsia com autoridade de coisa julgada. Se os atos que dão sustentação ao provimento estão afetados por vícios graves, que os priva da eficácia que deveriam ter em condições normais, o provimento não subsiste, pois falta o suporte que lhe é necessário: um processo válido.

O procedimento está integrado por atos jurídicos que guardam entre si uma relação cronológica, lógica e teleológica. Uns são suporte ou pressuposto dos outros e todos se ordenam a um fim supremo e comum: a solução da controvérsia por meio de um provimento (sentença).[67] A validade e a eficácia de um ato inserido na estrutura normativa do procedimento dependem, portanto, da regularidade do ato precedente e influem sobre a validade e a eficácia dos atos subsequentes.[68]

O processo, por sua vez, é espécie de procedimento que se distingue e se qualifica pela presença do contraditório realizado em simétrica paridade. O contraditório é essencial para a definição do processo[69] que é, na verdade, o procedimento realizado em paritário contraditório. Nessa linha, o contraditório é conceituado como "a igualdade de oportunidade no processo, é a igual oportunidade de igual tratamento, que se funda na liberdade de todos perante a lei".[70] A interrelação entre os princípios do *contraditório* e da *igualdade* é a grande contribuição de Elio Fazzalari e Aroldo Plínio Gonçalves para a ciência jurídica.[71]

---

[67] GONÇALVES, Aroldo Plínio. *Técnica processual e teoria do processo.* Rio de Janeiro: AIDE, 1992, p. 108-109.

[68] OLIVEIRA, Carlos Alberto Alvaro de. *Do formalismo no processo civil.* 2. ed., São Paulo: Saraiva, 2003, p. 111-112.

[69] A ideia do contraditório como elemento essencial do processo não surgiu apenas com a divulgação da teoria de Elio Fazzalari, em 1975. Adolf Wach, já em 1865, "realçava a importância do contraditório, ao destacar o caráter dialético do processo, observando que sua finalidade atendia a dois interesses em colisão, o interesse da tutela jurídica afirmada pelo autor e o interesse contraposto sustentado pelo réu". Também Piero Calamandrei, em 1965, entendia o contraditório "como diálogo permanente entre os envolvidos, [...] força motriz do processo, seu princípio fundamental" (DIAS, Ronaldo Brêtas de Carvalho. *Processo Constitucional e Estado Democrático de Direito.* Belo Horizonte: Del Rey, 2010, p. 94-95).

[70] GONÇALVES, Aroldo Plínio. *Técnica processual e teoria do processo.* Rio de Janeiro: AIDE, 1992, p. 109.

[71] Segundo Ada Pellegrini Grinover, é "comum a observação de que o princípio da igualdade é parte essencial do processo" ou de que "defesa e contraditório são corolários do princípio da igualdade". Todavia, a igualdade, como essência do contraditório, não pode ser vista apenas como uma isonomia *formal* que exprime a "simples exigência de que os sujeitos possam agir em plano de paridade". Diferentemente, a igualdade deve ser compreendida sob a ótica *material*, isto é, "como contraposição dialética paritária e forma organizada de cooperação no processo", da qual emerge o princípio de *par conditio* (princípio de equilíbrio de situações ou *igualdade de armas*). Sendo assim, a *"plenitude* e a *efetividade* do contraditório indicam a necessidade de se utilizarem todos os meios necessários para

Além disso, também a *liberdade* se faz presente na definição do processo como o procedimento que se realiza em contraditório. O indivíduo tem a liberdade de participar, em igualdade de condições, na construção do provimento que repercutirá no seu patrimônio jurídico. Todavia, se por qualquer razão optar por não participar do procedimento, a parte sujeitar-se-á aos ônus da sua inércia, pois cabe a ela a valoração a respeito da conveniência e da oportunidade do exercício do contraditório. A liberdade, logo, consiste na possibilidade de autodeterminação do modo e da intensidade de que se valerão as partes na atividade preparatória do provimento final.

Em suma, o contraditório é a "estrutura dialética do procedimento" do qual se destacam os seguintes elementos: a) participação dos destinatários dos efeitos do ato final, em simétrica paridade de posições, na fase procedimental preparatória do provimento; b) mútua implicação das atividades dos destinatários – partes – destinadas a obter um provimento conforme os seus interesses; c) efetiva capacidade de as atividades realizadas pelas partes influenciarem o autor do provimento final – juiz ou árbitro; d) possibilidade de exercício, por cada interessado ou destinatário dos efeitos do ato final – denominados de contraditores –, de um conjunto de escolhas, de reações e de controles; e) existência de controle não só das atividades de cada um dos contraditores, mas também na possibilidade de fiscalização dos resultados da função exercida pelo autor do provimento.[72]

O contraditório é, então, a *ratio distinguendi* do processo. Trata-se da "*garantia de participação em simétrica paridade*", isto é, "*direito* de participação" das partes na elaboração do provimento em *igualdade de oportunidades*.[73] A oportunidade de defesa e de apresentação de provas é assegurada mediante a "efetiva igualdade das partes, em todas as fases de atuação no processo".[74] A consagração do contraditório como a estrutura dialética do procedimento é a base para a formulação de uma teoria de processo que valorize o diálogo paritário como o meio de concretização da democracia e da cidadania.

Para tanto, o contraditório tem de contar com a participação de, pelo menos, dois sujeitos – as partes do processo –, os quais, em relação ao conflito de interesses, estão em posições processuais contrapostas, porém simetricamente iguais no que diz respeito ao direito de participação no procedimento. Às partes, destinatárias dos

---

evitar que a disparidade de posições no processo possa incidir sobre seu êxito, condicionando-o a uma distribuição desigual de forças" (GRINOVER, Ada Pellegrini. *O processo constitucional em marcha*: contraditório e ampla defesa em cem julgados do Tribunal de Alçada Criminal de São Paulo. São Paulo: Max Limonad, 1985, p. 11-18, destaques no original).

[72] FAZZALARI, Elio. *Instituições de Direito Processual*. Tradução de Elaine Nassif. Bookseller: Campinas, 2006, p. 119-120.

[73] GONÇALVES, Aroldo Plínio. *Técnica processual e teoria do processo*. Rio de Janeiro: AIDE, 1992, p. 132.

[74] BARACHO, José Alfredo de Oliveira. Teoria Geral do Processo Constitucional. *Revista de Direito Comparado*, Belo Horizonte: UFMG, v. 4, p. 51, 2000.

efeitos do provimento, assegura-se o direito de participação na construção do provimento em simétrica paridade.

Por sua vez, o juiz ou árbitro – autor do provimento – é um terceiro "estranho aos interesses em contenda, não sendo parte daquela situação".[75] O autor do provimento é um sujeito do processo, mas não é parte, porque "ele não participa 'em contraditório com as partes', entre ele e as partes não há interesse em disputa".[76]

A teoria do processo como procedimento realizado em contraditório é uma contribuição essencial para definir o contraditório como o fundamento de legitimidade do exercício da jurisdição. Considerando que os membros do Judiciário não são eleitos, a legitimidade dos provimentos jurisdicionais decorre da participação direta dos destinatários dos efeitos produzidos pela decisão. Esta participação ocorre mediante a garantia do contraditório, em que os interessados atuam em simétrica paridade na construção do provimento a que se sujeitarão.[77]

Trata-se de exercício da democracia, da cidadania e da soberania popular no processo, na medida em que as partes – sujeitos do contraditório – participam e interferem diretamente na construção do provimento – ato imperativo estatal – que produzirá efeitos nos seus patrimônios jurídicos.[78] A garantia de uma paritária

---

[75] FAZZALARI, Elio. *Instituições de Direito Processual*. Tradução de Elaine Nassif. Bookseller: Campinas, 2006, p. 121-124.

[76] GONÇALVES, Aroldo Plínio. *Técnica processual e teoria do processo*. 2. ed., Del Rey: Belo Horizonte, 2012, p. 103.

[77] Não obstante a importância da teoria do processo como procedimento realizado em simétrico contraditório, é preciso ressaltar que ela é insuficiente no atual estágio de evolução do Estado Democrático de Direito. O principal motivo é que a referida teoria limita a concepção do contraditório como mera *característica própria* ou *ratio distinguendi* que diferencia o processo do procedimento e que visa a sustentar a *existência*, *validade* e *eficácia* do provimento final (FAZZALARI, Elio. *Instituições de Direito Processual*. Tradução de Elaine Nassif. Bookseller: Campinas, 2006, p. 109-121; GONÇALVES, Aroldo Plínio. *Técnica processual e Teoria do Processo*. 2. ed., Belo Horizonte: Del Rey, 2012, p. 56-57 e 93-94). Contudo, é preciso ir além, para que se compreenda o contraditório como uma verdadeira *garantia constitucional* que atua como *fundamento de legitimidade democrática* do exercício da função jurisdicional. Nesse sentido, é pertinente a observação de Cirilo Vargas no sentido de que Elio Fazzalari "não concebeu o contraditório como uma garantia fundamental de natureza constitucional, mas como um elemento técnico do processo, na sua distinção com o procedimento" (VARGAS, Cirilo Augusto. A conexão entre os princípios do contraditório e da fundamentação das decisões jurisdicionais. *Revista da Procuradoria-Geral do Município de Belo Horizonte*, Belo Horizonte: Fórum, ano 6, n. 11, p. 22, jan./jun. 2013), razão pela qual, nos dizeres de Rosemiro Pereira Leal, a teoria é insuficiente já que "o simples dizer que o processo é um procedimento em contraditório não emprestaria necessária e juridicamente ao procedimento, por garantia fundamental, o predicado principiológico, balizador e definidor do contraditório" (LEAL, Rosemiro Pereira. *Teoria geral do processo*: primeiros estudos. Porto Alegre: Síntese, 1999, p. 51). Para tanto, conferir também: FRANCO, Marcelo Veiga. A evolução do contraditório: a superação da teoria do processo como relação jurídica e a insuficiência da teoria do processo como procedimento em simétrico contraditório. *Revista do Programa de Pós-Graduação em Direito da UFBA*, Salvador, vol. 22, n. 24, p. 165-193, 2012.

[78] ABREU, Pedro Manoel. *Processo e Democracia*: o processo jurisdicional como um *locus* da democracia participativa e da cidadania inclusiva no Estado Democrático de Direito. São Paulo: Conceito Editorial, 2001. v. 3, p. 469.

participação das partes na elaboração do provimento faz com que o processo se baseie na *igualdade de oportunidades* entre os destinatários da decisão judicial, o que torna o contraditório uma garantia inviolável e indissociável de uma ordem jurídica democrática.

A qualificação do contraditório em simétrica paridade – que faz com que o simples procedimento se transforme em processo – é o grande *insight* tido por Elio Fazzalari que permite desenvolver as bases de um processo que legitime o exercício democrático da jurisdição a partir da participação paritária dos interessados na prolação do provimento. E mais, a teoria do processo como procedimento realizado em simétrico contraditório é importante também para superar o anacrônico conceito do processo como relação jurídica peculiar, ou seja, como um elo de direitos e de obrigações recíprocos que determinam faculdades e deveres e "colocam em mútuo vínculo as partes e o tribunal".[79]

Com efeito, a teoria do processo como relação jurídica – sintetizada no brocardo *iudicium est actus trium personarum: iudicis, actoris et rei* ("Juízo (processo) é o ato de três pessoas: o juiz, o autor e o réu")[80] – defende que o processo é uma relação jurídica peculiar, distinta da relação jurídica de direito material e dotada das seguintes características: a) autonomia, pois a relação jurídica processual é independente da relação jurídica substancial – de direito material – deduzida em juízo (*res in iudicium deducta*); b) progressividade (ou cinese) e dinamismo, pois a relação jurídica processual se desenvolve e se desdobra gradualmente, passo a passo, e está sempre em movimento dinâmico, ao contrário da relação jurídica de direito material que é perfeita e acabada desde o seu surgimento; c) unidade e complexidade, pois a relação jurídica processual é única e complexa, resultante da fusão de várias outras relações jurídicas, não se confundindo com um conjunto de vínculos ligados por um traço comum; d) unicidade, pois cada ato não cria uma relação jurídica nova, mas alenta a já existente; e) viva, pois a relação processual nasce, cresce e morre, e é desta vida que resulta sua unidade e identidade, apesar das mutações estruturais e fisionômicas; f) pública, pois a validade da relação jurídica processual não depende do acordo de vontade entre as partes, mas do preenchimento dos pressupostos processuais apreciáveis pelo juiz, sendo que a interferência do magistrado na resolução do caso concreto cria um vínculo jurídico-processual público entre as partes – indivíduos – e o Estado-juiz.[81]

Ademais, caracteriza-se a relação jurídica processual pelo *vínculo de subordinação* entre as partes e pelo caráter de *exigibilidade* da prestação demandada perante o Estado. A relação jurídica processual é construída estruturalmente por um "enlace normativo" mediante o qual uma das partes pode exigir da outra o cumprimento de

---

[79] BÜLOW, Oskar von. *Teoria das exceções e dos pressupostos processuais*. Tradução de Ricardo Rodrigues Gama. Campinas: LZN, 2005, p. 05.
[80] TORNAGHI, Hélio. *A relação processual penal*. 2. ed., São Paulo: Saraiva, 1987, p. 229-230.
[81] TORNAGHI, Hélio. *A relação processual penal*. 2. ed., São Paulo: Saraiva, 1987, p. 61-64; 238-244.

um dever jurídico. Desse modo, é relevante a ideia da "exigibilidade da prestação", uma vez que o particular, no polo ativo da relação jurídica, pode exigir do Estado, no polo passivo, a realização de uma determinada prestação.[82]

Porém, como ressalta Ada Pellegrini Grinover, o processo como procedimento em simétrico contraditório não passa de "uma idéia simples e genial"[83] suficiente para afastar o "velho e inadequado *clichê* pandetístico da 'relação jurídica processual', (...) esquema estático (...) que leva em conta a realidade, mas não a explica".[84] Elio Fazzalari teve o mérito de renovar estruturalmente o conceito de procedimento e de atribuir viés democrático à concepção de processo, rompendo com a teoria de Oskar von Bülow segundo a qual o processo é uma relação jurídica. Aroldo Plínio Gonçalves resume a questão ao dizer que:

> A caracterização do processo como procedimento realizado em contraditório entre as partes não é compatível com o conceito de processo como relação jurídica. Ressaltou-se, neste capítulo, o quanto foi possível, a idéia de contraditório como *direito* de participação, o conceito renovado de contraditório como *garantia* de participação em simétrica paridade, o contraditório como *oportunidade de participação*, como direito, hoje revestido da especial proteção constitucional. O conceito de relação jurídica é o do vínculo de exigibilidade, de subordinação, de supra e infra-ordenação, de sujeição. Uma garantia não é uma imposição, é uma liberdade protegida, não pode ser coativamente oferecida e não se identifica como instrumento de sujeição. Garantia é liberdade assegurada. Se o contraditório é garantia de simétrica igualdade de participação no processo, como conciliá-lo com a categoria da relação jurídica? Os conceitos de garantia e de vínculo de sujeição vêm de esquemas teóricos distintos.[85]

Enfim, a teoria do processo como procedimento realizado em simétrico contraditório é basilar para a construção da noção do processo justo fundado "no confronto dialético das partes litigantes, colocadas em condições efetivas de paritária democracia 'participativa', diante de um juiz pré-constituído pela lei, cuja 'terceiridade' e cuja 'imparcialidade' são de qualquer maneira garantidas de modo eficaz".[86]

---

[82] GONÇALVES, Aroldo Plínio. *Técnica Processual e Teoria do Processo*. Rio de Janeiro: Aide, 1992, p. 78.

[83] apud Apresentação de Ada Pellegrini Grinover ao FAZZALARI, Elio. *Instituições de Direito Processual*. Tradução de Elaine Nassif. Bookseller: Campinas, 2006, p. 5.

[84] FAZZALARI, Elio. *Instituições de Direito Processual*. Tradução de Elaine Nassif. Bookseller: Campinas, 2006, p. 111 *et seq.*

[85] GONÇALVES, Aroldo Plínio. *Técnica Processual e Teoria do Processo*. Rio de Janeiro: Aide, 1992, p. 132, destaques no original. No mesmo livro, o autor retoma a mesma ideia ao aduzir que a "identificação do processo nessa estrutura normativa, como procedimento realizado em contraditório entre as partes, supera a concepção de processo como relação jurídica. O contraditório é oportunidade de participação paritária, é garantia de simétrica igualdade de participação dos destinatários do provimento na fase procedimental de sua preparação. A possibilidade assegurada de participação em simétrica igualdade não se concilia com vínculo de sujeição" (p. 193).

[86] COMOGLIO, Luigi Paolo. Ideologie consolidate e riforme contingenti del processo civile. *Rivista di Diritto Processuale*, Padova, Cedam, anno LXV, n. 3, p. 527, 2010.

Contudo, a referida teoria é insuficiente ao tratar o contraditório como um *mero predicado* ou elemento conceitual e técnico do processo – ainda que seja a sua qualidade particular ou *ratio distinguendi*. A garantia fundamental do contraditório, em um Estado Democrático de Direito, é fundamento de *legitimação* do procedimento de elaboração do provimento jurisdicional, e não apenas fonte de existência, validade e eficácia da decisão judicial final.

4.2.1.2 O desenvolvimento do conceito de contraditório: dimensões estática e dinâmica

Além da contribuição da teoria do processo como procedimento realizado em simétrico contraditório entre as partes, o conceito de contraditório, ao longo da vivência democrática, desenvolveu-se e agregou novos conteúdos a partir dos avanços advindos da própria compreensão do *devido processo legal* (art. 5º, LIV, da CR/88).

O ordenamento constitucional, ao reconhecer o contraditório como *garantia fundamental* (art. 5º, LV, CRFB), propicia às partes a participação dialética no processo, com iguais oportunidades e com efetiva possibilidade de influência nos resultados decorrentes do exercício da atividade jurisdicional. A partir das suas dimensões *estática* e *dinâmica*, passa-se ao desenvolvimento de um conceito mais abrangente de contraditório.

4.2.1.2.1 A dimensão estática (ou formal) do contraditório

A dimensão *estática* (ou *formal*) retrata a clássica concepção do contraditório como ciência, informação, comunicação e/ou participação das partes no processo, originária do instituto processual austríaco *parteiengehör* – o qual é entendido como princípio da *audição* (ou *audiência*) do cidadão interessado.[87]

O contraditório, na sua dimensão estática, expressa o direito das partes ao conhecimento da demanda, mediante citação, intimação e/ou notificação, com a garantia de participação no curso do processo. Com base nos brocardos *audiatur et altera pars* e *nemo inauditas dammari postest*, o aspecto formal do contraditório resguarda ao interessado, tão somente, o direito de ouvir e de ser ouvido (*hearings*),[88] isto é, a mera oportunidade de alegar e defender-se. A garantia de participação na construção da decisão judicial visa a assegurar às partes, colocadas em posição de interessado – autor – e contrainteressado – réu –, o "direito ao conhecimento e à participação, participar conhecendo, participar agindo".[89]

---

[87] FAZZALARI, Elio. *Instituições de Direito Processual*. Tradução de Elaine Nassif. Bookseller: Campinas, 2006, p. 111-113.

[88] CAPPELLETTI, Mauro. *Juízes legisladores?*. Tradução de Carlos Alberto Alvaro de Oliveira. Porto Alegre: Sergio Antonio Fabris, 1993, p. 77.

[89] CAPPELLETTI, Mauro. Appunti in tema di contraddittorio. *Studi in memoria di Salvatore Satta*, Padova: Cedam, 1982. v. 1, p. 221, tradução livre.

A dimensão estática do contraditório resume-se a possibilitar aos destinatários do provimento a oportunidade de manifestação nos autos e de formulação das alegações e provas lícitas que julgarem pertinentes, com a respectiva oportunidade de reação.[90] O contraditório, assim entendido, relaciona-se ao direito de defesa, por assegurar "às partes a possibilidade bilateral, efetiva e concreta, de produzirem suas provas, de aduzirem suas razões, de recorrerem das decisões, de agirem, enfim, em juízo, para a tutela de seus direitos e interesses".[91] Com isso, as partes expõem ao juiz os fatos e os fundamentos jurídicos da demanda, de modo que tenham aumentadas as suas chances de êxito no processo, ao mesmo tempo em que colaboram para a melhoria da prestação jurisdicional.[92]

Todavia, com base na teoria do processo como procedimento realizado em simétrico contraditório entre as partes, a dimensão estática do contraditório ultrapassa a sua definição como simples direito das partes ao conhecimento da demanda e à participação no processo. Diante do princípio da isonomia, a participação das partes no processo é qualificada pela nota da "igualdade de oportunidade que compõe a essência do contraditório enquanto garantia de simétrica paridade de participação no processo".[93]

Como expressão do princípio constitucional da igualdade, a participação das partes é concretizada em paridade de posições. O contraditório faz com que os litigantes, "em posição de igualdade, disponham das mesmas oportunidades de alegar e provar o quanto estimarem conveniente com vistas ao reconhecimento judicial de suas teses".[94]

Trata-se da função do contraditório como garantia de uma "simetria de posições subjetivas, além de assegurar aos participantes do processo a possibilidade de dialogar e de exercitar um conjunto de controles, de reações e de escolhas dentro desta estrutura".[95] A essência do contraditório estático é a igualdade de oportunidades entre os destinatários dos efeitos do provimento final; não é o simples argumento e

---

[90] MARINONI, Luiz Guilherme. *Questões do novo Direito Processual Civil brasileiro*. Curitiba: Juruá, 2000, p. 336; BEDAQUE, José Roberto dos Santos. Os elementos objetivos da demanda examinados à luz do contraditório. *In*: TUCCI, José Rogério Cruz e; BEDAQUE, José Roberto dos Santos (Coord.). *Causa de pedir e pedido no processo civil*: questões polêmicas. São Paulo: Revista dos Tribunais, 2002, p. 20.

[91] GRINOVER, Ada Pellegrini. *O processo constitucional em marcha*: contraditório e ampla defesa em cem julgados do Tribunal de Alçada Criminal de São Paulo. São Paulo: Max Limonad, 1985, p. 11.

[92] DINAMARCO, Cândido Rangel. *Fundamentos do processo civil moderno*. 2. ed., São Paulo: Revista dos Tribunais, 1987, p. 94.

[93] GONÇALVES, Aroldo Plínio. *Técnica Processual e Teoria do Processo*. Rio de Janeiro: Aide, 1992, p. 128.

[94] LLORENTE, Francisco Rubio. *Derechos fundamentales y principios constitucionales*: doctrina jurisprudencial. Barcelona: Ariel, 1995, p. 266, tradução livre.

[95] FAZZALARI, Elio. Diffusione del processo e compiti della dottrina. *Rivista Trimestrale di Diritto e Procedura Civile*, 1958, p. 869, tradução livre *apud* THEODORO JUNIOR, Humberto. *Processo justo e contraditório dinâmico*. Disponível em: <http://revistas.unisinos.br/index.php/RECHTD/article/view/4776>. Acesso em: 16 ago. 2014.

contra-argumento sob uma "ótica mecânica de contraposição de teses",[96] mas, sim, o dizer e o contradizer em paritária posição de chances entre os interessados.[97]

O contraditório estático, logo, equivale à própria noção de *bilateralidade da audiência*, ou seja, o direito à ciência, ao conhecimento e à informação da demanda em simetria de chances entre os interessados. O CPC/2015, com propriedade, consagra a dimensão estática do contraditório em seu art. 7º, ao dispor que "É assegurada às partes paridade de tratamento em relação ao exercício de direitos e faculdades processuais, aos meios de defesa, aos ônus, aos deveres e à aplicação de sanções processuais, competindo ao juiz zelar pelo efetivo contraditório".

4.2.1.2.2 A dimensão dinâmica (ou material) do contraditório

Combinada com a perspectiva estática, a dimensão *dinâmica* (ou *material*) do contraditório consiste nas prerrogativas de *influência* (ou possibilidade de influência ou direito de influir)[98] e de *controle* das partes por ocasião da construção do conteúdo da decisão judicial. Trata-se da conjugação dos direitos das partes ao conhecimento e à participação no processo em simétrica paridade – dimensão estática –, com a possibilidade de interferência e de fiscalização dos resultados advindos do exercício da função jurisdicional – dimensão dinâmica.

Às partes é conferida a prerrogativa de interferir no procedimento de elaboração e no conteúdo da decisão judicial por meio da apresentação de provas lícitas e argumentos deduzidos no processo. Ao julgador não é permitido desconsiderar a atividade dos destinatários do provimento, pois, ao contrário, tem ele o dever de "assegurar às partes o debate sobre os elementos capazes de influir no convencimento que sustentará a decisão".[99] A decisão judicial é o resultado do convencimento racional fundamentalmente construído por um juízo natural, com base em argumentos e provas debatidos pelos interessados em simétrico contraditório.

A dimensão dinâmica do contraditório reflete a prerrogativa de simétrica influência dos interessados no procedimento de elaboração e na construção do conteúdo da decisão judicial, em sintonia com o dever imposto ao juiz, como terceiro imparcial, de assegurar às partes iguais oportunidades de interferência nos resultados da

---

[96] THEODORO JUNIOR, Humberto; NUNES, Dierle. Princípio do contraditório no Direito brasileiro. *In*: THEODORO JUNIOR, Humberto; CALMON, Petrônio; NUNES, Dierle (Coord.). *Processo e Constituição*: os dilemas do processo constitucional e dos princípios processuais constitucionais. Rio de Janeiro: GZ, 2012, p. 284.

[97] OLIVEIRA, Carlos Alberto Alvaro de. *Do formalismo no processo civil*. São Paulo: Saraiva, 2003, p. 113-114.

[98] MARINONI, Luiz Guilherme. *Questões do novo Direito Processual Civil brasileiro*. Curitiba: Juruá, 2000, p. 336; NUNES, Dierle José Coelho. *Processo Jurisdicional Democrático*: uma análise crítica das reformas processuais. 1. ed., Curitiba: Juruá, 2011, p. 226.

[99] GONÇALVES, Aroldo Plínio. *Técnica processual e teoria do processo*. 2. ed., Del Rey: Belo Horizonte, 2012, p. 106.

atividade jurisdicional – inclusive quanto às questões apreciáveis de ofício. Cabe ao juiz o chamado *dever de esclarecimento judicial* (ou *dever de consulta*), o qual requer que o magistrado informe às partes, previamente, as iniciativas que pretende exercer, para que elas possam discuti-las em um espaço de contraditoriedade.[100] Esse dever de consulta decorre, essencialmente, do princípio da cooperação processual, na medida em que "insere o juiz numa perspectiva de atuação leal, evitando que as partes sejam tomadas de surpresa por uma decisão que contenha fundamentos por elas não debatidos".[101]

Nessa linha, o CPC/2015, acertadamente, determina que "Não se proferirá decisão contra uma das partes sem que ela seja previamente ouvida" (art. 9º) e que "O juiz não pode decidir, em grau algum de jurisdição, com base em fundamento a respeito do qual não se tenha dado às partes oportunidade de se manifestar, ainda que se trate de matéria sobre a qual deva decidir de ofício" (art. 10). E complementa prevendo que "Aquele que de qualquer forma participa do processo deve comportar-se de acordo com a boa-fé" (art. 5º) e que "Todos os sujeitos do processo devem cooperar entre si para que se obtenha, em tempo razoável, decisão de mérito justa e efetiva" (art. 6º), de modo que a lealdade processual entre as partes, e entre estas e o juiz, proíbe decisões judiciais que surpreendam os seus respectivos destinatários.

O contraditório material atribui, aos interessados, "possibilidades de participação preventiva" em relação aos aspectos fáticos e jurídicos discutidos no processo, o que leva à seguinte equação: "defesa = contraditório = participação = audição preventiva".[102] O contraditório significa que a parte "possui o direito de ser ouvida pelo juiz e o direito de defender-se adequadamente, *antes da prolação da decisão* (parcial, não definitiva ou definitiva)", já que, mesmo nas hipóteses excepcionais em que há resolução de questões de ofício, o destinatário do provimento jurisdicional possui o direito a um "contraditório preventivo".[103]

De mais a mais, a perspectiva material do contraditório é realizada por meio do *controle* da fundamentação das decisões judiciais pelos destinatários do provimento, de forma a assegurar "uma efetiva comparticipação dos sujeitos processuais em todo o *iter* formativo das decisões" e a atribuir, ao juiz, a função de atuar como

---

[100] THEODORO JUNIOR, Humberto. Prefácio ao SANTOS, Marina França. *A garantia constitucional do duplo grau de jurisdição*. Belo Horizonte: Del Rey, 2012, p. xvii.

[101] SANTOS BARREIROS, Lorena Miranda. *Fundamentos constitucionais do princípio da cooperação processual*. Salvador: Jus Podivm, 2013, p. 300.

[102] ANDOLINA, Ítalo; VIGNERA, Giuseppe. *I fondamenti costituzionali della giustizia civile*: il modelo costituzionale del processo civile italiano. 2. ed., Torino: G. Giappichelli Editore, 1997, p. 172, tradução livre.

[103] COMOGLIO, Luigi Paolo. *Etica e tecnica del 'giusto processo'*. Torino: G. Giappichelli Editore, 2004, p. 32; COMOGLIO, Luigi Paolo. Garanzie costituzionali e 'giusto processo' (modelli a confronto). *Revista de Direito Comparado*, Belo Horizonte: UFMG, v. 2, n. 2, p. 282, mar./1998, tradução livre, destaques no original.

"incentivador do aspecto dialógico do procedimento".[104] Visto dessa forma, o contraditório dinâmico consiste em limite à função jurisdicional, na medida em que possibilita a fiscalização da atividade judicante ao vedar a prolação de *decisões-surpresa* – isto é, provimentos jurisdicionais baseados em alegações e provas que não foram prévia e dialeticamente discutidas nos autos.[105] Essa é a ideia de um "contraditório efetivo e equilibrado",[106] o qual prevê a necessidade de anterior debate de todas as questões suscitadas nos autos.

Assim sendo, o conceito de contraditório transcende a sua função apenas como ciência ou conhecimento da demanda, para alcançar a sua definição também como prerrogativa de influência no processo de elaboração e no conteúdo do provimento jurisdicional. O contraditório conjuga os direitos à informação e à participação das partes, as quais, em igualdade de oportunidades, possuem a prerrogativa de interferência e de controle na construção da decisão judicial.

O escopo principal da contraditoriedade equivale à *participação efetiva* e deixa "de ser a *defesa*, no sentido negativo de oposição ou resistência à actuação alheia, para passar a ser a *influência*, no sentido positivo de direito de incidir activamente no desenvolvimento e no êxito do processo".[107] Com isso, o contraditório "faz do processo não um instrumento de abuso de poder de uma parte sobre outra e muito menos do órgão jurisdicional sobre uma ou ambas as partes", mas, sim, uma regulação civil "na qual cada parte possa expor e fazer valer as suas próprias razões ao juiz, conhecendo as razões da outra parte de modo a poder refutá-las, assim influindo no resultado do julgamento, sempre que o queira".[108]

---

[104] THEODORO JUNIOR, Humberto. *Processo justo e contraditório dinâmico*. Disponível em: <http://revistas.unisinos.br/index.php/RECHTD/article/view/4776>. Acesso em: 16 ago. 2014.

[105] Cirilo Augusto Vargas conceitua a chamada *decisão-surpresa* como "uma espécie *inconstitucional* de pronunciamento judicial, embasada em argumento obtido *unilateralmente* pelo juiz, sobre o qual não é concedida a *oportunidade prévia de debate*. Nesse caso, o prolator da decisão surpreende uma ou ambas as partes, pois a elas se antecipa e suscita fundamento inédito, comportando-se como um monólogo, em desprezo à dialética como pilar da racionalidade decisória" (VARGAS, Cirilo Augusto. A conexão entre os princípios do contraditório e da fundamentação das decisões jurisdicionais. *Revista da Procuradoria-Geral do Município de Belo Horizonte*, Belo Horizonte: Fórum, ano 6, n. 11, p. 24, jan./jun. 2013, destaques no original).

[106] O contraditório *efetivo e equilibrado*, idealizado por Antônio Celso Camargo Ferraz e citado por Cândido Rangel Dinamarco, busca conjugar a necessidade da garantia formal do contraditório com uma garantia efetiva e substancial de participação. Nessa perspectiva, o *equilíbrio* traduz a ideia da "igualdade das partes na participação", enquanto a *efetividade* significa a "real participação das pessoas no processo" (DINAMARCO, Cândido Rangel. *Fundamentos do processo civil moderno*. 2. ed., São Paulo: Revista dos Tribunais, 1987, p. 95-99).

[107] FREITAS, José Lebre de. *Introdução ao processo civil*: conceito e princípios gerais à luz do Código revisto. Coimbra: Coimbra Ed., 1996, p. 96-97.

[108] MANDRIOLI, Crisanto. *Corso di diritto processuale civile* – nozioni introduttive e disposizioni generali. Terza edizione. Torino: G. Giappichelli Editore, 2000, p. 80.

4.2.1.3 O modelo comparticipativo de processo como o passo final para o conceito de contraditório adequado ao processo justo: a relação com a fundamentação decisória

Além das dimensões estática e dinâmica, a compreensão do contraditório adequado à ideia do processo justo requer também a sua inserção em uma perspectiva *comparticipativa* de processo.

A gestão do processo, no Estado Democrático de Direito, compete a todos os sujeitos processuais, uma vez que a decisão judicial é o resultado da participação isonômica, dialética e influente das partes na construção do provimento. O modelo *comparticipativo* de processo prevê que a direção do processo é compartilhada entre as partes e o juiz, os quais colaboram com a gestão da atividade processual e, com base no princípio da *cooperação processual*, transformam o processo em uma *comunidade de trabalho*.[109] Humberto Theodoro Júnior se manifesta sobre a questão:

> No Estado Democrático de Direito, todavia, procedeu-se a uma releitura do *contraditório*, que viria a culminar na melhoria da relação juiz-litigantes. Implantou-se, então, a partir da experiência europeia, aquilo que se qualificou como a garantia de um *efetivo diálogo* e uma *real comunidade de trabalho* (*Arbeitsgemeinschaft*) entre todos os sujeitos processuais, desde a fase preparatória do procedimento (audiência preliminar para fixação dos pontos controvertidos), até a fase de instrução, debate e julgamento. Com isso, implantou-se, como princípio processual, o reconhecimento da relevância da comparticipação de todos os sujeitos do processo (juiz, autor, réu e intervenientes) na estrutura procedimental.[110]

O modelo processual *cooperativo* inaugura "uma nova cultura judiciária, que potencie o diálogo franco entre todos os sujeitos processuais, com vistas a alcançar a solução mais ajustada aos casos concretos submetidos à apreciação jurisdicional".[111] A comparticipação supera tanto uma visão *inquisitiva* do processo – na qual o juiz é soberano na condução processual e na prolação da decisão – como uma ótica *adversarial* – na qual o processo é visto como um duelo entre as partes cujo papel do juiz é intermediar a disputa e indicar o vencedor do embate.

Em sentido distinto, o modelo processual cooperativo visa a estabelecer um procedimento dialógico e leal cujo escopo é a busca por um resultado substancialmente justo. O regime de colaboração processual coloca o juiz em um nível de interlocução processual paralelo com as partes. O reforço da integração entre as partes e o magistrado e a valorização da dialética na gestão do processo tornam o princípio da

---

[109] NUNES, Dierle José Coelho. *Processo Jurisdicional Democrático*: uma análise crítica das reformas processuais. 1. ed., Curitiba: Juruá, 2011, p. 212-215.

[110] THEODORO JUNIOR, Humberto. Prefácio ao SANTOS, Marina França. *A garantia constitucional do duplo grau de jurisdição*. Belo Horizonte: Del Rey, 2012, p. xv, destaques no original.

[111] GERALDES, António Santos Abrantes. *Temas da reforma do processo civil*. 2. ed., Coimbra: Almedina, 2006. v. 1, p. 88-89.

cooperação um "veículo efetivador da cidadania"[112] e, consequentemente, o processo de índole cooperativa se converte no mais "adequado à cláusula do devido processo legal e ao regime democrático".[113]

Para tanto, cabe ao magistrado viabilizar o exercício do contraditório e assumir a posição de interlocutor que dialoga com as partes.[114] O modelo comparticipativo de processo implica uma alteração de perspectiva quanto à divisão de trabalho entre o juiz e as partes,[115] fruto de uma reformulação dos conceitos de lealdade e boa-fé processuais.[116] Aos sujeitos processuais – partes e juiz – são atribuídos deveres de cooperação e diferentes atribuições processuais, em prol da consagração de um ambiente de diálogo paritário e de compartilhamento de responsabilidades e tarefas.[117] Nem as partes possuem a primazia na condução do processo e nem o juiz está em posição autoritária, pois o objetivo é que seja atingida uma "união de esforços" destinada à obtenção da "justa solução do conflito em tempo razoável".[118]

Como exemplo, o instituto da *contratualização do processo* retrata manifestação do princípio da cooperação processual, ao permitir a celebração de ajustes, entre as partes e com a aceitação pelo juiz, a respeito da forma de condução do processo e do momento da prática de determinados atos processuais. Com isso, abandona-se um esquema vertical e impositivo no relacionamento entre as partes e o juiz e adota-se uma postura horizontal de caráter consensual e dialógico.[119]

O CPC/2015, aliás, consagra uma *cláusula geral* dos *negócios jurídicos processuais*,[120] na direção da *contratualização do processo*, ao prever que "Versando o

---

[112] SANTOS BARREIROS, Lorena Miranda. *Fundamentos constitucionais do princípio da cooperação processual*. Salvador: Jus Podivm, 2013, p. 179-182.

[113] DIDIER JR., Fredie. *Curso de Direito Processual Civil*. 12 ed., Salvador: Jus Podivm, 2010. v. 1, p. 79.

[114] DIDIER JR., Fredie. O princípio da cooperação: uma apresentação. *Revista de Processo*, São Paulo, ano 30, n. 127, p. 75-79, set. 2005.

[115] MITIDIERO, Daniel. *Colaboração no processo civil*: pressupostos sociais, lógicos e éticos. São Paulo: RT, 2009, p. 101-102.

[116] OLIVEIRA, Carlos Alberto Alvaro de. O processo civil na perspectiva dos direitos fundamentais. *Revista Baiana de Direito*: direitos fundamentais, Salvador, n. 1, p. 176, jan./jun. 2008.

[117] A importância de uma divisão adequada das funções processuais é tamanha que Luigi Paolo Comoglio afirma que "as relações entre as partes e o juiz, na instrução da causa, representam o centro nevrálgico de qualquer modelo processual, constituindo um banco confiável da sua eficiência" (COMOGLIO, Luigi Paolo. Garanzie costituzionali e 'giusto processo' (modelli a confronto). *Revista de Direito Comparado*, Belo Horizonte: UFMG, v. 2, n. 2, p. 288, mar./1998, tradução livre).

[118] SANTOS BARREIROS, Lorena Miranda. *Fundamentos constitucionais do princípio da cooperação processual*. Salvador: Jus Podivm, 2013, p. 260.

[119] ANDRADE, Érico. As novas perspectivas do gerenciamento e da 'contratualização' do processo. *In*: JAYME, Fernando Gonzaga; FARIA, Juliana Cordeiro de; LAUAR, Maira Terra (Coord.). *Processo civil – novas tendências*: homenagem ao Ministro Sálvio de Figueiredo Teixeira. Belo Horizonte: Del Rey, 2011, p. 158-162.

[120] Pedro Henrique Pedrosa Nogueira realizou estudo sobre o conceito de *negócios jurídicos processuais* por parte de vários doutrinadores, relatando, por exemplo, que Adolf Schönke os caracteriza como "convenções privadas sobre determinadas situações processuais", Miguel Teixeira de Souza como "atos

processo sobre direitos que admitam autocomposição, é lícito às partes plenamente capazes estipular mudanças no procedimento para ajustá-lo às especificidades da causa e convencionar sobre os seus ônus, poderes, faculdades e deveres processuais, antes ou durante o processo" (art. 190, *caput*).

No modelo comparticipativo de processo, o juiz não elabora de modo solitário o provimento jurisdicional, na condição de centro único do processo decisório. A elaboração da decisão judicial pressupõe a prévia e simétrica participação dos seus destinatários, mediante uma comunicação dialógica, isonômica e permanente entre o juiz e as partes.[121] A gestão do procedimento de elaboração da decisão judicial é difusa e compartilhada, já que o provimento é o resultado da manifestação de vários núcleos de participação, ao mesmo tempo em que os sujeitos processuais – inclusive as partes – cooperam com a condução do processo (*policentrismo processual*).

Dessa maneira, a "solução judicial do litígio deixa de ser ato de vontade autoritária e isolada do juiz para transformar-se no produto da cooperação democrática estabelecida entre o órgão judicial e as partes".[122] Na medida em que a função jurisdicional é exercida por meio de um diálogo entre os sujeitos processuais, é abandonado o anacrônico brocardo *jura novit curia* (que pode ser traduzido como "a corte conhece o direito").

Não mais cabe ao magistrado, unilateralmente, a responsabilidade pela interpretação, definição e aplicação do direito aplicável à espécie, uma vez que a comparticipação possibilita a prolação de uma decisão judicial por meio da ampla participação democrática de todos os sujeitos processuais (*fair hearing*).[123] A comparticipação processual visa a desenvolver um "diálogo humano construtivo, em que o julgador não se limite a ouvir e as partes não se limitem a falar sem saber se estão sendo ouvidas".[124]

---

processuais, de caráter negocial, que constituem, modificam ou extinguem uma situação jurídica processual", Ugo Rocco como "declarações negociais das partes às quais o ordenamento jurídico liga efeitos dispositivos de direito processual", José Barbosa Moreira como "convenções processuais" e Leonardo Greco como "atos de disposição processual" (NOGUEIRA, Pedro Henrique Pedrosa. *Negócios jurídicos processuais*: análise dos provimentos judiciais como atos negociais. 243 f. Tese (Doutorado) – Faculdade de Direito, Universidade Federal da Bahia, Salvador, 2011, p. 130-137).

[121] OLIVEIRA, Carlos Alberto Alvaro de. *Do formalismo no processo civil*. São Paulo: Saraiva, 2003, p. 113-115.

[122] THEODORO JUNIOR, Humberto. Prefácio ao SANTOS, Marina França. *A garantia constitucional do duplo grau de jurisdição*. Belo Horizonte: Del Rey, 2012, p. xiv. Em sentido semelhante: BARROS, Flaviane de Magalhães. A fundamentação das decisões a partir do modelo constitucional de processo. *Revista do Instituto de Hermenêutica Jurídica*: 20 anos de constitucionalismo democrático – e agora?. Porto Alegre: Instituto de Hermenêutica Jurídica, 2008, p. 131-134.

[123] FARIA, Gustavo de Castro. O contraditório e a fundamentação das decisões sob o enfoque de uma teorização processual democrática. *In*: CASTRO, João Antônio Lima; FREITAS, Sérgio Henriques Zandona (Coord.). *Direito Processual*: reflexões jurídicas. Belo Horizonte: Instituto de Educação Continuada, 2010, p. 177; OLIVEIRA, Carlos Alberto Alvaro de. *Do formalismo no processo civil*. 2. ed., São Paulo: Saraiva, 2003, p. 235-237.

[124] GRECO, Leonardo. *Estudos de Direito Processual*. Campos dos Goytacazes: Faculdade de Direito de Campos, 2005, p. 544-546.

Nessa toada, o exercício da função jurisdicional justifica-se pela participação cooperativa entre as partes. A boa-fé objetiva, a eticidade e o contraditório ganham relevância com a garantia de participação como fator de legitimação da atividade jurisdicional decisória.[125] O trabalho conjunto entre as partes e o magistrado é imprescindível para que as garantias constitucionais da jurisdição sejam concretizadas. Ada Pellegrini Grinover aduz que:

> Desse modo, as garantias constitucionais do *devido processo legal* convertem-se, de garantias exclusivas das partes, em garantias da jurisdição e transformam o procedimento em um processo jurisdicional de estrutura cooperatória, em que a garantia de imparcialidade da jurisdição brota da colaboração entre partes e juiz. A participação dos sujeitos no processo não possibilita apenas a cada qual aumentar as possibilidades de obter uma decisão favorável, mas significa cooperação no exercício da jurisdição. Para cima e para além das intenções egoísticas das partes, a estrutura dialética do processo existe para reverter em benefício da boa qualidade da prestação jurisdicional e da perfeita aderência da sentença à situação de direito material subjacente.[126]

Todavia, é óbvio que a comparticipação das partes não significa retirar do juiz a competência de decidir a lide e de proferir a palavra final sobre a controvérsia. A atividade das partes, na "defesa de interesses próprios e antagônicos", não se confunde com o papel do juiz "de definir, como autoridade pública, qual o interesse a prevalecer".[127]

A redivisão das funções processuais dentro da perspectiva da comunidade de trabalho e a condução do processo sem unilateral protagonismo – seja das partes ou do magistrado – não alteram o fato de que, no momento do julgamento, há uma posição de *assimetria* do órgão julgador, uma vez que este possui "uma função que lhe é exclusiva: a função de decidir, conteúdo do poder jurisdicional".[128] Porém, a atribuição de deveres de cooperação também ao magistrado e a condição do juiz como *sujeito do contraditório* fazem com que essa assimetria no momento do julgamento seja atenuada em face da exigência de fundamentação das decisões judiciais. Não há, portanto, um ato de poder decisionista ou arbitrário.

O modelo comparticipativo de processo nos permite concluir que a motivação decisória está permanentemente integrada ao contraditório.[129] Mais do que informação

---

[125] SANTOS BARREIROS, Lorena Miranda. *Fundamentos constitucionais do princípio da cooperação processual*. Salvador: Jus Podivm, 2013, p. 179-187.

[126] GRINOVER, Ada Pellegrini. *O processo constitucional em marcha*: contraditório e ampla defesa em cem julgados do Tribunal de Alçada Criminal de São Paulo. São Paulo: Max Limonad, 1985, p. 08, destaques no original.

[127] THEODORO JUNIOR, Humberto. Prefácio ao SANTOS, Marina França. *A garantia constitucional do duplo grau de jurisdição*. Belo Horizonte: Del Rey, 2012, p. xvi.

[128] DIDIER JR., Fredie. *Fundamentos do princípio da cooperação no direito processual civil português*. Coimbra: Coimbra, 2010, p. 32.

[129] Ronaldo Dias Brêtas diz que o contraditório e a fundamentação decisória "unem-se inseparavelmente (...) como se fossem irmãos siameses" (BRÊTAS, Ronaldo de Carvalho Dias. *Responsabilidade do Estado pela função jurisdicional*. Belo Horizonte: Del Rey, 2004, p. 149).

e participação no processo – dimensão formal –, o contraditório, a partir de sua dimensão material, retrata o direito de as partes participarem, influenciarem e terem os seus argumentos considerados e respondidos pelo julgador por ocasião da prolação do provimento. Por seu turno, aos magistrados incumbe garantir o contraditório, de modo a assegurar que as alegações e as provas produzidas pelos interessados serão efetivamente examinadas pelo órgão jurisdicional.

Em suporte à tese aqui sustentada, menciona-se o entendimento do Supremo Tribunal Federal, ao acolher o voto do Ministro Gilmar Mendes proferido no julgamento do Mandado de Segurança n.º 24.268/MG:

> Há muito vem a doutrina constitucional enfatizando que o direito de defesa não se resume a um simples direito de manifestação no processo. Efetivamente, o que o constituinte pretende assegurar – como bem anota Pontes de Miranda – é uma pretensão à tutela jurídica (*Comentários à Constituição de 1967 com a Emenda nº 1, 1969*. T. V, p. 234). [...]. Não é outra a avaliação do tema no direito constitucional comparado. Apreciando o chamado *Anspruch auf rechtliches Gehör* (pretensão à tutela jurídica) no direito alemão, assinala o *Bundesverfassungsgericht* que essa pretensão envolve não só o direito de manifestação e o direito de informação sobre o objeto do processo, mas também o direito do indivíduo de ver os seus argumentos contemplados pelo órgão incumbido de julgar (Cf. Decisão da Corte Constitucional alemã – *BverfGE 70*, 288-293; sobre o assunto, ver, também, PIEROTH, Bodo; SCHLINK, Bernhard. *Grundrechte – Staatsrecht II*. Heidelberg, 1988, p. 281; BATTIS, Ulrich; GUSY, Cristoph. *Einführung in das Staatsrecht*. 3. ed. Heidelberg, 1991, p. 363-364). Daí afirmar-se, correntemente, que a pretensão à tutela jurídica, que corresponde exatamente à garantia consagrada no art. 5º, LV, da Constituição, contém os seguintes direitos:
>
> *1) direito de informação* (*Recht auf Information*), que obriga o órgão julgador a informar à parte contrária dos atos praticados no processo e sobre os elementos dele constantes;
>
> *2) direito de manifestação* (*Recht auf Äusserung*), que assegura ao defendente a possibilidade de manifestar-se oralmente ou por escrito sobre os elementos fáticos e jurídicos constantes do processo;
>
> *3) direito de ver seus argumentos considerados* (*Recht auf Berücksichtigung*), que exige do julgador capacidade, apreensão e isenção de ânimo (*Aufnahmefähigkeit und Aufnahmebereitschaft*) para contemplar as razões apresentadas (cf. PIEROTH; SCHLINK. *Grundrechte – Staatsrecht II*. Heidelberg, 1988, p. 281; BATTIS; GUSY. *Einführung in das Staatsrecht*. Heidelberg, 1991, p. 363-364; Ver, também, DÜRIG/ASSMANN. *In:* MAUNZ-DÜRIG. *Grundgesetz-Kommentar*. Art. 103, vol. IV, nº 85-99).
>
> Sobre o direito de ver os seus argumentos contemplados pelo órgão julgador (*Recht auf Berücksichtigung*), que corresponde, obviamente, ao dever do juiz ou da Administração de a eles conferir atenção (*Beachtenspflicht*), pode-se afirmar que ele envolve não só o dever de tomar conhecimento (*Kenntnisnahmepflicht*), como também o de considerar, séria e detidamente, as razões apresentadas

(*Erwägungspflicht*) (Cf. DÜRIG/ASSMANN. *In:* MAUNZ-DÜRIGi. *Grundgesetz -Kommentar*. Art. 103, vol. IV, nº 97). É da obrigação de considerar as razões apresentadas que deriva o dever de fundamentar as decisões (Decisão da Corte Constitucional – *BverfGE* 11, 218 (218); Cf. DÜRIG/ASSMANN. *In:* MAUNZ-DÜRIG. *Grundgesetz-Kommentar*. Art. 103, vol. IV, nº 97).[130]

Nessa ordem de ideias, à noção de contraditório agrega-se o direito de as partes terem analisados e considerados os seus argumentos e provas licitamente produzidos como meio de influenciar o convencimento do órgão jurisdicional. Por sua vez, cabe ao magistrado responder às alegações e provas *pertinentes à solução da causa* que foram produzidas pelas partes, resolvendo o caso concreto unicamente com base nos resultados decorrentes da atividade dos interessados ao provimento.

A posição de assimetria do juiz no momento da prolação da decisão pressupõe que seja "garantido às partes uma ampla possibilidade de influenciar o seu julgamento, como, ainda, que essa influência seja real", o que é alcançado na medida em que "o juiz deve efetivamente levar em conta, ao decidir, as alegações e provas adunadas ao feito pelos litigantes".[131] A garantia constitucional da fundamentação decisória atribui ao juiz o papel de considerar os enunciados e as narrativas fáticas "com base nas provas que os confirmam", de forma a impedir que haja uma motivação *fictícia*, como nos casos em que o magistrado não exprime as razões da decisão já que não se refere às provas que as fundamentam ou não explica os motivos pelos quais decidiu daquele modo particular sobre os fatos da causa.[132]

Por esse motivo, é dissonante do conceito atual de contraditório o entendimento jurisprudencial segundo o qual "não está o juiz obrigado a examinar, um a um, os pretensos fundamentos das partes, nem todas as alegações que produzem; o importante é que indique o fundamento de sua conclusão, que lhe apoiou a convicção no decidir".[133] Ora, se o contraditório outorga às partes o direito de terem as suas alegações e provas analisadas pelo órgão julgador, não há razões que permitam que a decisão jurisdicional seja – supostamente – fundamentada com explícito desprezo da colaboração dos seus próprios destinatários. De nada adianta um processo que estimule e permita a ampla participação dialética das partes na elaboração de argumentos e na produção das

---

[130] BRASIL. Supremo Tribunal Federal. Mandado de Segurança n.º 24.268. Tribunal Pleno. Relator Ministro Ellen Gracie. Relator p/ acórdão Ministro Gilmar Mendes. Julgamento em 05/02/2004. DJe 17/09/2004. Trechos do voto do Ministro Gilmar Mendes, destaques no original.

[131] SANTOS BARREIROS, Lorena Miranda. *Fundamentos constitucionais do princípio da cooperação processual*. Salvador: Jus Podivm, 2013, p. 260-261.

[132] TARUFFO, Michele. *Uma simples verdade*: o juiz e a construção dos fatos. Tradução de Vitor de Paula Ramos. Madrid: Marcial Pons, 2012, p. 274.

[133] BRASIL. Superior Tribunal de Justiça. AgRg no AREsp n.º 59.339/PE. Segunda Turma. Relator Ministro Mauro Campbell. Julgamento em 06/03/2012. DJe 09/03/2012.

provas "se ao final todas essas manifestações fossem simplesmente desconsideradas quando da prolação jurisdicional".[134]

É por esse motivo que, apropriadamente, o CPC/2015 prevê que *"Não se considera fundamentada qualquer decisão judicial, seja ela interlocutória, sentença ou acórdão, que não enfrentar todos os argumentos deduzidos no processo capazes de, em tese, infirmar a conclusão adotada pelo julgador"* (art. 489, §1º, IV). Esse dispositivo legal – um dos mais importantes do novo diploma processual civil, diga-se de passagem – tem o mérito de afirmar que o contraditório tem relação direta com a fundamentação das decisões judiciais, na medida em que a motivação judicial decisória guarda pertinência direta e indissociável com os argumentos e provas que, em tese, podem infirmar a conclusão adotada pelo juiz, e os quais foram deduzidos pelas partes em simétrico e prévio contraditório.

De fato, o conceito de contraditório adequado ao processo justo e ao Estado Democrático de Direito, portanto, é constituído na sua *tridimensionalidade*. A necessidade de fundamentação das decisões judiciais constitui o passo final ou a "última instância do contraditório", tendo em vista que a motivação decisória "garante às partes a possibilidade de constatar terem sido ouvidas". Assim, há um "nexo inarredável entre inafastabilidade da jurisdição, direito fundamental ao contraditório e dever de fundamentar as decisões jurisdicionais",[135] de modo que o contraditório e a motivação decisória estabelecem um nexo entre o direito de ação e o dever do Estado de prestar a jurisdição.

Em seu aspecto tridimensional, o contraditório é integrado pelos seguintes elementos: a) direito das partes à ciência, informação e participação no processo em simétrica paridade – dimensão estática ou formal; b) prerrogativa de influência e de controle das partes na construção do conteúdo da decisão judicial – dimensão dinâmica ou material; c) direito das partes a terem analisados e considerados pelo juiz os seus argumentos e provas pertinentes à solução da causa e que, em tese, podem infirmar a conclusão adotada pelo julgador, de maneira que o caso concreto seja resolvido unicamente com base nos resultados decorrentes da atividade dos interessados ao provimento – dimensão compartipativa, na qual a motivação decisória é relacionada com o contraditório.

---

[134] BRAGHITTONI, Ives. *O princípio do contraditório no processo*: doutrina e prática. Rio de Janeiro: Forense Universitária, 2002. Com o mesmo entendimento, Gustavo de Castro Faria aduz que "de nada valeria a simples oportunização, a abertura da possibilidade de uma real participação se a motivação das decisões continuar a ser entendida como o recinto de um papel idiossincrático do agente público decisor que, embora atento à contraditoriedade, descarta os argumentos ofertados no momento que profere seus julgamentos" (FARIA, Gustavo de Castro. O contraditório e a fundamentação das decisões sob o enfoque de uma teorização processual democrática. *In*: CASTRO, João Antônio Lima; FREITAS, Sérgio Henriques Zandona (Coord.). *Direito Processual*: reflexões jurídicas. Belo Horizonte: Instituto de Educação Continuada, 2010, p. 184).

[135] FARIA, Gustavo de Castro. *Jurisprudencialização do Direito*: reflexões no contexto da Processualidade Democrática. Belo Horizonte: Arraes, 2012, p. 64.

Nessa linha é o ensinamento de Luigi Paolo Comoglio, ao dizer que o contraditório garante uma "tríplice ordem de situações subjetivas processuais", quais sejam: a) "o direito de receber adequadas e tempestivas informações, sobre o desencadear do juízo e as atividades realizadas, as iniciativas empreendidas e os atos de impulso realizados pela contraparte e pelo juiz, durante o inteiro curso de processo"; b) "o direito de defender-se ativamente, posicionando-se sobre cada questão, de fato ou de direito, que seja relevante para a decisão da controvérsia"; c) "o direito de pretender que o juiz, a sua vez, leve em consideração as suas defesas, as suas alegações e as suas provas, no momento da prolação da decisão".[136]

Para Luigi Paolo Comoglio, a noção completa do contraditório incorpora o direito das partes a um procedimento *leal* e *correto* e é formada pelos seguintes elementos: a) o direito a uma citação regular, mediante adequadas formas de notificação dos atos introdutórios da lide; b) o direito de ser constantemente informado de cada ulterior evento processual, que incida sobre as respectivas possibilidades de efetiva defesa no curso do procedimento; c) o direito de se fazer representar e de ser defendido por um procurador legalmente habilitado; d) o direito à prova, ou seja, o direito de reagir e de defender-se nos confrontos das alegações de fato e nas atividades probatórios da outra parte (deduzindo provas a seu favor ou contestando as provas contrárias); e) o direito de produzir pessoalmente as provas juridicamente permitidas; f) o direito de não sofrer obrigações por um juízo formado entre terceiros (incompetente), que não tenha sido possível impugnar no juízo competente; g) o direito de ser ouvido e julgado por um juízo imune à "ciência privada" ou à "informações privadas", que decida a causa unicamente com base nas provas e nos elementos obtidos através do contraditório processual.[137]

Enfim, no Estado Democrático de Direito o contraditório é compreendido como o *núcleo de legitimidade democrática do processo justo*. Como *direito fundamental* e *mat*éria *constitucional* (art. 5º, LV, da CR/88), o contraditório consiste em garantia *democrática* e *cívica*[138] do jurisdicionado, a qual exterioriza o princípio constitucional da *soberania popular*[139] e atua como "'valor-fonte' do processo democrático".[140]

---

[136] COMOGLIO, Luigi Paolo. Voce: contraddittorio (principio del). In: *Enciclopedia giuridica*. Roma, Istituto della Enciclopedia Italiana, 1988, vol. 8, p. 06.

[137] COMOGLIO, Luigi Paolo. Garanzie costituzionali e 'giusto processo' (modelli a confronto). *Revista de Direito Comparado*, Belo Horizonte: UFMG, v. 2, n. 2, p. 281, mar./1998.

[138] Paulo Siqueira anota que "cidadania é participação" e "a democracia realiza-se por intermédio da cidadania" (SIQUEIRA JR., Paulo Hamilton; OLIVEIRA, Miguel Augusto Machado de. *Direitos humanos e cidadania*. 2. ed., São Paulo: Revista dos Tribunais, 2009, p. 247-248).

[139] BONAVIDES, Paulo. O Poder Judiciário e o parágrafo único do art. 1º da Constituição do Brasil. In: CUNHA, Sérgio Sérvulo da; GRAU, Eros Roberto (Org.). *Estudos de Direito Constitucional em homenagem a José Afonso da Silva*. São Paulo: Malheiros, 2003, p. 69 e 85-86.

[140] ZANETI JR., Hermes. O modelo constitucional do processo civil brasileiro contemporâneo. In: DIDIER JR., Fredie (Org.). *Reconstruindo a Teoria Geral do Processo*. Salvador: Jus Podivm, 2012, p. 126.

O contraditório, como "projeção processual do princípio político da participação democrática",[141] é garantia fundamental que permite o exercício direto, pelas partes, do soberano poder popular,[142] dentro de um enfoque amplamente democrático de tutela da igualdade, da liberdade e da dignidade da pessoa humana. Nesse sentido, o contraditório "vem a ser um modo de concretização da democracia" e "instrumento de legitimação do exercício do poder jurisdicional",[143] da mesma forma que a necessidade de "motivação das sentenças judiciais relaciona-se de maneira direta com o princípio do Estado Democrático de Direito, sustentando a legitimidade da função jurisdicional".[144]

O contraditório e a motivação decisória representam, no âmbito do processo justo, os *fundamentos que conferem legitimidade democrática ao procedimento de elaboração da decisão jurisdicional*.[145] Como garantias fundamentais que *justificam* o exercício da função jurisdicional, o contraditório e a fundamentação das decisões judiciais refletem a dignidade das partes na atuação processual,[146] bem como retratam a própria realização da democracia, da cidadania e da soberania popular *no* processo.

4.2.2 A legitimação da decisão judicial a partir do conteúdo de respeito aos direitos e garantias fundamentais

Na perspectiva do processo justo como fundamento de *justificação democrática* do exercício da atividade jurisdicional, não basta apenas a legitimação do procedimento de elaboração da decisão judicial por meio das garantias fundamentais do contraditório e da motivação decisória. Também é necessário que o resultado advindo da jurisdição – isto é, o conteúdo do provimento jurisdicional – esteja em conformidade com as normas constitucionais.

---

[141] GRECO, Leonardo. *Estudos de Direito Processual*. Campos dos Goytacazes: Faculdade de Direito de Campos, 2005, p. 212; PASSOS, José Joaquim Calmon de. Democracia, participação e processo. *In*: GRINOVER, Ada Pellegrini; DINAMARCO, Cândido Rangel; WATANABE, Kazuo (Coord.). *Participação e processo*. São Paulo: Revista dos Tribunais, 1988, p. 95.

[142] MARINONI, Luiz Guilherme. *Novas linhas do processo civil*. 2. ed., São Paulo: Malheiros, 1996, p. 18.

[143] CAMBI, Eduardo. *Direito constitucional à prova no processo civil*. São Paulo: RT, 2001, p. 135. No mesmo sentido, José Roberto dos Santos Bedaque diz que o contraditório constitui o "fator de legitimidade do ato estatal, pois representa a possibilidade que as pessoas diretamente envolvidas com o processo têm de influir em seu resultado" (BEDAQUE, José Roberto dos Santos. Os elementos objetivos da demanda examinados à luz do contraditório. *In:* BEDAQUE, José Roberto dos Santos; TUCCI, José Rogério Cruz e (Coord.). *Causa de pedir e pedido no processo civil*. São Paulo: RT, 2002, p. 20).

[144] BARACHO, José Alfredo de Oliveira. Teoria Geral do Processo Constitucional. *Revista de Direito Comparado*, Belo Horizonte: UFMG, v. 4, p. 61, 2000.

[145] GRINOVER, Ada Pellegrini. *O processo constitucional em marcha*: contraditório e ampla defesa em cem julgados do Tribunal de Alçada Criminal de São Paulo. São Paulo: Max Limonad, 1985, p. 09-10.

[146] OLIVEIRA, Carlos Alberto Alvaro de. *Do formalismo no processo civil*. São Paulo: Saraiva, 2003, p. 234.

Nessa linha de raciocínio, a legitimação da jurisdição através do processo justo não se esgota na observância de um *procedimento* democrático de elaboração do provimento, o qual assegure a efetiva concretização do contraditório em todas as suas dimensões. Para que o exercício da função jurisdicional se adéque aos ideais democráticos de um Estado de Direito, é igualmente relevante que o conteúdo *substancial* da decisão judicial se dirija à tutela dos direitos e garantias fundamentais e observe as disposições legais.

De tal sorte, as garantias constitucionais que compõem o processo justo não apenas estruturam o processo decisório, uma vez que, com base em uma relação de circularidade, a decisão judicial também se destina à proteção de direitos fundamentais. Há um vínculo de interdependência entre processo/jurisdição e direitos fundamentais, na medida em que a jurisdição, através do devido processo legal consagrado como garantia constitucional, destina-se à tutela e concretização dos direitos fundamentais, ao mesmo tempo em que as garantias processuais constitucionais fornecem as bases para o exercício democrático da atividade jurisdicional.[147]

O respeito aos direitos e garantias fundamentais atua como baliza de conformação do *conteúdo* da decisão judicial. Apenas a estruturação do processo com base nas garantias constitucionais, ou a tutela do contraditório no procedimento de elaboração do provimento, não são suficientes para atribuir por completo a legitimidade à função jurisdicional.

Mais do que isso, a justificação democrática do exercício da jurisdição requer a sua instrumentalização por meio de um processo justo que, além de assegurar as garantias processuais e satisfazer o direito material, tenha o condão de concretizar os direitos fundamentais. A jurisdição se legitima com base no conteúdo da decisão judicial proferida na dimensão de proteção e materialização dos princípios constitucionais e dos direitos fundamentais. No Estado Democrático de Direito, "o processo só pode ser compreendido como o meio pelo qual se tutela os direitos na dimensão da Constituição".[148] Nesse sentido, confira o entendimento de Luiz Guilherme Marinoni:

> A legitimação da jurisdição não pode ser alcançada apenas pelo procedimento em contraditório e adequado ao direito material, sendo imprescindível pensar em uma legitimação pelo conteúdo da decisão. É que o contraditório e a adequação legitimam o processo como meio, porém não se prestam a permitir a identificação da decisão ou do resultado do processo, ou melhor, a garantir o ajuste da decisão aos compromissos do juiz com os conteúdos dos direitos fundamentais.

---

[147] DIDIER JR., Fredie. Teoria do Processo e Teoria do Direito: o Neoprocessualismo. *In*: DIDIER JR., Fredie (Org.). *Teoria do Processo*: panorama doutrinário mundial. Segunda série. Salvador: Jus Podivm, 2010. v. 2, p. 257-263.

[148] MITIDIERO, Daniel. *O direito fundamental ao processo justo*. Disponível em: file:///C:/Users/pr095143/Downloads/direito%20fundamental%20ao%20justo%20processoart_srt_arquivo20130419164953%20(1).pdf. Acesso em: 23 out. 2014.

O procedimento pode ser aberto à efetiva participação em contraditório e adequado ao procedimento material e, ainda assim, produzir uma decisão descompromissada com o conteúdo substancial das normas constitucionais. (...). Quando se frisa a observância do procedimento como critério para a legitimidade da decisão, pode-se estar negando a possibilidade de o juiz identificar o conteúdo substancial dos direitos fundamentais. Isso ocorre quando a identificação judicial do conteúdo material do direito fundamental é integralmente substituída pela participação no procedimento. Acontece que a participação não deve ser contraposta à proteção do conteúdo substancial dos direitos fundamentais como critério de legitimidade da decisão judicial. (...). A observância do procedimento ou a participação não são suficientes para conferir legitimidade à decisão. É preciso que a jurisdição tenha o poder de apontar para o fundamento material do direito fundamental para poder negar a lei que com ele se choca.[149]

Michele Taruffo também aduz que o processo justo não se esgota apenas no seu aspecto procedimental, pois é necessária a busca da *decisão justa*:

> Não é possível provocar-se um colapso à razão e reduzir a justiça da decisão à correção do procedimento de que essa deriva. Se assim fosse, encontrar-nos-íamos mais uma vez diante de uma concepção meramente *procedural* da justiça, para a qual não teria qualquer valor a qualidade da decisão final. O conceito de *decisão justa* (conforme já se mencionou a propósito da aplicação do princípio da legalidade à decisão judicial) implica, pelo contrário, que a decisão seja tomada em consideração a si mesma, distinguindo-a do procedimento do qual representa o resultado e a valorando segundo um critério autônomo, independente daquele empregado para a valoração da justiça do procedimento. Em outros termos, a justiça da decisão não deriva exclusivamente da correção do procedimento e nessa não se exaure, dependendo, porém, da subsistência de condições específicas. Essas condições podem ser divididas em três: a) que a decisão seja, com efeito, o resultado de um processo justo, visto que dificilmente se poderia aceitar como justa uma decisão produzida em um processo em que tenham sido violadas garantias fundamentais; b) que tenha sido corretamente interpretada e aplicada a norma utilizada como critério de decisão, visto que não se pode considerar justa uma decisão que – conforme visto há pouco – não tenha sido tomada em conformidade ao direito, em homenagem ao princípio da legalidade; c) que essa se funde em uma apuração verdadeira dos fatos da causa, visto que – como também se disse – nenhuma decisão é justa se se fundar em fatos equivocados.[150]

A adstrição da jurisdição aos princípios constitucionais é necessária ao Estado Democrático de Direito. A tutela constitucional do processo atua para "respaldar as garantias fundamentais, possibilitando a efetiva tutela, proteção e fomento delas",

---

[149] MARINONI, Luiz Guilherme. Da teoria da relação jurídica processual ao processo civil do Estado constitucional. *Revista dos Tribunais*, São Paulo, vol. 852, ano 95, p. 26-33, out. 2006.

[150] TARUFFO, Michele. *Uma simples verdade*: o juiz e a construção dos fatos. Tradução de Vitor de Paula Ramos. Madrid: Marcial Pons, 2012, p. 141-142.

uma vez que "o sistema de proteção dos direitos fundamentais concretiza-se na sua viabilização em sede jurisdicional".[151] O conteúdo material das decisões judiciais se projeta para a aplicação dos direitos constitucionais, das garantias fundamentais e das liberdades públicas, a fim de atribuir a máxima efetivação da democracia, cidadania e dignidade da pessoa humana:

> O justo processo, como substrato essencial do Estado democrático de Direito, é a fonte que proporciona legitimidade às decisões do Estado pelo cumprimento dos direitos fundamentais assegurados em nível constitucional e internacional. A participação democrática dos litigantes e a presença ativa do juiz na condução da atividade probatória representam a necessidade de fazer do processo um moderno veículo de diálogo entre o Estado e a sociedade, um canal de realização dos direitos fundamentais.[152]

Nessa ótica, toda e qualquer decisão judicial tem como fundamento a realização das normas constitucionais e dos direitos e garantias fundamentais.[153] O devido processo legal estrutura-se com base nas garantias constitucionais, ao mesmo tempo em que é aplicado com o objetivo de efetivar os direitos fundamentais. Sob o enfoque constitucional, o processo se converte em "metodologia de garantia dos direitos fundamentais",[154] tendo em vista que "o direito à tutela judicial efetiva decorre da proteção jurisdicional dos direitos fundamentais".[155] Em um Estado Democrático de Direito, há uma "dimensão participativa dos direitos fundamentais" que atua com uma "pretensão de correção" das tensões sociais.[156]

A *motivação justa* produz *decisões justas* na medida em que os provimentos jurisdicionais são democraticamente fundamentados, tanto porque o procedimento de sua elaboração se dá com base nas influentes alegações e provas deduzidas pelas partes, como porque implicam transformações da realidade social dirigidas à efetivação dos direitos e das garantias fundamentais.

---

[151] BARACHO, José Alfredo de Oliveira. Teoria Geral do Processo Constitucional. *Revista de Direito Comparado*, Belo Horizonte: UFMG, v. 4, p. 101, 2000.

[152] MELO, Gustavo de Medeiros. *O acesso adequado à justiça na perspectiva do justo processo*. Disponível em: http://www.ibds.com.br/artigos/OACESSOADEQUADOaJUSTIcANAPERSPECTIVADOJUSTOPROCESSO.pdf. Acesso em: 14 out. 2014.

[153] DAMASKA, Mirjan R. *The faces of justice and state authority*: a comparative approach to the legal process. Yale: University Press, 2005 apud BOLZAN DE MORAIS, José Luis. O Estado Constitucional – entre justiça e política: porém, a vida não cabe em silogismos! In: MACHADO, Felipe; CATTONI, Marcelo (Coord.). *Constituição e Processo*: entre o Direito e a Política. Belo Horizonte: Fórum, 2011, p. 161-162.

[154] BARACHO, José Alfredo de Oliveira. *Direito Processual Constitucional*: aspectos contemporâneos. Belo Horizonte: Fórum, 2008, p. 47.

[155] BARACHO, José Alfredo de Oliveira. Teoria Geral do Processo Constitucional. *Revista de Direito Comparado*, Belo Horizonte: UFMG, v. 4, p. 107, 2000.

[156] ZANETI JÚNIOR, Hermes. *A constitucionalização do processo*: o modelo constitucional da justiça brasileira e as relações entre processo e constituição. 2. ed., São Paulo: Atlas, 2014, p. 107-109.

Para tanto, a teoria da *integridade do Direito* e o princípio da *proibição do retrocesso* são importantes para definir as próprias bases filosóficas que justificam a necessidade de prolação das decisões judiciais em prol da efetividade da Constituição e dos direitos e garantias fundamentais.

4.2.2.1 A teoria da integridade do Direito e o princípio da vedação ao retrocesso: a garantia do *entrenchment* do conteúdo mínimo dos direitos fundamentais através da decisão judicial

A teoria da integridade do Direito e o princípio da vedação ao retrocesso são relevantes para definir de que forma o conteúdo da decisão judicial, em termos filosóficos, projeta-se para garantir a efetivação de um mínimo de direitos e garantias fundamentais. A *motivação das decisões judiciais* se relaciona com o *direito fundamental à efetividade da tutela jurisdicional*, sobretudo no seu aspecto de *materialização dos direitos fundamentais*.

A teoria da *integridade do Direito* (*law as integrity*), desenvolvida por Ronald Dworkin, possui como elemento central a ideia de *comunidade de princípios*.[157] Com isso, o desenvolvimento jurídico se pauta pela busca da *coerência principiológica*, mediante a realização dos ideais de equidade (*fairness*), de justiça (*justice*) e de devido processo legal (*procedural due process*).[158]

Para Ronald Dworkin, a integridade dos princípios está assegurada quando há o respeito à *história institucional* da sociedade, a qual reflete um conjunto único e coeso de princípios intersubjetivamente compartilhados pelos cidadãos. Disso decorre uma *autoridade moral* do Estado e da sociedade, no sentido de que as proposições jurídicas são aplicadas levando-se em conta as conquistas *passadas*, mas com os olhos voltados para o progresso *futuro*. Ao Direito é atribuída a justificação racional determinada pelo *presente*.[159]

De acordo com a teoria da integridade, há uma permanente reconstrução coletiva do Direito, historicamente situada, em que pautas jurídicas e catálogos políticos são afirmados com base em um sistema de princípios que serve como alicerce para as decisões. A coerência moral da sociedade pressupõe que as decisões sejam proferidas

---

[157] Ronald Dworkin adota o critério lógico-argumentativo para a definição de *princípio*, pois "é apenas na argumentação – e através dela – que podemos considerar se estamos diante de uma regra ou de um princípio". O autor discorda do conceito de princípio como "mandamento de otimização" formulado por Robert Alexy, pois entende que a concretização dos princípios jurídicos não requer a sua instrumentalização por intermédio do princípio da proporcionalidade, já que "eles são aplicados através de uma construção hermenêutica, que busca desenvolver para aquela comunidade uma idéia de direito como um conjunto sistêmico e harmônico de princípios" (FERNANDES, Bernardo Gonçalves; PEDRON, Flávio Quinaud. *O Poder Judiciário e(m) crise*. Rio de Janeiro: Lumen Juris, 2008, p. 211-212).

[158] DWORKIN, Ronald. *O império do Direito*. Tradução de Jefferson Luiz Camargo. 2. ed., São Paulo: Martins Fontes, 2007, p. 291.

[159] DWORKIN, Ronald. *O império do Direito*. Tradução de Jefferson Luiz Camargo. 2. ed., São Paulo: Martins Fontes, 2007, p. 213-331.

por um mesmo corpo coletivo – ou seja, por uma mesma comunidade de princípios –, considerando "a existência de princípios jurídicos que permitem conectar decisões (legislativas e judiciais) do passado através de um mesmo fio lógico-argumentativo, dotando-os de integridade".[160]

Transportada ao aspecto da decisão judicial, a teoria da integridade manifesta-se, sobretudo, na metáfora desenvolvida por Ronald Dworkin denominada de *romance em cadeia*. A história do Direito – e também da atividade legislativa e da aplicação judicial – pode ser comparada a um romance redigido de modo coeso e concatenado, em que cada romancista historicamente posterior, desprovido de liberdade criativa plena, escreve a sua parte da obra em continuação ao que já foi escrito por autores anteriores.

O importante é que o romance seja construído como um texto íntegro, único e homogêneo, e não como uma sequência de estórias fragmentadas, esparsas e independentes.[161] Cabe ao juiz, ao proferir uma sentença, considerar "as decisões passadas como parte de uma longa história que ele deve interpretar e continuar":[162]

> Cada juiz, então, é como um romancista na corrente. Ele deve ler tudo o que outros juízes escreveram no passado, não apenas para descobrir o que disseram, ou seu estado de espírito quando o disseram, mas para chegar a uma opinião sobre o que esses juízes *fizeram* coletivamente, da maneira como cada um de nossos romancistas formou uma opinião sobre o romance coletivo escrito até então. Qualquer juiz obrigado a decidir uma demanda descobrirá, se olhar nos livros adequados, registro de muitos casos plausivelmente similares, decididos há décadas ou mesmo séculos por muitos outros juízes, de estilos e filosofias judiciais e políticas diferentes, em períodos nos quais o processo e as convenções judiciais eram diferentes. Ao decidir o novo caso, cada juiz deve considerar-se como parceiro de um complexo empreendimento em cadeia, do qual essas inúmeras decisões, estruturadas, convenções e práticas são a história; é seu trabalho continuar essa história no futuro por meio do que ele faz agora. Ele deve interpretar o que aconteceu antes porque tem a responsabilidade de levar adiante a incumbência que tem em mãos e não partir em alguma nova direção.[163]

A atividade decisória dos magistrados não é produzida no vazio, mas, sim, é o resultado do constante diálogo reconstrutivo com a história institucional da sociedade:

> O direito como integridade (...) pede ao juiz que se considere como um autor na cadeia do direito (...). Ele sabe que outros juízes decidiram casos que, apesar de não exatamente iguais ao seu, tratam de problemas afins; deve considerar as

---

[160] FERNANDES, Bernardo Gonçalves; PEDRON, Flávio Quinaud. *O Poder Judiciário e(m) crise*. Rio de Janeiro: Lumen Juris, 2008, p. 211.

[161] DWORKIN, Ronald. *O império do Direito*. Tradução de Jefferson Luiz Camargo. 2. ed., São Paulo: Martins Fontes, 2007, p. 275-279.

[162] LAGES, Cíntia Garabini. A proposta de Ronald Dworkin em 'O Império do Direito'. *Revista da Faculdade Mineira de Direito*, Belo Horizonte, v. 4, n. 7 e 8, p. 47, jan./jun. 2001.

[163] DWORKIN, Ronald. *Uma questão de princípio*. Tradução de Luis Carlos Borges. São Paulo: Martins Fontes, 2001, p. 238, destaques no original.

decisões deles como parte de uma longa história que ele tem de interpretar e continuar, de acordo com suas opiniões sobre o melhor andamento a ser dado à história em questão. (...). O veredito do juiz – suas conclusões pós-interpretativas – deve ser extraído de uma interpretação que ao mesmo tempo se adapte aos fatos anteriores e os justifique, até onde isso seja possível.[164]

Como cada caso concreto pertence a uma dimensão maior de *coerência* histórica, compete ao magistrado decidir a lide levando em consideração o ordenamento jurídico presente em consonância com os direitos e as garantias jurídicas conquistadas no passado, com o objetivo de prosseguir com o desenvolvimento jurídico para o usufruto das gerações futuras. O juiz constrói uma decisão racional com argumentos razoáveis quando respeita a história institucional de uma determinada comunidade de princípios. Dessa forma, admitir que cada juiz tenha as suas preferências pessoais, valores, ideias e convicções equivale a dizer que a sua subjetividade está limitada pela historicidade e pela garantia constitucional da fundamentação decisória racional.[165]

A objetividade do conteúdo da decisão judicial está presente na "conexão com a história, evoluções, necessidades, tendências e ideais da sociedade"[166] projetados na Constituição. Ao juiz cabe exercer a jurisdição como um participante que dialoga com a sociedade mediante a reinterpretação construtiva do Direito, o respeito à Constituição e a aplicação dos princípios jurídicos adquiridos ao longo da tradição histórico-institucional da comunidade onde está imerso. É esse o trabalho *hercúleo* dos juízes:

> Seu trabalho (do juiz Hércules) se dá continuamente através de um franco diálogo com a história institucional de sua sociedade, que está às suas costas; além disso, por força da exigência de integridade, ele é impulsionado a buscar sempre a melhor decisão – o que faz com que seus olhos se voltem para o futuro, mas de modo

---

[164] DWORKIN, Ronald. *O império do Direito*. Tradução de Jefferson Luiz Camargo. 2. ed., São Paulo: Martins Fontes, 2007, p. 286.

[165] BARROS, Flaviane de Magalhães. A fundamentação das decisões a partir do modelo constitucional de processo. *Revista do Instituto de Hermenêutica Jurídica*: 20 anos de constitucionalismo democrático – e agora?. Porto Alegre: Instituto de Hermenêutica Jurídica, 2008, p. 145. O nosso entendimento acerca do Direito como integridade não permite decisionismos do julgador. Essa advertência é pertinente tendo em vista que é possível interpretar a obra do próprio Ronald Dworkin de acordo com uma desvirtuada perspectiva, quando ele diz, por exemplo, que ao juiz cabe considerar as decisões judiciais pretéritas "de acordo com suas opiniões sobre o melhor andamento a ser dado à história em questão", ou quando sustenta que a resposta do juiz Hércules para determinado caso concreto "vai depender de suas convicções sobre as duas virtudes que constituem a moral política que aqui consideramos: a justiça e a eqüidade" (p. 286 e 298). No mesmo sentido: STRECK, Lenio Luiz. *Hermenêutica jurídica e(m) crise*: uma exploração hermenêutica da construção do Direito. 8. ed., Porto Alegre: Livraria do Advogado, 2009, p. 367-372; em sentido contrário: LEAL, André Cordeiro. *O contraditório e a fundamentação das decisões no direito processual democrático*. Belo Horizonte: Mandamentos, 2002, p. 61-62.

[166] CAPPELLETTI, Mauro. *Juízes legisladores?*. Tradução de Carlos Alberto Alvaro de Oliveira. Porto Alegre: Sergio Antonio Fabris, 1993, p. 103.

que sempre permaneça a preocupação em manter uma coerência de princípio na fundamentação de suas decisões.[167]

Na medida em que a atividade jurisdicional é vinculada ao progresso jurídico proveniente das decisões pretéritas, a própria evolução do Direito – manifestada pelo desenvolvimento, *em cadeia*, de liberdades públicas, direitos constitucionais e garantias fundamentais – é capaz de impedir que decisões judiciais sejam motivadas com base em convicções particulares, preferências pessoais, sentimentos íntimos de justiça ou naquilo que o juiz "comeu no café da manhã":[168]

> Na atualidade, o Direito tem sido entendido como uma 'obra coletiva', iniciada pelo constituinte, mediada pelo legislador e concluída pelo Juiz, que, conciliando as normas jurídicas com a realidade, confere soluções aos problemas concretos. (...). A interpretação constitucional compreende um processo de construção. Porém, adotar essa tese não implica afirmar que a atividade criativa do intérprete seja ilimitada ou desprovida de parâmetros. Esta permanece vinculada à Constituição, à experiência jurídica e às regras de linguagem. É também imprescindível que a interpretação seja dotada de coerência, objetividade e capacidade de persuasão. (...). O reconhecimento de que a interpretação constitucional tem uma irrefragável dimensão criativa e que as insuficiências do sistema normativo autorizam o juiz a, por vezes, buscar a solução além do texto não importa em legitimar o arbítrio ou o subjetivismo.[169]

Nesse cenário, a motivação das decisões judiciais assegura a imparcialidade do juiz na medida em que é construída com respeito à coerência das decisões passadas. A atividade decisória está vinculada a um processo histórico que visa a impedir o arbítrio judicial. O ensinamento de Luiz Guilherme Marinoni é claro nesse sentido:

> Afirma-se, na generalidade dos sistemas de *civil law*, que a fundamentação é imprescindível para outorgar às partes garantia de imparcialidade do juiz. Argumenta-se, ainda, que a fundamentação, além de servir às partes, importa a todos os jurisdicionados, interessados na legitimidade das decisões judiciais, especialmente daquelas que têm maior repercussão perante a sociedade. A fundamentação, neste sentido, presta-se para o juiz demonstrar a sua imparcialidade, bem como para conferir legitimação ao exercício do poder jurisdicional.

---

[167] FERNANDES, Bernardo Gonçalves; PEDRON, Flávio Quinaud. *O Poder Judiciário e(m) crise*. Rio de Janeiro: Lumen Juris, 2008, p. 220. Ronald Dworkin, para ilustrar a exigência de fundamentação das decisões judiciais, utiliza-se de um exemplo utópico de magistrado a que chama de *juiz Hércules*, como aquele julgador dotado de capacidade, de talento e de paciência sobre-humanos, que aceita o direito como integridade como "um juiz criterioso e metódico" e "com um tempo infinito a seu dispor" (DWORKIN, Ronald. *O império do Direito*. Tradução de Jefferson Luiz Camargo. 2. ed., São Paulo: Martins Fontes, 2007, p. 287-295).

[168] DWORKIN, Ronald. *Uma questão de princípio*. Tradução de Luis Carlos Borges. São Paulo: Martins Fontes, 2001, p. 242.

[169] GONÇALVES PEREIRA, Jane Reis. *Interpretação constitucional e direitos fundamentais*. Rio de Janeiro: Renovar, 2005, p. 499-500.

Tudo isso revela surpreendente ingenuidade. Raciocinando-se sempre em torno de questões de direito, há de se perguntar: será que a fundamentação, por si só, outorga alguma garantia às partes? A fundamentação, em tal perspectiva, pode dar legitimação ao exercício do poder jurisdicional? Ou melhor, num sistema em que as questões de direito podem ser decididas sem qualquer respeito ao passado, há propósito em entender que a fundamentação é capaz de garantir a imparcialidade do juiz e conferir legitimação à jurisdição? (...).

Na verdade, ao permitir decisões díspares a casos iguais, o sistema estimula o arbítrio e a parcialidade. Se o juiz pode atribuir significados distintos à mesma norma, o juiz parcial está livre para decidir como lhe convier, bastando justificar as suas opções arbitrárias. Porém, quando está sujeito ao seu passado, isto é, ao que já decidiu, o juiz não pode, ainda que deseje, ser parcial ou arbitrário. Fica-lhe vedado decidir casos iguais segundo o rosto das partes.[170]

Por conseguinte, a história institucional da sociedade – vale dizer, os direitos e as garantias fundamentais historicamente conquistados – constitui componente essencial da motivação das decisões judiciais. O respeito à comunidade de princípios assegura que o provimento seja proferido a partir de uma reconstrução do caso concreto que leve em consideração a *tradição constitucional, histórica e institucional de proteção dos direitos fundamentais*, por meio do respeito a uma coerência integrativa com as decisões passadas e o progresso do Direito em termos de fortalecimento da Constituição.

É nessa perspectiva que, para Ronald Dworkin, a resolução de conflitos de interesses por meio da jurisdição é capaz de fornecer apenas uma *única resposta correta* – advinda do *direito fundamental do cidadão à resposta melhor adequada à Constituição e ao Estado Democrático de Direito*[171] –, a qual respeite a integridade e a coerência da comunidade dos princípios intersubjetivamente compartilhados na sociedade.

Especialmente a partir da compreensão do que é a comunidade de princípios e o romance em cadeia, torna-se possível relacionar a teoria da integridade do Direito com o princípio da vedação ao retrocesso (ou *entrenchment* ou *non cliquet*), os quais, conjugados com a garantia constitucional do contraditório, completam a ideia de fundamentação do conteúdo das decisões judiciais em prol da efetividade dos direitos e garantias fundamentais.

O romance em cadeia, ao prever que o juiz considere o arcabouço decisório historicamente construído na jurisprudência em consonância com a comunidade de princípios, dispõe que a atividade jurisdicional é exercida com o respeito às conquistas jurídicas. Dessa forma, as liberdades públicas e os direitos constitucionais

---

[170] MARINONI, Luiz Guilherme. *Precedentes obrigatórios*. 3. ed., São Paulo: Revista dos Tribunais, 2013, p. 172-173.

[171] STRECK, Lenio Luiz. *Hermenêutica jurídica e(m) crise*: uma exploração hermenêutica da construção do Direito. 8. ed., Porto Alegre: Livraria do Advogado, 2009, p. 360-367.

adquiridos ao longo da tradição histórico-institucional das sociedades modernas conformam o conteúdo das decisões judiciais, tendo em vista que os provimentos jurisdicionais não podem implicar retrocesso no que tange à tutela das garantias fundamentais dos cidadãos – ou, ao menos, à proteção da dignidade da pessoa humana através do *mínimo existencial*:[172]

> De maneira bem sucinta pode-se dizer que *entrenchment* ou entrincheiramento, também chamado de proibição do retrocesso, princípio do não-retorno da concretização ou princípio da desnaturação do conteúdo da Constituição, é a tutela jurídica do conteúdo mínimo dos direitos fundamentais, respaldada em uma legitimação social, evitando que possa haver um retrocesso, seja através de sua supressão normativa ou por intermédio da diminuição de suas prestações à coletividade. (...). O *entrenchment* do conteúdo mínimo dos direitos fundamentais funciona como uma garantia à efetivação desses direitos, impedindo um retrocesso na sua concretização e, conseqüentemente, aumentando a legitimidade da jurisdição constitucional. O entrincheiramento, como o étimo da palavra já clarifica, configura-se no encastelamento do conteúdo mínimo dos direitos fundamentais dentro do ordenamento jurídico, solidificando este conteúdo no tecido social. (...). A finalidade do *entrenchment* é garantir eficácia ao ordenamento jurídico, dotando-o de segurança jurídica, o que faz com que as normas deixem de ter um papel retórico e possam ter uma concretude prática. (...). A concepção de entrincheiramento ou proibição do retrocesso assegura uma proteção ao conteúdo dos direitos fundamentais, mantendo um nível mínimo de determinada concretude normativa.[173]

Com base na ideia do *entrenchment* do conteúdo mínimo dos direitos fundamentais, conclui-se que o conteúdo das decisões judiciais guarda relação com a materialização

---

[172] Quanto à definição do que é o *mínimo existencial*, Ingo Sarlet e Giovani Saavedra ressaltam que "o primeiro publicista de renome a sustentar a possibilidade do reconhecimento de um direito subjetivo à garantia positiva dos recursos mínimos para uma existência digna foi o publicista Otto Bachof, que, já no início da década de 1950, considerou que o princípio da dignidade da pessoa humana (art. 1º, inc. I, da Lei Fundamental da Alemanha, na sequência referida como LF) não reclama apenas a garantia da liberdade, mas também um mínimo de segurança social, já que, sem os recursos materiais para uma existência digna, a própria dignidade da pessoa humana ficaria sacrificada" (SARLET, Ingo Wolfgang; SAAVEDRA, Giovani Agostini. Constitucionalismo e democracia: breves notas sobre a garantia do mínimo existencial e os limites materiais de atuação do legislador, com destaque para o caso da Alemanha. In: MACHADO, Felipe; CATTONI, Marcelo (Coord.). *Constituição e Processo*: entre o Direito e a Política. Belo Horizonte: Fórum, 2011, p. 123). Contudo, atualmente o mero conceito material do mínimo existencial não é suficiente, pois lhe é atribuído também uma perspectiva de mínima e igualitária inserção sociocultural e de participação política. Nesse sentido, Cláudio Neto entende que o conceito de mínimo existencial abrange não só a concretização das "condições materiais da autonomia privada", como também as "condições para uma participação igualitária na vida pública" (SOUZA NETO, Cláudio Pereira. Fundamentação e normatividade dos direitos fundamentais: uma reconstrução teórica à luz do princípio democrático. In: BARROSO, Luís Roberto (Org.). *A nova interpretação constitucional*: ponderação, direitos fundamentais e relações privadas. 2. ed., Rio de Janeiro: Renovar, 2006, p. 324).

[173] AGRA, Walber de Moura. O *entrenchment* como condição para a efetivação dos direitos fundamentais. In: TAVARES, André Ramos (Coord.). *Justiça Constitucional*: pressupostos teóricos e análises concretas. Belo Horizonte: Fórum, 2007, p. 24-26.

dos princípios constitucionais e das liberdades públicas. É ilegítimo qualquer ato decisório que suprima, em caráter definitivo, as garantias constitucionais historicamente conquistadas com o desenvolvimento do Direito, diante da necessidade de *entrincheirar* direitos e interesses básicos dos indivíduos:[174]

> Há, inegavelmente, um acúmulo histórico a respeito da compreensão do *devido processo legal* que não pode ser *ignorado*. Ao longo dos séculos, inúmeras foram as concretizações do devido processo legal que se incorporaram ao rol das garantias mínimas que estruturam o *devido processo*. Não é lícito, por exemplo, considerar *desnecessário* o contraditório ou a duração razoável do processo, direitos fundamentais inerentes ao *devido processo legal*. Nem será lícito retirar agora os direitos fundamentais já conquistados; vale, aqui, o princípio de hermenêutica constitucional que proíbe o *retrocesso* em tema de direitos fundamentais.[175]

Tendo em vista que o entrincheiramento dos direitos fundamentais gera uma eficácia *non cliquet*, busca-se que a jurisdição seja realizada com o escopo de gerar substanciais avanços na proteção da esfera jurídica dos indivíduos e da sociedade. A aplicação do princípio da vedação ao retrocesso se projeta para o conteúdo material das decisões judiciais,[176] a fim de impedir que provimentos judiciais acarretem em violação à dignidade da pessoa humana e, ato contínuo, à integridade dos direitos fundamentais.[177] A jurisdição visa não só à atuação do direito material, como também ao "pleno desenvolvimento da pessoa humana".[178] O processo justo gera a prolação de um provimento direcionado à tutela substantiva das liberdades públicas e das garantias processuais.

Por conseguinte, a eficácia *non cliquet* conforma a atividade jurisdicional à tutela dos direitos fundamentais. A garantia do entrincheiramento resulta no dever de proteção jurisdicional em relação aos princípios constitucionais e às liberdades públicas. Atribui-se ao Estado a *obrigação de proteção*, manifestada no momento em que o juiz profere uma decisão a respeito dos direitos fundamentais.

É certo, a propósito, que concordamos com Luiz Guilherme Marinoni quando este aduz que a jurisdição "não é apenas uma forma de dar proteção aos direitos

---

[174] LORENZETTI, Ricardo Luis. *Teoria da decisão judicial*: fundamentos de direito. 2. ed., São Paulo: Revista dos Tribunais, p. 334-335.

[175] DIDIER JR., Fredie. *Curso de Direito Processual Civil*: teoria geral do processo e processo de conhecimento. 12. ed., Salvador: Jus Podium, 2010. v. 1, p. 43.

[176] Tradicionalmente, o princípio da vedação ao retrocesso é aplicado, apenas, nos casos de violação aos direitos fundamentais de caráter social, os quais demandam prestações materiais estatais para a sua concretização (nesse sentido, cf.: STF, ARE n. 639337, Rel. Min. Celso de Mello, DJ 15/09/2011). Contudo, defendemos a aplicação de referido princípio também em relação ao conteúdo das decisões judiciais, como forma de proteção do conteúdo mínimo dos direitos fundamentais.

[177] AGRA, Walber de Moura. O *entrenchment* como condição para a efetivação dos direitos fundamentais. In: TAVARES, André Ramos (Coord.). *Justiça Constitucional*: pressupostos teóricos e análises concretas. Belo Horizonte: Fórum, 2007, p. 28-35.

[178] MARINONI, Luiz Guilherme. *Novas linhas do processo civil*. 2. ed., São Paulo: Malheiros, 1996, p. 29.

fundamentais, mas sim uma maneira de se conferir tutela efetiva a toda e qualquer situação de direito substancial".[179] O processo tem como objetivo não só a proteção de direitos fundamentais, como também a tutela de direitos subjetivos.

No ensinamento de Luigi Paolo Comoglio, a roupagem constitucional faz com que o processo se constitua em uma garantia em "sentido atuativo e dinâmico", destinada a "assegurar condições efetivas de gozo de qualquer direito 'atribuído' ou 'reconhecido' em quaisquer normas fundamentais", e se manifesta em dupla perspectiva: a) de um lado, em termos instrumentais, como a "possibilidade de recurso ao juiz, para a *tutela* desses mesmos *direitos fundamentais*, que são 'reconhecidos' nas Constituições ou nas Convenções internacionais"; b) de outro lado, em termos de conteúdo e em face de *direitos públicos subjetivos*, como a possibilidade de assegurar "as *condições mínimas* e *insuprimíveis* de um processo *justo* (...) ou, se se preferir, as *condições necessárias* e *suficientes* para uma *justa* resolução das controvérsias no âmbito daquele *justo* processo".[180]

Na verdade, quando o magistrado decide sobre um direito material que não se enquadra na categoria dos direitos fundamentais, está *respondendo ao direito fundamental à tutela jurisdicional efetiva*. O devido processo legal possui o propósito de tornar "*efetivo* o exercício de qualquer outro direito ou liberdade fundamental, no âmbito de um *direito processual* ou de um *direito de justiça material*, cuja gênese encontra fundamento nas mesmas normas constitucionais".[181]

O exercício da jurisdição, não obstante vise à proteção de *qualquer* direito material, tutela um conteúdo minimamente essencial de direitos fundamentais. Aliás, como também afirma Luiz Guilherme Marinoni, os direitos fundamentais devem ser interpretados "em um sentido que lhes confira a maior efetividade possível". Nessa ótica, "o processo civil também se constitui em mecanismo de proteção dos direitos fundamentais, seja para evitar a violação ou o dano ao direito fundamental, seja para conferir-lhe o devido ressarcimento".[182] A efetividade da tutela judicial decorre da necessidade de proteção dos direitos fundamentais através de mecanismos jurisdicionais.[183]

---

[179] MARINONI, Luiz Guilherme. *Técnica processual e tutela dos direitos*. São Paulo: Revista dos Tribunais, 2004, p. 187.

[180] COMOGLIO, Luigi Paolo. Garanzie costituzionali e 'giusto processo' (modelli a confronto). *Revista de Direito Comparado*, Belo Horizonte: UFMG, v. 2, n. 2, p. 266, mar./1998, tradução livre, destaques no original.

[181] COMOGLIO, Luigi Paolo. Garanzie costituzionali e 'giusto processo' (modelli a confronto). *Revista de Direito Comparado*, Belo Horizonte: UFMG, v. 2, n. 2, p. 267-268, mar./1998, tradução livre, destaques no original.

[182] MARINONI, Luiz Guilherme. *Técnica processual e tutela dos direitos*. São Paulo: Revista dos Tribunais, 2004, p. 222-223.

[183] BARACHO, José Alfredo de Oliveira. Teoria Geral do Processo Constitucional. *Revista de Direito Comparado*, Belo Horizonte: UFMG, v. 4, p. 102, 2000.

Assim sendo, a teoria da integridade do Direito e o princípio da vedação ao retrocesso, conjugados com a motivação decisória, conferem o substrato filosófico para definir de que forma a jurisdição também se legitima a partir do conteúdo da decisão judicial, como forma de tutela substantiva dos princípios constitucionais e dos direitos e garantias fundamentais.

4.2.3 A satisfação do direito material através de um processo com razoável duração

Finalmente, o terceiro e último pilar que estrutura o processo justo diz respeito à necessidade de *satisfação* do direito material, através de um processo desenvolvido em tempo razoável, como fator de efetivação da atividade jurisdicional. Nesse ponto, é importante compreender em que medida a *razoável duração do processo* consiste em um *direito fundamental*, conforme prevê o art. 5º, LXXVIII, da CRFB.

O direito fundamental à *razoável duração do processo* decorre do direito subjetivo do jurisdicionado a um *processo sem dilações indevidas*, cuja origem remonta à Convenção Europeia para Salvaguarda dos Direitos do Homem e das Liberdades Fundamentais, subscrita em Roma, na Itália, no dia 04 de novembro de 1950. O art. 6º, 1, da referida Convenção prescreve que "Toda pessoa tem direito a que sua causa seja examinada eqüitativamente e publicamente num prazo razoável, por um tribunal independente e imparcial instituído por lei, que decidirá sobre seus direitos e obrigações civis ou sobre o fundamento de qualquer acusação em matéria penal contra ela dirigida".

Inúmeras legislações estrangeiras tratam do tema:

O art. 24.2 da Constituição Espanhola de 1978 dispõe que "Todos têm direito ao juiz ordinário previamente determinado por lei, à defesa e à assistência de advogado, a ser informado da acusação contra si deduzida, a um processo público sem dilações indevidas e com todas as garantias".

Já o art. 2-1 do Código de Processo Civil Português prevê que "A protecção jurídica através dos tribunais implica o direito de obter, em prazo razoável, uma decisão judicial que aprecie, com força de caso julgado, a pretensão regularmente deduzida em juízo, bem como a possibilidade de a fazer executar".

Na Itália, o art. 111 da Constituição Italiana determina que "A jurisdição atua-se mediante o justo processo regulado pela lei. Cada processo desenvolve-se no contraditório entre as partes, em condições de igualdade perante juiz terceiro e imparcial. A lei assegura a razoável duração".

Por seu turno, o art. 11, *b*, da Carta Canadense dos Direitos e Liberdades de 1982 aduz que "Toda pessoa demandada tem o direito de ser julgada dentro de um prazo razoável".

Já nos Estados Unidos da América (EUA), a Sexta Emenda à Constituição (1791) consagra a cláusula do julgamento rápido (*speedy trial*), estipulando que "Em todos os processos criminais, o acusado usufruirá do direito a julgamento rápido e público, por um júri imparcial do Estado e distrito onde o crime tiver sido cometido, distrito esse previamente determinado por lei, e de ser informado da natureza e causa da acusação, de ser acareado com as testemunhas de acusação, de fazer comparecer por meios legais testemunhas de defesa e de ser assistido por advogado".[184]

O art. 41 da Carta dos Direitos Fundamentais da União Europeia preconiza que "Todas as pessoas têm direito a que os seus assuntos sejam tratados pelas instituições e órgãos da União de forma imparcial, equitativa e num prazo razoável".

Em sentido semelhante, o art. 8º, inciso 1, da Convenção Americana de Direitos Humanos (Pacto de São José da Costa Rica) estabelece que "Toda pessoa tem direito a ser ouvida, com as devidas garantias e dentro de um prazo razoável, por um juiz ou tribunal competente, independente e imparcial, estabelecido anteriormente por lei, na apuração de qualquer acusação penal formulada contra ela, ou para que se determinem seus direitos ou obrigações de natureza civil, trabalhista, fiscal ou de qualquer outra natureza".

Por sua vez, no Brasil o direito subjetivo a um processo sem dilações indevidas ganhou inscrição constitucional por meio da promulgação do inciso LXXVIII do art. 5º da CRFB,[185] o qual prevê que "a todos, no âmbito judicial e administrativo, são assegurados a razoável duração do processo e os meios que garantam a celeridade de sua tramitação".[186]

---

[184] REIS, Marcelo Terra. Tempestividade da prestação jurisdicional como direito fundamental. *In*: TEIXEIRA, Anderson Vichinkeski; LONGO, Luís Antônio (Coord.). *A constitucionalização do direito*. Porto Alegre: Sérgio Antônio Fabris, 2008, p. 204. Nos EUA, a *American Bar Association* publicou qual é o tempo tolerável de duração dos processos nos Tribunais ordinários da justiça norte-americana. Confira: a) causas cíveis: a.1) causas cíveis em geral: 90% devem ser concluídas dentro de 12 meses e os restantes 10% em 24 meses em decorrência de circunstâncias excepcionais; a.2) causas cíveis sumárias: devem ser concluídas em 30 dias; a.3) causas envolvendo relações domésticas: 90% devem ser concluídas em 30 dias, 98% em 06 meses e 100% em um ano; b) causas criminais: b.1) crimes graves (*felony*): a contar da data do fato, 90% devem ser concluídos em 120 dias, 98% em 180 dias e 100% em um ano; b.2) crimes menos graves e contravenções (*misdemeanor*): 90% devem ser concluídos em 30 dias e 100% em 90 dias; b.3) delitos praticados por menores (*juvenile*): em caso de prisão, deve ser julgado em 24 horas, ou, caso esteja solto o acusado, em 30 dias (TUCCI, José Rogério Cruz e. Duração razoável do processo (art. 5º, LXXVIII, da Constituição Federal). *In*: JAYME, Fernando Gonzaga; FARIA, Juliana Cordeiro de; LAUAR, Maira Terra (Coord.). *Processo Civil – novas tendências*: estudos em homenagem ao Professor Humberto Theodoro Júnior. Belo Horizonte: Del Rey, 2008, p. 443-445).

[185] Na história do constitucionalismo nacional, já houve, antes do advento da Emenda Constitucional n.º 45/2004 – a qual acrescentou o inciso LXXVIII ao art. 5º da Constituição Federal de 1988 –, previsão constitucional contrária à morosidade processual. O art. 113, alínea 35, da Constituição Federal de 1934 previa que "a lei assegurará o rápido andamento dos processos nas repartições públicas (...)". (Disponível em: http://www2.camara.leg.br/legin/fed/consti/1930-1939/constituicao-1934-16-julho-1934-365196-publicacaooriginal-1-pl.html. Acesso em: 16 set. 2014).

[186] O inciso LXXVIII do art. 5º da CRFB "antevê a existência de 'meios' para assegurar a qualquer processo uma 'duração razoável'". Esses meios podem ser humanos e materiais, como também procedimentais ou legais – como é o caso, por exemplo, do art. 71 da Lei n.º 10.741/03 (Estatuto do Idoso) o qual prevê prioridade na tramitação de processos em que figurem como parte ou interveniente pessoa com idade igual ou superior a sessenta anos. (ASSIS, Araken. Duração razoável do processo e reformas da lei processual civil. *Revista Jurídica*, Porto Alegre, ano 56, n. 372, p. 15-16, out. 2008).

Já o CPC/2015 dispõe que "As partes têm o direito de obter em prazo razoável a solução integral do mérito, incluída a atividade satisfativa" (art. 4º), bem como que "Todos os sujeitos do processo devem cooperar entre si para que se obtenha, em tempo razoável, decisão de mérito justa e efetiva" (art. 6º), cabendo ao juiz "velar pela duração razoável do processo" (art. 139, *caput*, II).

Também o art. 20 do Código de Ética da Magistratura determina que "Cumpre ao magistrado velar para que os atos processuais se celebrem com a máxima pontualidade e para que os processos a seu cargo sejam solucionados em um prazo razoável, reprimindo toda e qualquer iniciativa dilatória ou atentatória à boa-fé processual". De maneira semelhante, os incisos II e III do art. 35 da Lei Complementar n.º 35/1979 (Lei Orgânica da Magistratura Nacional – LOMAN) dispõem que são deveres dos magistrados "não exceder injustificadamente os prazos para sentenciar ou despachar", bem como "determinar as providências necessárias para que os atos processuais se realizem nos prazos legais".

Na verdade, independentemente de previsão legal ou constitucional, o processo sem dilações indevidas é um *direito fundamental* do jurisdicionado. Os cidadãos possuem o "direito à tutela jurisdicional dentro de um prazo razoável, decorrente da proibição do *non liquet*, vale dizer, do dever que têm os agentes do Poder Judiciário de julgar as causas com estrita observância das normas de direito positivo".[187]

Nessa linha de raciocínio, a razoável duração do processo, com a garantia dos meios que assegurem a celeridade de sua tramitação, constitui direito fundamental de aplicação imediata (art. 5º, §1º, CRFB), que gera "direito subjetivo para os destinatários, os quais, no caso em apreciação, podem exigir dos juízes e tribunais que façam com que a duração razoável seja cumprida, caso a caso".[188]

A razoável duração significa que o trâmite do processo deve obedecer a um lapso de tempo aceitável e, por isso, apto a respeitar as liberdades públicas e os direitos e garantias fundamentais dos jurisdicionados. O desenvolvimento do processo há de ocorrer tempestivamente, respeitando os prazos legais e "em condições de normalidade dentro do tempo requerido e no qual os interesses litigiosos podem receber pronta satisfação",[189] com vistas à efetiva realização do direito material.

Como corolário da razoável duração, o princípio da economia processual dispõe que no processo economize-se ao máximo tempo, energia e recurso – perspectiva interna –, bem como que se previna novo e inútil julgamento em causas já decididas

---

[187] TUCCI, José Rogério Cruz e. *Tempo e processo*: uma análise empírica das repercussões do tempo na fenomenologia processual (civil e penal). São Paulo: Revista dos Tribunais, 1998, p. 67.

[188] THEODORO JUNIOR, Humberto. *Direito fundamental à duração razoável do processo*. Disponível em: http://www.anima-opet.com.br/segunda_edicao/Humberto_Theodoro_Junior.pdf. Acesso em: 16 set. 2014.

[189] LLORENTE, Francisco Rubio. *Derechos fundamentales y principios constitucionales*: doctrina jurisprudencial. Barcelona: Ariel, 1995, p. 328, tradução livre.

– perspectiva externa.[190] O direito à duração razoável do processo visa a diminuir o tempo de tramitação e, igualmente, a incentivar e a instituir outros meios menos onerosos de resolução das controvérsias.[191]

Contudo, na prática, é bastante árdua a tarefa de definir o que é um processo sem dilações indevidas. Genericamente, a doutrina entende que é razoável a "duração do processo de acordo com o uso racional do tempo processual"[192] pelas partes. Por outro lado, as dilações indevidas são "os atrasos ou delongas que se produzem no processo por inobservância dos prazos estabelecidos, por injustificados prolongamentos das etapas mortas que separam a realização de um ato processual de outro".[193] O processo sem dilações indevidas é aquele cuja tramitação corresponde a um lapso de tempo razoável e se desenvolve de modo econômico, de acordo com as particularidades do caso concreto e com respeito aos prazos legais.

Na verdade, a definição da razoável duração do processo "é um problema que somente pode ser enfrentado e dirimido em face de dados concretos, os quais variam enormemente de um processo para outro".[194] A Corte Europeia dos Direitos do Homem – também conhecida como Tribunal dos Direitos do Homem de Estrasburgo –, a fim de fixar parâmetros mais precisos, enumerou três critérios para delimitar o tempo razoável do processo a ser aferidos de acordo com as peculiaridades do caso concreto, quais sejam: a) complexidade da matéria; b) comportamento das partes e de seus procuradores; c) atuação do órgão jurisdicional.

Nessa trilha, a complexidade das questões de fato e de direito envolvidas na causa pode justificar a realização de uma instrução probatória minuciosa que implique uma duração temporal do processo mais longa. De modo semelhante, a apresentação pelas partes de incidentes processuais impertinentes pode acarretar em uma dilação processual indevida – o que não impede, é bom frisar, a interposição de recursos ou a apresentação de alegações dentro da esfera do legítimo exercício da ampla defesa. Outrossim, a própria inércia do órgão jurisdicional em proferir despachos e decisões,

---

[190] TUCCI, José Rogério Cruz e. Garantias constitucionais da duração razoável e da economia processual no Projeto do Código de Processo Civil. *Revista de processo*, São Paulo, ano 36, n. 192, p. 200, fev. 2011.

[191] ANDRADE, Érico. *O Mandado de Segurança*: a busca da verdadeira especialidade (proposta de releitura à luz da efetividade do processo). Rio de Janeiro: Lumen Juris, 2010, p. 43-44.

[192] MARINONI, Luiz Guilherme. *Técnica processual e tutela dos direitos*. São Paulo: Revista dos Tribunais, 2004, p. 183.

[193] GARCIA, José Antonio Tomé. *Protección procesal de los derechos humanos ante los tribunales ordinarios*. Madrid: Montecorvo, 1987, p. 119 apud TUCCI, José Rogério Cruz e. Duração razoável do processo (art. 5º, LXXVIII, da Constituição Federal). In: JAYME, Fernando Gonzaga; FARIA, Juliana Cordeiro de; LAUAR, Maira Terra (Coord.). *Processo Civil – novas tendências*: estudos em homenagem ao Professor Humberto Theodoro Júnior. Belo Horizonte: Del Rey, 2008, p. 437.

[194] THEODORO JUNIOR, Humberto. *Direito fundamental à duração razoável do processo*. Disponível em: http://www.anima-opet.com.br/segunda_edicao/Humberto_Theodoro_Junior.pdf. Acesso em: 16 set. 2014.

ou a paralisação de processos em cartórios e secretarias judiciárias, também impedem que os processos sejam impulsionados de modo tempestivo.

Na verdade, ainda que o *tempo* seja um conceito aberto e contingencial, ele fornece uma "interpretação social da realidade em relação à diferença entre passado e futuro"[195] que atribui ao jurisdicionado uma situação de espera referente à alteração do seu *status quo ante*. O Direito, como "generalização de expectativas",[196] cria um estado legítimo de espera voltado à resolução do problema social em um lapso de tempo tolerável.

É preciso encarar o fato de que o processo judicial, em boa medida, contém esperanças de cidadãos que buscam no Judiciário a resolução de frustrações que tiveram no convívio social. Assim, processos que duram *quase uma eternidade* confrontam com a própria *brevidade da vida* dos jurisdicionados.

Portanto, uma prestação jurisdicional desenvolvida em lapso temporal razoável, compatível com a natureza do litígio e sem dilações indevidas, tem o condão de melhor implicar satisfação do direito material das partes. A realização da tutela jurisdicional em um tempo tolerável representa um fator de efetivação – inclusive social – do processo justo.

4.2.3.1 A razoável duração do processo não se confunde com celeridade a todo custo

É certo que o ordenamento jurídico não pode fazer com que "o tempo saia de seus eixos". Analogicamente, o processo não pode se converter em um mecanismo de aceleração incondicional de mudanças instáveis, efêmeras e aleatórias, como se o ritmo da *urgência* ditasse os parâmetros das relações jurídicas.[197]

Diferentemente, a tramitação do processo requer a sua conformação às particularidades do caso concreto, de maneira que demore o tempo razoavelmente necessário à concretização dos direitos fundamentais, das garantias processuais e do direito material em discussão, sob pena de infligir ao jurisdicionado angústia e insatisfação.[198] O direito fundamental à razoável duração do processo não significa que a prestação jurisdicional é necessariamente rápida, mas, sim, que o processo tramita o tempo necessário à solução do conflito, sem dilações indevidas.

---

[195] LUHMANN, Niklas. The future cannot begin. *In*: LUHMANN, Niklas. *The differentiation of society*. Trad. Stephen Holmes e Charles Larmore New York: Columbia University Press, 1982 *apud* ARAUJO PINTO, Cristiano Paixão. *Modernidade, tempo e Direito*. Belo Horizonte: Del Rey, 2002, p. 299.

[196] ARAUJO PINTO, Cristiano Paixão. *Modernidade, tempo e Direito*. Belo Horizonte: Del Rey, 2002, p. 199-209.

[197] OST, François. *O tempo do direito*. Tradução de Élcio Fernandes. Bauru: Edusc, 2005, p. 330-341.

[198] ANNONI, Danielle. *Responsabilidade do Estado pela não duração razoável do processo*. Curitiba: Juruá, 2008, p. 137.

É correto dizer que sempre há uma relativa demora na marcha processual, como expressão da própria estrutura dialética do processo.[199] O que é preciso evitar é o prolongamento excessivo e intolerável do andamento processual, o qual impede a prolação de uma decisão final com economia razoável de tempo e de recursos.[200]

Samuel Miranda Arruda anota que o "tempo razoável deve ser compreendido como o suficiente a possibilitar um justo julgamento, mas não tão excessivo que dilate de forma desnecessária a tramitação processual", a fim de que seja alcançado "um tempo de tramitação otimizado".[201] É necessário estabelecer um lapso temporal razoável para a tramitação do processo (*tempo fisiológico*), para que a decisão final seja prolatada em um interregno que não se prolongue mais do que o necessário (*tempo patológico*).[202] A duração razoável do processo visa a possibilitar a obtenção da tutela jurisdicional "em um breve prazo de tempo, isto é, dentro de um *tempo justo*".[203]

Nessa ordem de ideais, o direito fundamental à razoável duração do processo se vincula à ideia da *tempestividade* processual, dentro de um enfoque de efetividade da tutela jurisdicional voltada à garantia do acesso à ordem jurídica justa e da satisfação do direito material em um prazo tolerável.[204] Por seu turno, a *celeridade* processual é entendida como a rapidez incondicional do processo e a busca a todo custo pela aceleração do processo, inclusive mediante a supressão de direitos fundamentais e garantias processuais.[205]

De tal sorte, a tempestividade não se confunde com a celeridade, já que "prestação jurisdicional em prazo razoável não é o mesmo que prestação jurisdicional

---

[199] MARINONI, Luiz Guilherme. O custo e o tempo do processo civil brasileiro. *Revista da Faculdade de Direito da Universidade Federal do Paraná*, Curitiba, vol. 37, p. 44-45, 2002. Ítalo Andolina e Giuseppe Vignera observam que o processo "é uma entidade essencialmente dinâmica já que não exaure o seu ciclo vital em um só instante, mas é destinado a se desenvolver no tempo, tendo por isso uma sua (insuprimível, porque fisiológica) duração" própria (ANDOLINA, Ítalo; VIGNERA, Giuseppe. *I fondamenti costituzionali della giustizia civile*: il modelo costituzionale del processo civile italiano. 2. ed., Torino: G. Giappichelli Editore, 1997, p. 95, tradução livre).

[200] DIAS, Ronaldo Brêtas de Carvalho. As reformas do Código de Processo Civil e o processo constitucional. *In*: DIAS, Ronaldo Brêtas; NEPOMUCENO, Luciana Diniz (Coord.). *Processo civil reformado*. Belo Horizonte: Del Rey, 2007, p. 220.

[201] ARRUDA, Samuel Miranda. *O direito fundamental à razoável duração do processo*. Brasília: Brasília Jurídica, 2006, p. 93; 207.

[202] TUCCI, José Rogério Cruz e. Duração razoável do processo (art. 5°, LXXVIII, da Constituição Federal). *In*: JAYME, Fernando Gonzaga; FARIA, Juliana Cordeiro de; LAUAR, Maira Terra (Coord.). *Processo Civil – novas tendências*: estudos em homenagem ao Professor Humberto Theodoro Júnior. Belo Horizonte: Del Rey, 2008, p. 435-436.

[203] TUCCI, José Rogério Cruz e. *Tempo e processo*: uma análise empírica das repercussões do tempo na fenomenologia processual (civil e penal). São Paulo: Revista dos Tribunais, 1998, p. 87-88.

[204] ZAVASCKI, Teori Albino. *Antecipação da tutela*. 4. ed., São Paulo: Saraiva, 2005, p. 65.

[205] MOREIRA, José Carlos Barbosa. *Temas de Direito Processual*: sexta série. São Paulo: Saraiva, 1991, p. 21-22.

célere".²⁰⁶ O direito fundamental à duração razoável do processo não traduz "uma urgencialidade na prestação jurisdicional".²⁰⁷ O processo sem dilações indevidas é aquele que permite a proteção jurisdicional dos direitos em tempo adequado, o que não significa a obtenção de uma "justiça acelerada"²⁰⁸ ou de uma "jurisdição relâmpago".²⁰⁹

O processo tempestivo – isto é, com razoável duração – "não significa, necessariamente, um processo veloz, mas um processo que deve andar com certa rapidez, de modo que as partes tenham uma prestação jurisdicional em tempo hábil".²¹⁰ A tempestividade processual está relacionada com a garantia da tramitação e conclusão do processo dentro de um prazo razoável, conforme as particularidades do caso concreto e desde que respeitados os outros direitos fundamentais, especialmente os do contraditório e da ampla defesa.²¹¹

Por outro lado, a celeridade processual pode adquirir um sentido de imprópria aceleração do procedimento de "proteção jurídica que se traduza em diminuição de garantias processuais e materiais (prazo de recurso, supressão de instâncias excessivas)", o que conduz "a uma justiça pronta mas materialmente injusta".²¹² A busca frenética pela agilidade processual torna inadequada a *temporalidade*²¹³ da proteção judicial, uma vez que um processo puramente veloz não adquire o condão de tutelar satisfatoriamente as garantias processuais e o direito material em discussão.

O direito fundamental à razoável duração do processo não permite a aceleração do trâmite processual em detrimento das demais garantias processuais constitucionais. A tempestividade do processo não equivale à rapidez processual

---

²⁰⁶ RODRIGUES, Clóvis Fedrizzi. Direito fundamental à duração razoável do processo. *Revista IOB de Direito Civil e Processual Civil*, ano XI, n. 63, p. 84, jan./fev. 2010.

²⁰⁷ GOMES, Magno Federici; SOUSA, Isabella Saldanha de. A efetividade do processo e a celeridade do procedimento sob o enfoque da teoria neo-institucionalista. *Revista IOB de Direito Civil e Processual Civil*, Porto Alegre, v. 9, n. 57, p. 70, jan./fev. 2009.

²⁰⁸ SOUSA, Michele Faria de. O procedimento dos Juizados Especiais Cíveis e efetividade do processo. *In*: TAVARES, Fernando Horta (Coord.). *Urgências de tutela*. Curitiba: Juruá, 2007, p. 164.

²⁰⁹ LEAL, Rosemiro Pereira. A judiciarização do processo nas últimas reformas do CPC brasileiro. *In*: DIAS, Ronaldo Brêtas; NEPOMUCENO, Luciana Diniz (Coord.). *Processo civil reformado*. Belo Horizonte: Del Rey, 2007, p. 259.

²¹⁰ SILVA, José Afonso da. *Comentário contextual à Constituição*. São Paulo: Malheiros, 2006, p. 176.

²¹¹ DIAS, Ronaldo Brêtas de Carvalho. Direito à jurisdição eficiente e garantia da razoável duração do processo na reforma do Judiciário. *Revista de processo*, São Paulo, ano 30, n. 128, p. 166-167, out. 2005; THEODORO JUNIOR, Humberto. Constituição e processo: desafios constitucionais da reforma do processo civil no Brasil. *In*: MACHADO, Felipe Daniel Amorim; CATTONI DE OLIVEIRA, Marcelo Andrade (Coord.). *Constituição e Processo*: a contribuição do processo ao constitucionalismo democrático brasileiro. Belo Horizonte: Del Rey, 2009, p. 244-245.

²¹² CANOTILHO, J. J. Gomes. *Direito Constitucional e Teoria da Constituição*. Coimbra: Almedina, 2002, p. 493.

²¹³ A ideia da *temporalidade adequada* é utilizada no estudo de Samuel Miranda Arruda sobre a busca da noção do *tempo*, e se define como "requisito à legitimidade da decisão" (ARRUDA, Samuel Miranda. *O direito fundamental à razoável duração do processo*. Brasília: Brasília Jurídica, 2006, p. 277 *et seq.*).

já que, diversamente, contém a "noção de tempo necessário à preservação das demais garantias processuais"[214] dentro do escopo de concretização do processo justo. O objetivo de celeridade processual com prejuízo do contraditório, da ampla defesa, da motivação decisória, do duplo grau de jurisdição ou da produção probatória revela-se contrário à democracia e frauda a própria Constituição. Enfim, o "processo justo não é necessariamente o que é mais célere, mas sim aquele no qual há o mais fino equilíbrio entre o tempo requerido e a segurança jurídica obtida".[215]

A definição da razoável duração do processo como direito fundamental não significa a busca pela celeridade processual a todo custo, em face da necessidade de proteção das demais garantias processuais sob o enfoque do princípio constitucional da segurança jurídica. É preciso que os avanços na busca pela efetividade da tutela jurisdicional possam ser aproveitados em conjugação com as demais garantias processuais. A conciliação entre a tempestividade processual e a ampla defesa afirma uma tutela jurisdicional condizente com o Estado Democrático de Direito.

4.3 O PROCESSO JUSTO COMO A HARMONIZAÇÃO ENTRE A LEGITIMIDADE DO PROVIMENTO E A EFETIVIDADE DA TUTELA JURISDICIONAL

Firmados os três pilares que estruturam o processo justo, conclui-se que, na verdade, é exatamente o *equilíbrio* entre eles que permite a obtenção de um provimento jurisdicional *simultaneamente legítimo e efetivo*. A justeza processual não se resume apenas à esfera de *proteção* das garantias processuais de legitimidade do provimento, ou à *tutela* do contraditório. É necessário, também, que o processo consista em instrumento de *satisfação* do direito material subjetivo e de *realização* dos direitos fundamentais assegurados na Constituição.

Nessa perspectiva, as próprias noções de *legitimidade* e de *efetividade*[216] se entrelaçam. A legitimidade democrática da atividade jurisdicional não se atém à esfera de proteção do contraditório e da fundamentação racional decisória, já que o provimento legítimo também é concomitantemente adequado à materialização de esferas

---

[214] ARRUDA, Samuel Miranda. *O direito fundamental à razoável duração do processo*. Brasília: Brasília Jurídica, 2006, p. 19.

[215] KOEHLER, Frederico Augusto Leopoldino. *A razoável duração do processo*. 2. ed., Salvador: Jus Podivm, 2013, p. 33.

[216] É possível diferenciar os conceitos de eficiência, eficácia e efetividade: eficiência significa a virtude de produzir certo efeito, vale dizer, a capacidade de obtenção de produtos mais elevados (resultados, produtividade, desempenho) mediante a utilização racionalmente econômica dos recursos disponíveis; já a eficácia retrata a capacidade de organização da atividade de forma a melhor atingir os resultados propostos; já a efetividade denota a concreta produção de efeitos, isto é, a capacidade de a atividade responder às exigências e necessidades respectivas, mediante concentração de recursos e esforços (PASSOS, José Joaquim Calmon de. Cidadania e efetividade do processo. *Revista Síntese de Direito Civil e Processual Civil*, Porto Alegre, v. 1, n. 1, p. 30-31, set./out. 1999; SANTOS, Marina França. *Fundamentos da garantia constitucional do duplo grau de jurisdição*. 2011. 151 f. Dissertação (Mestrado) – Faculdade de Direito, Universidade Federal de Minas Gerais, Belo Horizonte, 2011, p. 25-37).

subjetivas e direitos fundamentais. De maneira semelhante, a efetividade processual não se restringe à aptidão do processo de satisfazer o direito material em um lapso de tempo razoável, mas igualmente se relaciona com a procedimentalização de uma atividade jurisdicional calcada no respeito às demais garantias processuais constitucionais.

Sobre a legitimidade da jurisdição, vale transcrever o ensinamento de Luiz Guilherme Marinoni:

> Contudo, a participação das partes no procedimento, embora importante, é insuficiente para garantir a legitimidade da jurisdição. A parte, além de ter o direito de participar do processo, possui o direito ao procedimento adequado à tutela do direito material. (...). Ou seja, a legitimidade da jurisdição, inclusive para que lhe seja possível tutelar os direitos, exige a compreensão de que o processo deve se mostrar apto à tutela do direito material. O processo, nessa perspectiva, exige mais um *plus* em relação à fria e neutra concepção de relação jurídica processual.
>
> Mas é necessário ainda mais. Para a legitimidade da jurisdição não basta a participação e a adequação do procedimento às necessidades do direito material, sendo ainda necessária a legitimidade do procedimento diante dos direitos fundamentais (...).[217]

Por sua vez, acerca da efetividade do processo, José Roberto dos Santos Bedaque leciona que:

> *Processo efetivo* é aquele que, observado o equilíbrio entre os valores *segurança* e *celeridade*, proporciona às partes o resultado desejado pelo direito material. Pretende-se aprimorar o instrumento estatal destinado a fornecer a tutela jurisdicional. Mas constitui perigosa ilusão pensar que simplesmente conferir-lhe celeridade é suficiente para alcançar a tão almejada efetividade. Não se nega a necessidade de reduzir a demora, mas não se pode fazê-lo em detrimento do mínimo de segurança, valor também essencial ao processo justo. Em princípio, não há efetividade sem contraditório e ampla defesa. A celeridade é apenas mais uma das garantias que compõem a idéia de devido processo legal, não a única. A morosidade excessiva não pode servir de desculpa para o sacrifício de valores também fundamentais, pois ligados à segurança do processo.[218]

Nesse cenário, é imprescindível a conquista do *ponto de equilíbrio* entre a *tempestividade processual* e a *segurança jurídica*.[219] De nada adianta um processo com razoável duração, mas que implique prejuízos ao contraditório, à ampla defesa ou

---

[217] MARINONI, Luiz Guilherme. Da teoria da relação jurídica processual ao processo civil do Estado constitucional. *Revista dos Tribunais*, São Paulo, vol. 852, ano 95, p. 14, out. 2006. Em sentido semelhante: BEDAQUE, José Roberto dos Santos. *Direito e processo*: influência do direito material sobre o processo. 5. ed., São Paulo: Malheiros, 2009, p. 19-20.

[218] BEDAQUE, José Roberto dos Santos. *Efetividade do processo e técnica processual*. 3. ed., São Paulo: Malheiros, 2010, p. 49, destaques no original.

[219] MOREIRA, José Carlos Barbosa. *Temas de Direito Processual*: nona série. São Paulo: Saraiva, 2007, p. 31-32; WELSCH, Gisele Mazzoni. A razoável duração do processo (art. 5º, LXXVIII, da CF/88) como garantia constitucional. *In*: MOLINARO, Carlos Alberto; MILHORANZA, Mariângela Guerreiro;

à produção probatória necessária ao deslinde da causa; ao mesmo tempo, é indevido um processo que, embora assecuratório da ampla defesa, seja excessivamente lento, acarrete procrastinações infindáveis e a perpetuação infinita do exercício do contraditório sem que haja justificativas objetivas diante dos elementos da causa.[220] A tempestividade processual não se confunde com a precipitação ou aceleração procedimental, da mesma forma que o contraditório e a segurança jurídica não equivalem à eternização de discussões.[221] No ponto, José Carlos Barbosa Moreira entende que:

> Cabe agora uma palavra de advertência para alguns riscos a que está sujeito o pensamento ordenado à efetividade do processo. Consiste o primeiro na tentação de arvorar a efetividade em valor absoluto: nada importaria senão tornar mais efetivo o processo, e nenhum preço seria excessivo para garantir o acesso a tal meta. É esquecer que no direito, como na vida, a suma sabedoria consiste em conciliar, tanto quanto possível, solicitações contraditórias, inspiradas em interesses opostos e igualmente valiosos, de forma que a satisfação de um deles não implique o sacrifício total de outro.[222]

Em sentido semelhante, são adequadas as palavras de Frederico Koehler:

> Em verdade, o antagonismo entre celeridade processual e segurança jurídica é apenas aparente, e o que garantirá a aplicação da justiça ao caso concreto, ao fim e ao cabo, é o equilíbrio entre ambas. Deve o legislador, portanto, colocar os dois princípios em uma balança, sopesando-os com prudência, para que não exista, de um lado, celeridade excessiva, que pode gerar injustiça da decisão, e, de outro, uma perpetuação de discussões e recursos, que prolonguem indefinidamente a prestação da justiça. (...). A busca de equilíbrio entre tempo de tramitação processual e segurança jurídica é consectário da aplicação do princípio da dignidade da pessoa humana no direito processual civil.[223]

É óbvio que a obtenção do *meio-termo* entre a duração razoável do processo e a proteção da ampla defesa é extremamente difícil, já que a respectiva aferição não é realizada de modo *a priori*, mas, sim, diante das particularidades do caso concreto. Muitas vezes, o objetivo de tempestividade processual é atenuado em prol da extensão no tempo do exercício do direito de defesa das partes, desde que as

---

PORTO, Sérgio Gilberto (Coord.) *Constituição, jurisdição e processo*: estudos em homenagem aos 55 anos da Revista Jurídica. Porto Alegre: Notadez, 2007, p. 362-363.

[220] BEDAQUE, José Roberto dos Santos. *Efetividade do processo e técnica processual*. 3. ed., São Paulo: Malheiros, 2010, p. 79.

[221] GAJARDONI, Fernando da Fonseca. *Técnicas de aceleração do processo*. São Paulo: Lemos & Cruz, 2003, p. 41.

[222] MOREIRA, José Carlos Barbosa. *Temas de Direito Processual*: sexta série. São Paulo: Saraiva, 1991, p. 21-22.

[223] KOEHLER, Frederico Augusto Leopoldino. *A razoável duração do processo*. 2. ed., Salvador: Jus Podivm, 2013, p. 33-34.

peculiaridades dos fatos envolvidos na causa requeiram uma instrução probatória mais complexa. Por outro lado, também é possível que rígidas formalidades legais ou o próprio contraditório tenham que ser abrandados na busca da realização concreta do direito material.

Na ideia do processo justo, portanto, nenhuma das garantias constitucionais processuais possui uma aplicabilidade absoluta. Justamente porque a legitimidade do provimento e a efetividade da tutela são conceitos entrelaçados, é possível que um provimento legítimo e efetivo seja obtido por meio da amenização – e não violação – do exercício da garantia constitucional do contraditório, contanto que a necessidade de satisfação imediata do direito material se mostre mais adequada para o caso concreto. No ponto, confira o entendimento de Humberto Theodoro Júnior proferido em duas passagens de textos diferentes:

> Enfim, quando se afirma o caráter absoluto do princípio do contraditório, o que se pretende dizer é que nenhum processo ou procedimento pode ser disciplinado sem assegurar às partes a regra de isonomia no exercício das faculdades processuais. Disso não decorre, porém, a supremacia absoluta e plena do contraditório sobre todos os demais princípios. O devido processo legal, síntese geral da principiologia da tutela jurisdicional, exige que o contraditório, às vezes, tenha de ceder momentaneamente a medidas indispensáveis à eficácia e efetividade da garantia de acesso ao processo justo.[224]
>
> Se o contraditório é uma garantia inafastável do processo judicial democrático – e isto ninguém contesta –, nem por isto se há de anatematizar todo e qualquer esforço para reduzir a injusta demora na duração do processo. Essa redução pode (e deve) perfeitamente ocorrer desde que, razoavelmente, se preserve uma adequada oportunidade para o contraditório.
>
> A técnica do constitucionalismo contemporâneo é a de que não há princípios absolutos em seus domínios. Todos os princípios constitucionais são mais ou menos fluidos e suscetíveis de recíproca intercorrência. Entretanto, nenhum deles anula os demais, de maneira que cumpre ao intérprete buscar, segundo os critérios da razoabilidade e da proporcionalidade, uma forma de harmonizá-los, fazendo com que convivam, nas situações concretas de aparente conflito, em lugar de proclamar, simplesmente, a supremacia absoluta de um deles.[225]

Por outro lado, é certo que essa possibilidade não significa que o processo pode se converter em um mecanismo de supressão de garantias processuais na busca por um julgamento que se mostre unicamente célere. Como ressalta Aroldo Plínio Gonçalves,

---

[224] THEODORO JUNIOR, Humberto. *Curso de Direito Processual Civil*: teoria geral do direito processual civil e processo de conhecimento. 43. ed., Rio de Janeiro: Forense, 2005. v. I, p. 30.
[225] THEODORO JUNIOR, Humberto. Constituição e processo: desafios constitucionais da reforma do processo civil no Brasil. *In*: MACHADO, Felipe Daniel Amorim; CATTONI DE OLIVEIRA, Marcelo Andrade (Coord.). *Constituição e Processo*: a contribuição do processo ao constitucionalismo democrático brasileiro. Belo Horizonte: Del Rey, 2009, p. 245-246.

uma decisão "não se qualifica como justa apenas pelo critério da rapidez",[226] tendo em vista que a ordem constitucional não autoriza a violação da garantia constitucional do contraditório em nome do andamento rápido do processo.

Nesse contexto, é preciso uma nota de ressalva a fim de evitar uma compreensão que consideramos equivocada acerca da teoria da *instrumentalidade processual*. A nosso ver, a ideia do processo como *instrumento* de satisfação do direito material não se confunde com a sua utilização como subterfúgio para a prática do decisionismo judicial, e nem tampouco corresponde ao objetivo de máxima rapidez em detrimento das demais garantias fundamentais, inclusive as do contraditório e da ampla defesa.

Essa observação é necessária já que, para uma parcela doutrinária, a noção do processo como *instrumento da jurisdição* significa conferir ao juiz a possibilidade de um exercício arbitrário da função jurisdicional.[227] Porém, comungamos de entendimento diverso sobre o que é a instrumentalidade do processo, o qual, a nosso ver, está mais adequado ao Estado Democrático de Direito. Quando assim defendemos, não estamos – é bom ressaltar – adotando puramente a teoria da instrumentalidade do processo idealizada por Cândido Rangel Dinamarco, pois é possível que dela se conclua, *a depender da interpretação que lhe é dada*, que há a possibilidade de um exercício axiológico da jurisdição em virtude da previsão de escopos metajurídicos alcançáveis por meio da sensibilidade do julgador.[228]

Na medida em que a legitimidade do provimento e a efetividade da tutela passam a se interrelacionar, o caráter instrumental do processo se conjuga com o indispensável respeito às garantias constitucionais processuais, especialmente as do contraditório, da ampla defesa, da motivação das decisões judiciais e do juízo natural.[229] Nessa toada, o processo retrata um *instrumento não-decisionista da jurisdição*, já que visa à satisfação do direito material e à concretização dos direitos fundamentais sem que haja margens para a sua utilização como pretexto para a exteriorização de convicções particulares ou de sentimentos íntimos do julgador. E isso apenas é possível porque o processo, para que seja legítimo e efetivo, gera a necessidade de prolação de uma decisão judicial obtida através da participação influente dos interessados, a qual é fundamentada nas alegações e nas provas simetricamente produzidas pelas partes, e que é coerente com a evolução histórico-institucional da sociedade.

---

[226] GONÇALVES, Aroldo Plínio. *Técnica Processual e Teoria do Processo*. Rio de Janeiro: Aide, 1992, p. 124-125.

[227] Apenas a título exemplificativo, cite-se: LEAL, André Cordeiro. *Instrumentalidade do processo em crise*. Belo Horizonte: Mandamentos, 2008; LEAL, Rosemiro Pereira. *Teoria geral do processo*: primeiros estudos. 10. ed., Rio de Janeiro: Forense, 2011.

[228] DINAMARCO, Cândido Rangel. *A instrumentalidade do processo*. 14. ed., São Paulo: Malheiros, 2009, p. 359-364.

[229] THEODORO JUNIOR, Humberto. *O processo civil brasileiro no limiar do novo século*. Forense: Rio de Janeiro, 1999, p. 02, destaques no original; ANDRADE, Érico. *O Mandado de Segurança*: a busca da verdadeira especialidade (proposta de releitura à luz da efetividade do processo). Rio de Janeiro: Lumen Juris, 2010, p. 135-136.

Portanto, o processo como instrumento da jurisdição permite viabilizar a concretização das normas constitucionais e dos direitos fundamentais e a satisfação do direito material dentro de um enfoque democrático de processo justo, o qual prima pelo igual respeito ao contraditório e à motivação das decisões judiciais.[230] A própria noção de *direito processual constitucional* se baseia em uma "relação de *instrumentalidade necessária* intercorrente entre o direito substantivo e o processo".[231] Trata-se, a nosso ver, de uma perspectiva *substancial* do instrumentalismo processual – que ultrapassa uma visão meramente *nominal* ou *formal* –, a qual permite ao processo cumprir a "sua primordial vocação que é a de servir de instrumento à efetiva realização dos direitos".[232]

De fato, o processo não pode – e não deve – se transformar em um "simples repositório de formas e praxes dos pleitos jurídicos".[233] A instrumentalidade do processo, ao estabelecer que os institutos processuais sejam aplicados de acordo com as necessidades do direito material, requer "menos tecnicismo e mais justiça".[234] Com isso, "nenhum requisito formal pode se converter em obstáculo que impeça injustificadamente um pronunciamento sobre o mérito",[235] sendo inadmissível que haja óbices provenientes de um formalismo excessivo e inadequado às necessidades do direito material.

A instrumentalidade processual não subordina o devido processo legal a rígidas formalidades legais, pois é compatível a adoção de um sistema de formas flexíveis e elásticas. Dessa maneira, impede-se que a "discricionariedade dos poderes do juiz não corra nunca o risco de converter-se em arbítrio", pois os seus "limites técnicos" são encontrados nos princípios constitucionais "que integram os requisitos do processo équo e justo".[236]

A produção de resultados efetivos na prática social também se insere na concepção do processo justo.[237] No Estado Democrático de Direito, a garantia da proteção

---

[230] BEDAQUE, José Roberto dos Santos. *Efetividade do processo e técnica processual*. 3. ed., São Paulo: Malheiros, 2010, p. 80.

[231] COMOGLIO, Luigi Paolo. Garanzie costituzionali e 'giusto processo' (modelli a confronto). *Revista de Direito Comparado*, Belo Horizonte: UFMG, v. 2, n. 2, p. 268, mar./1998, tradução livre, destaques no original.

[232] WATANABE, Kazuo. *Da cognição no processo civil*. 2. ed., Campinas: Bookseller, 2000, p. 19-21.

[233] THEODORO JUNIOR, Humberto. Celeridade e efetividade da prestação jurisdicional: insuficiência da reforma das leis processuais. *Revista de processo*, São Paulo, ano 30, n. 125, p. 62, jul. 2005.

[234] BEDAQUE, José Roberto dos Santos. *Direito e processo*: influência do direito material sobre o processo. 5. ed., São Paulo: Malheiros, 2009, p. 19.

[235] LLORENTE, Francisco Rubio. *Derechos fundamentales y principios constitucionales*: doctrina jurisprudencial. Barcelona: Ariel, 1995, p. 268, tradução livre.

[236] COMOGLIO, Luigi Paolo. Garanzie costituzionali e 'giusto processo' (modelli a confronto). *Revista de Direito Comparado*, Belo Horizonte: UFMG, v. 2, n. 2, p. 317, mar./1998, tradução livre.

[237] BEDAQUE, José Roberto dos Santos. *Efetividade do processo e técnica processual*. 3. ed., São Paulo: Malheiros, 2010, p. 80; GONÇALVES, Gláucio Maciel. Direito e tempo. *In*: JAYME, Fernando

judicial e da tutela jurisdicional efetiva são direitos fundamentais que expressam a democracia, a cidadania e a dignidade da pessoa humana, pois a atuação da jurisdição é alcançada através de um processo que produz o melhor resultado prático:[238]

> O processo que lega ao novo milênio é o da *efetividade*, no qual não se cinge o Judiciário a dar aos litigantes uma solução conforme a lei vigente, mas a que tenha como compromisso maior o de alcançar e pronunciar, no menor tempo possível, e com o mínimo sacrifício econômico, a melhor composição do litígio: a *justa composição*. A garantia do *devido processo legal*, herdada dos séculos anteriores, tornou-se, em nosso tempo, a garantia do *processo justo*. Somente com esse remédio de *efetividade* plena da ordem jurídica, em todos os seus modernos anseios, é que se pode compreender a tutela jurisdicional desenvolvida hodiernamente por meio de processo.[239]

Portanto, a exacerbação de tecnicismos processuais e o "culto da forma pela forma, do rito pelo rito",[240] não se adéquam à ideia do processo justo, em face dos obstáculos que são impostos ao acesso à justiça, ao acertamento do mérito da relação de direito substancial, à materialização dos direitos fundamentais e à satisfação do bem material.[241] Esse entendimento não autoriza a transgressão das garantias constitucionais do contraditório, da ampla defesa, da motivação decisória e do juízo natural em prol de uma jurisdição exercida de forma menos morosa e com maior impacto sobre a realidade social.

Cândido Rangel Dinamarco entende que é preciso que o processo seja "apto a produzir *resultados justos*".[242] Para Luigi Paolo Comoglio, a "moderna *instrumentalidade* do processo" é caracterizada a partir de uma "*conotação deontológica*" e visa "a preservar não apenas os escopos e os perfis técnicos, mas também os *aspectos éticos* do procedimento judicial". Essa instrumentalidade "exige que as garantias

---

Gonzaga; FARIA, Juliana Cordeiro de; LAUAR, Maira Terra (Coord.). *Processo civil – novas tendências*: homenagem ao Ministro Sálvio de Figueiredo Teixeira. Belo Horizonte: Del Rey, 2011, p. 290.

[238] GRECO, Leonardo. *Estudos de Direito Processual*. Campos dos Goytacazes: Faculdade de Direito de Campos, 2005, p. 225 *et seq.*; DINAMARCO, Cândido Rangel. *Instituições de Direito Processual Civil*. 6. ed., São Paulo: Malheiros, 2009. v. I, p. 110-112; WELSCH, Gisele Mazzoni. A razoável duração do processo (art. 5º, LXXVIII, da CF/88) como garantia constitucional. *In*: MOLINARO, Carlos Alberto; MILHORANZA, Mariângela Guerreiro; PORTO, Sérgio Gilberto (Coord.). *Constituição, jurisdição e processo*: estudos em homenagem aos 55 anos da Revista Jurídica. Porto Alegre: Notadez, 2007, p. 361.

[239] THEODORO JUNIOR, Humberto. *O processo civil brasileiro no limiar do novo século*. Forense: Rio de Janeiro, 1999, p. 02.

[240] PASSOS, José Joaquim Calmon de. *Direito, poder, justiça e processo*: julgando os que nos julgam. Rio de Janeiro: Forense, 1999, p. 69.

[241] JAYME, Fernando Gonzaga. Os problemas da efetiva garantia de proteção judicial perante o Poder Judiciário brasileiro. *In*: JAYME, Fernando Gonzaga; FARIA, Juliana Cordeiro de; LAUAR, Maira Terra (Coord.). *Processo Civil – novas tendências*: estudos em homenagem ao Professor Humberto Theodoro Júnior. Belo Horizonte: Del Rey, 2008, p. 247; BEDAQUE, José Roberto dos Santos. *Efetividade do processo e técnica processual*. 3. ed., São Paulo: Malheiros, 2010, p. 26.

[242] DINAMARCO, Cândido Rangel. *Nova era do processo civil*. São Paulo: Malheiros, 2004, p. 13.

formais do processo nunca sejam os fins a si mesmos", já que concorrem em um plano institucional para a obtenção "de *resultados decisórios coerentes* com os *valores* de *equidade substancial* e de *justiça procedimental*" consagrados em normas constitucionais e convenções internacionais. Para o autor, é justamente a incidência dos "*perfis éticos-morais* e *deontológicos*" que faz do processo um "*instrumento* eficiente de progresso evolutivo do ordenamento constitucional e jurídico, não mais dominado por um rígido formalismo como um fim em si próprio ou pelas garantias puramente abstratas de *legalidade procedimental*".[243]

A justeza processual pressupõe que o processo está envolto nas mais elementares liberdades constitucionais e garantias processuais. A conjugação equilibrada da ampla defesa e da tempestividade do processo afirma uma prestação jurisdicional de qualidade e condizente com os ideais de um Estado Democrático de Direito. As garantias processuais e a busca por uma prestação jurisdicional efetiva não são ideias antônimas e contrapostas, inclusive porque a própria efetividade da jurisdição representa também um direito fundamental. Nessa tônica, "a correta observância dos direitos constitucionalmente assegurados às partes não exclui, antes pressupõe, uma eficiente atuação da Justiça".[244]

De fato, um dos grandes desafios do Direito Processual Civil consiste justamente em conciliar a instrumentalidade com o garantismo processual,[245] diante da dificuldade de obter um ponto de harmonia apto a conjugar, no caso concreto, a concretização de uma prestação jurisdicional que transcorra em prazo razoável (tempestividade) e com respeito à estrutura constitucional de proteção das garantias processuais (segurança jurídica).[246]

A estruturação do processo de maneira *adequada* ao direito material é essencial para alcançar um resultado prático também adequado.[247] Na lição de Luigi Paolo

---

[243] COMOGLIO, Luigi Paolo. Garanzie costituzionali e 'giusto processo' (modelli a confronto). *Revista de Direito Comparado*, Belo Horizonte: UFMG, v. 2, n. 2, p. 271-272; 320, mar./1998, tradução livre, destaques no original.

[244] ARRUDA, Samuel Miranda. *O direito fundamental à razoável duração do processo*. Brasília: Brasília Jurídica, 2006, p. 110.

[245] CAMBI, Eduardo. Neoconstitucionalismo e Neoprocessualismo. *Panóptica*. Vitória, ano 1, n. 6, fev./2007, p. 37-38. Disponível em: http://www.panoptica.org/seer/index.php/op/article/view/59. Acesso em: 18 set. 2014. Gabriel de Oliveira Zéfiro aduz que o grande "desafio da ciência processual do início deste novo século" é a "busca por uma proporcionalidade razoável entre a necessidade de amadurecer a decisão pelo exercício da defesa da forma mais ampla possível e o aumento da velocidade na efetivação da tutela jurisdicional" (ZÉFIRO, Gabriel de Oliveira. O direito à razoável duração da demanda. *In*: ANDRADE, André Gustavo Corrêa de (Org.). *A constitucionalização do Direito*: a Constituição como *locus* da hermenêutica jurídica. Rio de Janeiro: Lumen Juris, 2003, p. 370).

[246] MOREIRA, José Carlos Barbosa. *Temas de Direito Processual*: nona série. São Paulo: Saraiva, 2007, p. 31-32.

[247] DIDIER JR., Fredie. Notas sobre a garantia constitucional do acesso à justiça: o princípio do direito de ação ou da inafastabilidade do Poder Judiciário. *Revista de processo*, São Paulo, ano 27, n. 108, p. 23-31, out./dez. 2002.

Comoglio, na proporção em que a garantia da razoável duração do processo se insere na noção do processo justo, o princípio da efetividade resguarda "não apenas o direito individual ao processo e à jurisdição, mas também o direito a uma adequada forma de tutela das situações a serem protegidas em sede jurisdicional".[248] Igualmente, Mauro Cappelletti ensina que:

> O direito processual não é, realmente, um fim em si mesmo, porém instrumento voltado ao objetivo da tutela do direito *substancial*, público ou privado; este é na verdade e por assim dizer *ao serviço* do direito material, do qual tende a garantir a efetividade, ou melhor, a observância e, para o caso de inobservância, a reintegração.
>
> A instrumentalidade do direito processual e, portanto, da técnica do processo, impõe, porém, uma consequência de grande alcance. Como qualquer instrumento, também aquele direito e aquela técnica devem realmente adequar-se, adaptar-se, conformar-se o mais estreitamente possível à particular natureza de seu objeto e de sua finalidade, ou seja, à natureza particular do direito substancial e à finalidade de tutelar os institutos do mencionado direito. Tanto mais um sistema processual será perfeito e eficaz, quanto mais for capaz de adaptar-se sem incoerências, sem discrepâncias, àquela natureza e àquela finalidade.[249]

Por essa razão, a chamada *calendarização do processo* (ou calendário processual) aparece como boa alternativa à conjugação da tempestividade processual com o princípio constitucional da segurança jurídica. Ao partir da concepção de que cada causa recebe um tratamento individualizado, a calendarização do processo significa que o juiz, em conjunto com as partes, fixa o calendário do processo.

Com isso, são previstas, no início do processo, as datas para a prática dos atos processuais de instrução e de apresentação de peças de defesa, bem como o momento da prolação da decisão, de modo a oferecer às partes um prévio planejamento e um prognóstico aproximado de duração do feito.[250] O CPC/2015, inclusive, expressamente prevê que "De comum acordo, o juiz e as partes podem fixar calendário para a prática dos atos processuais, quando for o caso", sendo que o calendário processual "vincula as partes e o juiz, e os prazos nele previstos somente serão modificados em casos excepcionais, devidamente justificados" (art. 191, *caput* e §1º).

Enfim, a conciliação entre a *proteção* das garantias processuais e a *satisfação* do direito material é essencial para a obtenção de uma prestação jurisdicional *qualitativa*,

---

[248] COMOGLIO, Luigi Paolo. Ideologie consolidate e riforme contingenti del processo civile. *Rivista di Diritto Processuale*, Padova, Cedam, anno LXV, n. 3, p. 529, 2010.

[249] CAPPELLETTI, Mauro. *Processo, ideologias e sociedade*. Tradução de Hermes Zaneti Junior. Porto Alegre: Sergio Antonio Fabris, 2010. v. 2, p. 31-32, destaques no original.

[250] ANDRADE, Érico. As novas perspectivas do gerenciamento e da 'contratualização' do processo. *In*: JAYME, Fernando Gonzaga; FARIA, Juliana Cordeiro de; LAUAR, Maira Terra (Coord.). *Processo civil – novas tendências*: homenagem ao Ministro Sálvio de Figueiredo Teixeira. Belo Horizonte: Del Rey, 2011, p. 155-157.

a qual se estruture em termos de *legitimidade* do provimento e de *efetividade* da tutela. Para tanto, a ideia do *processo justo* vem exatamente para servir de instrumento para viabilizar a harmonia entre a tempestividade processual e a segurança jurídica. Com isso, o resultado advindo do exercício da atividade jurisdicional (provimento) é obtido em um lapso temporal razoável, de forma fundamentada e com aptidão para concretizar direitos subjetivos e direitos fundamentais, através de um procedimento que assegure a tutela ampla de garantias processuais e que seja adequado às particularidades da causa.

De acordo com Luigi Paolo Comoglio, a teoria do processo justo (*giusto processo*) tem como objetivo a combinação de todas as garantias processuais, de modo que a razoável duração do processo é concretizada com a observância do contraditório, da ampla defesa, da motivação decisória, do direito à prova, dentre outros direitos fundamentais.[251] No entendimento de Vittorio Denti, as garantias do contraditório e da razoável duração do processo devem "prevalecer sob a ótica do balanceamento dos valores que é própria da interpretação constitucional".[252] Por sua vez, Humberto Theodoro Júnior afirma que:

> Realmente, a celeridade da prestação jurisdicional, embora seja uma das garantias fundamentais figurantes nas modernas Constituições dos Estados Democráticos de Direito, não é a única, devendo, por isso mesmo, conviver e harmonizar-se com outras que igualmente merecem igual prestígio constitucional. O ideal, na implantação do processo justo, é, de fato, que sua duração seja breve, mas sem impedir que o contraditório e ampla defesa se cumpram. (...). O 'processo justo', enfim, não é aquele desempenhado segundo um único e dominante princípio, mas o que permite a convivência harmoniosa de todos os princípios e garantias constitucionais pertinentes ao acesso à justiça e prestação efetiva da adequada tutela aos direitos subjetivos materiais.[253]

Portanto, a construção teórica do processo justo resolve o *dilema da jurisdição* ao propor a harmonização entre a *legitimidade do provimento* e a *efetividade da tutela jurisdicional*. Com base na *estrutura constitucional do processo justo*, conclui-se que a fundamentação democrática da jurisdição é extraída não só da concretização das garantias constitucionais do contraditório e da motivação decisória, como também da transformação da realidade social por meio do processo.

A efetividade da tutela jurisdicional é obtida quando o provimento – motivado racionalmente com base nas provas e argumentos dialeticamente apresentados pela

---

[251] COMOGLIO, Luigi Paolo. *Etica e tecnica del 'giusto processo'*. Torino: G. Giappichelli Editore, 2004, p. 162.
[252] DENTI, Vittorio. *La Giustizia Civile*. Bologna: Il Mulino, 2004, p. 82, tradução livre.
[253] THEODORO JUNIOR, Humberto. Constituição e processo: desafios constitucionais da reforma do processo civil no Brasil. *In*: MACHADO, Felipe Daniel Amorim; CATTONI DE OLIVEIRA, Marcelo Andrade (Coord.). *Constituição e Processo*: a contribuição do processo ao constitucionalismo democrático brasileiro. Belo Horizonte: Del Rey, 2009, p. 244-245.

atuação influente das partes – é proferido em um lapso de tempo razoável e com aptidão para satisfazer o direito material e concretizar direitos fundamentais. A proteção jurisdicional de situações jurídicas apenas pode ser plenamente obtida caso sejam reconhecidas ao titular do direito: a) a adequação da situação de fato à realidade jurídica reconhecida ou discutida no provimento; b) a concreta possibilidade de se valer do instrumento (isto é, do processo) através do qual é prestada a tutela jurisdicional; c) o direito à decisão sobre o mérito da pretensão; d) o direito à tempestividade da proteção jurisdicional; e) o poder de influir sobre a formação do convencimento do juiz acerca da subsistência dos pressupostos do provimento a ser emanado.[254]

Contudo, não basta apenas a elaboração *teórica* da ideia do processo justo. É necessário que seja superado o desafio de materializá-lo. Por essa razão, o próximo capítulo é destinado a firmar algumas sugestões e premissas básicas as quais, a nosso ver, são essenciais para alcançar o objetivo de *vivenciar na prática* a justeza processual.

---

[254] ANDOLINA, Ítalo; VIGNERA, Giuseppe. *I fondamenti costituzionali della giustizia civile*: il modelo costituzionale del processo civile italiano. 2. ed., Torino: G. Giappichelli Editore, 1997, p. 65.

5

ALGUMAS PREMISSAS BÁSICAS PARA ALCANÇAR O PROCESSO JUSTO

A teoria do processo justo representa uma construção teórica que visa a edificar a noção de devido processo legal que melhor está apropriada aos ideais de um Estado Democrático de Direito. O *giusto processo* se apresenta como um substrato técnico e científico que permite efetivar escopos democráticos e cívicos no processo judicial e na atividade jurisdicional.

A ordem constitucional brasileira e o CPC/2015 consagram o modelo brasileiro de processo justo por meio da previsão de um devido processo legal que, ao menos formalmente, é capaz de sintetizar e harmonizar de modo dinâmico a aplicação de um conjunto de garantias processuais fundamentais. Os textos da Constituição e do novo diploma processual civil são suficientes para a afirmação de um *due process of law* no Brasil. Todavia, a busca pela efetividade das garantias processuais, com base em um fundamento ético, também é componente essencial do *giusto processo*.

Não é desejável que a ideia do processo justo fique restrita a textos legais ou a livros, artigos, salas de aula e discussões acadêmicas. A transformação da realidade é um dos objetivos do *due process of law*. Nesse sentido, a proposta deste capítulo é estabelecer parâmetros, premissas, condições, sugestões e variáveis as quais, a nosso ver, são importantes para que seja possível a *vivência* de um *conteúdo mínimo* de justeza processual.

É certo que os tópicos a seguir desenvolvidos não exaurem e, talvez, nem mesmo são bastantes para a conquista do processo justo na prática jurídico-social. Contudo, a nossa finalidade é colaborar para que a noção do *giusto processo* passe gradativamente da teoria para a prática. É preciso compreender que, além de mudanças *jurídicas e/ou legais*, é necessária a alteração de circunstâncias *metajurídicas* (além do Direito) e *exoprocessuais* (fora do processo) que também são imprescindíveis para a materialização de uma ordem jurídica justa.

5.1 O APERFEIÇOAMENTO E A QUALIFICAÇÃO DO *ACESSO À JUSTIÇA*

Mauro Cappelletti e Bryant Garth ensinam que o acesso à justiça é "o requisito fundamental – o mais básico dos direitos humanos – de um sistema jurídico moderno e igualitário que pretenda garantir, e não apenas proclamar os direitos de todos".¹ O acesso à justiça – como expressão maior da garantia da proteção judicial dos cidadãos contra eventuais abusos, ameaças ou lesões às suas esferas jurídicas – determina duas finalidades básicas de um sistema jurídico pelo qual as pessoas reivindicam direitos e/ou resolvem litígios: "Primeiro, o sistema deve ser igualmente acessível a todos; segundo, ele deve produzir resultados que sejam individual e socialmente justos".²

Nesse contexto, o aperfeiçoamento e a qualificação do acesso à justiça constituem, indubitavelmente, uma premissa elementar para a conquista do processo justo na prática social.³ Luiz Guilherme Marinoni ressalta que "o acesso à justiça quer dizer acesso a um processo justo",⁴ o qual não só possibilita a participação efetiva das partes na elaboração da decisão judicial, como também materializa uma tutela jurisdicional tempestiva dos direitos de acordo com as especificidades do direito material.

A garantia constitucional do acesso à justiça visa a assegurar uma *sentença justa* em conformidade com a melhor interpretação dos fatos e fundamentos jurídicos da causa.⁵ O processo justo consiste em "mecanismo adequado a proporcionar não apenas acesso à justiça, mas à ordem jurídica justa", tornando-o um "instrumento apto a assegurar efetivamente os direitos estabelecidos no ordenamento jurídico material".⁶

De tal sorte, o *direito fundamental ao processo justo*, ao convergir o conjunto dos princípios constitucionais e das garantias processuais, é corolário do *acesso à ordem jurídica justa*, a qual, por sua vez, abrange: a) o livre e isonômico ingresso em juízo; b) a observância das garantias constitucionais que compõem o devido processo legal; c) a participação dialética e influente na formação do convencimento do juiz (efetividade do contraditório dinâmico); d) a adequada, efetiva e tempestiva apreciação, por um juiz natural e imparcial, das questões discutidas no processo (motivação decisória); e) a construção de técnicas processuais adequadas à tutela dos direitos materiais (instrumentalidade do processo e efetividade da tutela dos direitos).⁷

---

1 CAPPELLETTI, Mauro; GARTH, Bryant. *Acesso à justiça*. Tradução de Ellen Gracie Northfleet. Porto Alegre: Sergio Antonio Fabris, 1988, p. 12.

2 CAPPELLETTI, Mauro; GARTH, Bryant. *Acesso à justiça*. Tradução de Ellen Gracie Northfleet. Porto Alegre: Sergio Antonio Fabris, 1988, p. 08; CAPPELLETTI, Mauro. *Processo, ideologias e sociedade*. Tradução de Elício de Cresci Sobrinho. Porto Alegre: Sergio Antonio Fabris, 2008. v. 1, p. 383-393.

3 THEODORO JUNIOR, Humberto. *Direito fundamental à duração razoável do processo*. Disponível em: http://www.anima-opet.com.br/segunda_edicao/Humberto_Theodoro_Junior.pdf. Acesso em: 14 out. 2014.

4 MARINONI, Luiz Guilherme. *Novas linhas do processo civil*. 2. ed., São Paulo: Malheiros, 1996, p. 24.

5 THEODORO JUNIOR, Humberto. Celeridade e efetividade da prestação jurisdicional: insuficiência da reforma das leis processuais. *Revista de processo*, São Paulo, ano 30, n. 125, p. 64, jul. 2005.

6 BEDAQUE, José Roberto dos Santos. Os elementos objetivos da demanda examinados à luz do contraditório. *In*: TUCCI, José Rogério Cruz e; BEDAQUE, José Roberto dos Santos (Coord.). *Causa de pedir e pedido no processo civil*: questões polêmicas. São Paulo: Revista dos Tribunais, 2002, p. 14.

7 CAMBI, Eduardo. Neoconstitucionalismo e Neoprocessualismo. *Panóptica*. Vitória, ano 1, n. 6, fev./2007, p. 24-25. Disponível em: http://www.panoptica.org/seer/index.php/op/article/view/59. Acesso em: 14 out. 2014.

O acesso a uma *ordem jurídica justa* possui correspondência direta com a busca pela concretização de uma tutela jurisdicional efetiva, tempestiva e adequada.[8] A qualificação do acesso à justiça representa a concretização de princípios constitucionais, tais como o da igualdade, da cidadania e da dignidade da pessoa humana, sobretudo em face de situações nas quais a proteção judicial do cidadão está prejudicada.

A moderna concepção do princípio da inafastabilidade da jurisdição (art. 5º, XXXV, da CRFB) ultrapassa a ideia de mera garantia formal de "bater às portas do Poder Judiciário", para retratar o "acesso à ordem jurídica justa" advinda de uma "prestação jurisdicional célere, adequada e eficaz".[9] Dentro dessa visão, o princípio da inafastabilidade da jurisdição traduz a possibilidade de provocação da atuação do órgão jurisdicional e de instauração do devido processo legal embasado nas garantias constitucionais que o compõem.

O acesso à justiça, como "um direito fundamental para que os demais direitos também possam ser reivindicados",[10] compreende atividades formais – de garantia de acesso livre a todos, em condições de igualdade, ao órgão jurisdicional – e materiais – a fim de proporcionar mecanismos de efetividade da atuação do direito material.

Para Paulo Cezar Carneiro, o acesso à justiça compõe-se: a) da acessibilidade, traduzida pelo direito à informação, legitimação adequada e preocupação com as despesas processuais; b) da operosidade, expressada por uma atuação ética dos operadores jurídicos e pela utilização adequada dos institutos processuais; c) da utilidade, verificada pelo binômio segurança-celeridade; d) da proporcionalidade, revelada pela busca do menor sacrifício para o vencido e o mais proveitoso resultado para o vencedor.[11]

Todavia, a obtenção de uma ordem jurídica justa é extremamente complexa. São vários os obstáculos os quais, se não eliminados, comprometem a aproximação entre o magistrado e o jurisdicionado e, por via de consequência, prejudicam a plenitude do acesso à justiça.

---

[8] WATANABE, Kazuo. *Da cognição no processo civil.* 2. ed., Campinas: Bookseller, 2000, p. 27; OLIVEIRA, Carlos Alberto Alvaro de. *Do formalismo no processo civil.* 2. ed., São Paulo: Saraiva, 2003, p. 271; BEDAQUE, José Roberto dos Santos. *Direito e processo*: influência do direito material sobre o processo. 5. ed., São Paulo: Malheiros, 2009, p. 14-16; DINAMARCO, Cândido Rangel. *Instituições de Direito Processual Civil.* 6. ed., São Paulo: Malheiros, 2009. v. I, p. 117-119; DIDIER JR., Fredie. Notas sobre a garantia constitucional do acesso à justiça: o princípio do direito de ação ou da inafastabilidade do Poder Judiciário. *Revista de processo*, São Paulo, ano 27, n. 108, p. 28, out./dez. 2002.

[9] DIDIER JR., Fredie. *Curso de Direito Processual Civil*: teoria geral do processo e processo de conhecimento. 12. ed., Salvador: Jus Podium, 2010. v. 1, p. 68.

[10] MARINONI, Luiz Guilherme. O custo e o tempo do processo civil brasileiro. *Revista da Faculdade de Direito da Universidade Federal do Paraná*, Porto Alegre, v. 36, p. 38-39, 2001.

[11] CARNEIRO, Paulo Cezar Pinheiro. *Acesso à Justiça*: juizados especiais cíveis e ação civil pública – uma nova sistematização da teoria geral do processo. Rio de Janeiro: Forense, 1999, p. 57 *et seq*.

Luigi Paolo Comoglio enumera uma série de barreiras que obstruem o caminho direcionado à efetividade da jurisdição, dentre elas: a) uma concepção puramente "formal" de acesso às cortes e tribunais; b) uma "paridade de armas" meramente formal entre os litigantes, que é incapaz de garantir concretamente que a decisão final de mérito se relacione mais à consistência da tese argumentativa e menos à capacidade econômica de uma das partes; c) a intolerável oneração excessiva das despesas e custas processuais; d) o tempo excessivamente longo da atividade jurisdicional; e) a existência de um sistema judiciário de proteção dos hipossuficientes falho e insuficiente; f) a inadequada forma de tutela dos interesses difusos e coletivos.[12]

Por sua vez, Leonardo Greco classifica os obstáculos ao acesso à justiça da seguinte forma: a) econômicos, tais como custas e despesas processuais, honorários advocatícios e riscos de sucumbência; b) geográficos, que são decorrentes da imensidão do território brasileiro e da precária proporção entre o número de juízes e de habitantes; c) burocráticos, os quais refletem a ineficiência da estrutura judiciária, a inadequação da máquina judiciária, a baixa remuneração e a falta de formação técnico-profissional dos serventuários.[13]

Além desses obstáculos, pode-se também apontar barreiras *endógenas* (ou internas) e *exógenas* (ou externas) ao acesso à justiça. Augusto Mario Morello entende que o excesso de formalismo e a necessidade de uma adequada tutela coletiva são barreiras internas, enquanto o desconhecimento dos direitos pela população, a necessidade de efetiva assistência jurídica gratuita e as discriminações econômicas (alto custo da máquina judiciária) retratam entraves externos a uma adequada e efetiva prestação jurisdicional.[14]

Já Cesar Asfor Rocha entende que o acesso à justiça contém um núcleo mínimo formado pelos seguintes elementos: a) a segurança dos litigantes, assegurada por meio de um processo previamente estabelecido dentro de um sistema de garantias (devido processo legal); b) o tempo e os custos exigidos na sua dinamização, no sentido de que a solução da causa deve ser alcançada com duração razoável, dentro de um tempo que permita ao vencedor da causa usufruir o bem jurídico-material de maneira completa e oportuna; c) a justiça e a eficácia da decisão judicial (solução equilibrada), entendida como o potencial de adequação da sentença ao equitativo, bem como a sua potencialidade de realizar no mundo dos fatos a força do seu preceito.[15]

---

[12] COMOGLIO, Luigi Paolo. Garanzie costituzionali e 'giusto processo' (modelli a confronto). *Revista de Direito Comparado*, Belo Horizonte: UFMG, v. 2, n. 2, p. 278, mar./1998.

[13] GRECO, Leonardo. *Estudos de Direito Processual*. Campos dos Goytacazes: Faculdade de Direito de Campos, 2005, p. 205-209.

[14] MORELLO, Augusto Mario. El proceso justo (De la teoría del debito proceso legal al acceso real a la jurisdicción). *Studi in onore di Vittorio Denti*, Padova: CEDAM, 1994, V. primo, p. 486.

[15] ROCHA, Cesar Asfor. *A luta pela efetividade da jurisdição*. São Paulo: Revista dos Tribunais, 2008, p. 70-76.

Como se percebe, a garantia fundamental do acesso à justiça se refere a um problema *social* do Direito relativo "à petição de *igualdade não somente formal, senão real e efetiva igualdade* de possibilidades, de desenvolvimento da pessoa e igual dignidade do homem". A questão da acessibilidade à jurisdição se apresenta sob o aspecto da *"efetividade* dos direitos sociais" e da busca de formas e métodos novos e alternativos destinados à proteção dos cidadãos contra eventuais abusos, ameaças ou lesões às suas esferas jurídicas, decorrentes do próprio aparato governamental.[16]

Nesse cenário, Mauro Cappelletti e Bryant Garth, no contexto do chamado "Projeto de Florença", entendem que uma das soluções possíveis para a questão do "Movimento de Acesso à Justiça" é compreender que a evolução do Direito Processual se dá por meio de *ondas renovatórias* (ou *ondas reformadoras*). Essas ondas, as quais pressupõem a instrumentalidade do processo em termos de realização do direito material, têm como objetivo solucionar o problema da *litigiosidade contida*.

Em um primeiro ciclo de evolução do Direito Processual, é necessária a busca pela promoção universal do acesso à justiça, especialmente por parte dos hipossuficientes – no Brasil, destaca-se a Lei n.º 1.060/1950 e o art. 5º, LXXIV, da CRFB.

Já a segunda onda renovatória se refere à concretização dos mecanismos jurídicos para a proteção dos interesses transindividuais, com uma melhor sistematização da tutela dos interesses difusos e coletivos – no Brasil, são exemplos a Lei de Ação Popular, a Lei de Ação Civil Pública e o Código de Defesa do Consumidor, bem como a previsão legal dos chamados direitos fundamentais de terceira dimensão, os quais são classificados em direitos ou interesses difusos, coletivos *stricto sensu* e individuais homogêneos.

Por fim, a terceira onda renovatória diz respeito ao objetivo de conquista da efetividade da prestação jurisdicional, entendida como a pacificação por intermédio da concretização dos fins políticos, sociais e jurídicos do processo. Os pressupostos, para tanto, são a celeridade processual, a adequação da tutela jurisdicional às especificidades do direito material e a difusão de métodos alternativos e não-jurisdicionais de resolução de conflitos de interesses.[17]

Seguramente, o acesso a uma ordem jurídica justa requer a superação ou ao menos a atenuação dos vários obstáculos acima mencionados. Além dos escopos retratados nas três ondas renovatórias idealizadas por Mauro Cappelletti e Bryant Garth, é necessária também a eliminação dos entraves que impedem ou dificultam o exercício, na prática, da garantia fundamental do acesso à justiça.

---

[16] CAPPELLETTI, Mauro. *Processo, ideologias e sociedade*. Tradução de Elício de Cresci Sobrinho. Porto Alegre: Sergio Antonio Fabris, 2008. v. 1, p. 383-393, destaques no original.

[17] CAPPELLETTI, Mauro; GARTH, Bryant. *Acesso à justiça*. Tradução de Ellen Gracie Northfleet. Porto Alegre: Sergio Antonio Fabris, 1988, p. 31 *et seq.*; CAPPELLETTI, Mauro. *Processo, ideologias e sociedade*. Tradução de Elício de Cresci Sobrinho. Porto Alegre: Sergio Antonio Fabris, 2008. v. 1, p. 386-393.

A título exemplificativo, é possível enumerar algumas medidas desejáveis em prol da ampliação do acesso à justiça dos cidadãos. A primeira delas se refere à necessidade de assegurar uma real universalização e uma efetiva isonomia no direito de provocação do órgão jurisdicional e no gozo da tutela jurisdicional. Como ressalta Luigi Paolo Comoglio, "qualquer litigante – seja ele um cidadão, um apátrida ou um estrangeiro – tem o direito de provocar os órgãos jurisdicionais do Estado, para requerer a um juiz independente e imparcial uma 'équa' e 'justa' decisão da controvérsia". Para tanto, é necessário que não haja "nenhuma discriminação subjetiva ou objetiva" que impeça a titularidade ou o exercício do direito reconhecido legal ou judicialmente.[18]

Nessa perspectiva, torna-se essencial a redução dos fatores de desigualdade socioeconômica que limitam o acesso aos órgãos jurisdicionais, mediante, por exemplo, uma maior valorização da Defensoria Pública.[19] Também a indispensabilidade da defesa técnica é decorrência do acesso a uma ordem jurídica justa. Das garantias constitucionais da ampla defesa e do contraditório provém o "direito a ter um defensor", o "direito ao patrocínio gratuito no caso de pobreza", a possibilidade de exclusão das provas obtidas ilicitamente e o impedimento às "limitações não razoáveis do direito das partes à apresentação de provas, ou do direito a contradizê-las".[20]

Nesses termos, a atuação técnica do advogado na defesa dos direitos dos cidadãos e na administração da justiça (art. 133, da CRFB) é imprescindível ao processo justo. Cabe ao advogado um papel capital no estabelecimento da jurisprudência,[21] bem como a função de intermediar o diálogo entre as partes e o juiz, a fim de assegurar o princípio da igualdade e o exercício do contraditório e da ampla defesa.[22] A atuação técnica do advogado, portanto, é manifestação da cidadania e ferramenta de controle do exercício da jurisdição.

---

[18] COMOGLIO, Luigi Paolo. Garanzie costituzionali e 'giusto processo' (modelli a confronto). *Revista de Direito Comparado*, Belo Horizonte: UFMG, v. 2, n. 2, p. 279, mar./1998.

[19] Infelizmente, as condições materiais e estruturais da Defensoria Pública, não obstante os esforços de alguns Estados e da União, ainda não permitem o objetivo de universal acesso à jurisdição pela população. Cite-se, por exemplo, que, no ano de 2006, o atendimento da Defensoria Pública no país abarcou 39,7% das comarcas e sessões judiciárias existentes, contando o Brasil com apenas 1,48 defensor público para cada 100.000 habitantes. Em termos financeiros, as despesas referentes à Defensoria representaram 0,24% das despesas totais dos Estados, sendo que, do total do orçamento público, 71,3% foram destinados ao Poder Judiciário, 25,4% ao Ministério Público e 3,3% à Defensoria Pública (*II Diagnóstico da Defensoria Pública no Brasil*. Ministério da Justiça: Secretaria da Reforma do Judiciário, 2006).

[20] CAPPELLETTI, Mauro. *Processo, ideologias e sociedade*. Tradução de Elício de Cresci Sobrinho. Porto Alegre: Sergio Antonio Fabris, 2008. v. 1, p. 335-336.

[21] PERELMAN, Chaïm. Ética e Direito. Tradução de Maria Ermanita Galvão. São Paulo: Martins Fontes, 2000, p. 567.

[22] LLORENTE, Francisco Rubio. *Derechos fundamentales y principios constitucionales*: doctrina jurisprudencial. Barcelona: Ariel, 1995, p. 310.

Ademais, é também relevante a simplificação de procedimentos, a utilização de uma linguagem menos rebuscada e mais acessível nas peças processuais[23] e o reforço do princípio da oralidade como formas de acesso do cidadão à atividade jurisdicional.

Entrementes, o aparelhamento do Judiciário com melhores e modernas instalações físicas e materiais, e também com maior número de juízes[24] e serventuários, é uma necessidade imediata. Também a informatização de processos judiciais e o avanço na seleção, no ensino jurídico e na formação de magistrados são imperativos para que a população tenha uma resposta jurisdicional constitucionalmente efetiva e adequada.

Para o fim de ampliação do acesso à justiça, a melhor estruturação e organização do Judiciário se faz necessária para uma maior aproximação entre o jurisdicionado e à justiça. Jordi Nieva Fenoll aponta os seguintes fatores para alcançar o que chama de *justiça de proximidade*, a saber: a) qualificação neutra e menos espetacular dos órgãos judiciais; b) localização dos órgãos judiciais em todos os bairros e povoados da cidade; c) ampliação da competência objetiva dos juizados de pequenas causas, no que se refere ao valor e à matéria; d) formação específica e direcionada dos juízes de proximidade; e) conhecimento pelos juízes dos costumes, da cultura, da língua e do Direito local; f) inamovibilidade dos juízes de proximidade; g) simplificação e unificação do procedimento.[25]

Enfim, a garantia fundamental do acesso à justiça é "imprescindível para uma organização justa e democrática"[26] e retrata, "antes de tudo, uma questão de cidadania".[27] Nessa linha, o aperfeiçoamento e a qualificação do acesso à justiça consistem em premissas para alcançar, na prática, o processo justo.

---

[23] Sobre a necessidade de utilização de uma linguagem mais simples nos processos e órgãos jurisdicionais, conferir: MOREIRA, José Carlos Barbosa. *Temas de Direito Processual*: sétima série. São Paulo: Saraiva, 2001, p. 242-249; DALLARI, Dalmo de Abreu. *O poder dos juízes*. São Paulo: Saraiva, 1996, p. 144-147; OLIVEIRA, Regis Fernandes de. O papel do juiz e do Poder Judiciário na sociedade moderna. *Revista dos Tribunais*, São Paulo, vol. 824, ano 93, p. 65, junho 2004.

[24] É certo que o simples aumento do número de juízes não é a solução para enfrentar o problema do acesso à justiça. Contudo, é imperativa a necessidade de um maior número de magistrados para o atendimento das demandas da população. De acordo com o relatório "Justiça em Números" do CNJ, o Poder Judiciário no ano de 2013 possuía, excluídos os Ministros dos Tribunais Superiores e os juízes das Turmas Recursais e Turmas Regionais de Uniformização, o quantitativo de apenas 16.429 magistrados espalhados por todo o território nacional (Disponível em: http://www.cnj.jus.br/programas-de-a-a-z/eficiencia-modernizacao-e-transparencia/pj-justica-em-numeros/relatorios. Acesso em: 24 out. 2014).

[25] FENOLL, Jordi Nieva. *Jurisdicción y Proceso*: estudios de ciencia jurisdiccional. Madrid: Marcial Pons, 2009, p. 131-142.

[26] MARINONI, Luiz Guilherme. Da teoria da relação jurídica processual ao processo civil do Estado constitucional. *Revista dos Tribunais*, São Paulo, vol. 852, ano 95, p. 19, out. 2006.

[27] MARINONI, Luiz Guilherme. *Novas linhas do processo civil*. 2. ed., São Paulo: Malheiros, 1996, p. 24.

5.2 O MODELO DE *COOPERAÇÃO PROCESSUAL*: APRIMORAMENTO DA *TÉCNICA DECISÓRIA* E AFIRMAÇÃO DA *ÉTICA ARGUMENTATIVA* NA ATUAÇÃO DAS PARTES

O processo justo encontra condições propícias para a sua realização dentro de um contexto de *cooperação processual* das partes entre si, e entre estas e o juiz, como decorrência de um modelo processual de caráter *comparticipativo* e *policêntrico*. A necessidade de que todos os sujeitos processuais atuem em um ambiente de *diálogo*[28] e de vinculação às fronteiras do devido processo legal constitui manifestação, no processo, dos princípios constitucionais da democracia, cidadania, soberania popular e dignidade da pessoa humana.

O modelo da cooperação processual está intimamente relacionado à noção do *contraditório* em sua *tridimensionalidade*: direito de informação e participação das partes; prerrogativa de influência e de controle do conteúdo do provimento pelos seus próprios destinatários; direito das partes de terem os seus argumentos e provas apreciados, em correlação à função do juiz de motivar a decisão judicial unicamente com base nos elementos dialeticamente discutidos no processo.[29] Nessa perspectiva, a garantia fundamental do contraditório se revela como um "elemento normativo estrutural da comparticipação".[30]

Ocorre que a efetiva realização da *tridimensionalidade* do contraditório em toda a sua extensão não é tarefa simples e não se esgota na mera previsão legal. Muito pelo contrário, a obtenção de um modelo comparticipativo de processo, pautado na tutela do contraditório como fundamento de legitimidade da jurisdição, requer o aprimoramento da *técnica decisória* conjugado com o fortalecimento da *eticidade* na atuação processual e argumentativa das partes e advogados.

Nesse ponto, tornam-se claras as razões pelas quais a ideia do processo justo carrega em si uma conotação *deontológica* e um inafastável fundamento ético-moral, os quais "impõem a todos os sujeitos do processo comportamentos sempre conforme os

---

[28] DIDIER JR., Fredie. O princípio da cooperação: uma apresentação. *Revista de processo*, São Paulo, ano 30, n. 127, p. 75-79, set. 2005.

[29] Carlos Alberto Alvaro de Oliveira anota que é cabível "extrair do próprio direito fundamental de participação a base constitucional para o princípio da colaboração, na medida em que tanto as partes quanto o órgão judicial, como igualmente todos aqueles que participam do processo (serventuários, perito, assistentes técnicos, testemunhas etc.), devem nele intervir desde a sua instauração até o último ato, agindo e interagindo entre si com boa-fé e lealdade" (OLIVEIRA, Carlos Alberto Alvaro de. O formalismo-valorativo no confronto com o formalismo excessivo. *Revista de Processo*, São Paulo, n. 137, p. 18, jul./2006).

[30] TROCKER, Nicolò. I llimitti soggetivi del giudicato tra tecniche di tutela sostanziale e garanzie di difesa processuale. *Rivista di Diritto Processuale*, XLIII, p. 35-95, 74-85 *apud* THEODORO JUNIOR, Humberto. *Processo justo e contraditório dinâmico*. Disponível em: http://www.rechtd.unisinos.br/pdf/91.pdf. Acesso em: 20 out. 2014.

princípios de lealdade e de boa-fé".[31] Em tom semelhante, ao comentar as reformas processuais ocorridas no Direito Processual Civil de Portugal na década de 1990, Luís Filipe Lameiras diz que o modelo processual cooperativo consiste em um "novo quadro de eticização de comportamentos, representado pela imposição, agora, de acrescidos deveres de ordem deontológica aos vários intervenientes processuais".[32]

O modelo processual comparticipativo significa que a condução do processo e o conteúdo da decisão judicial refletem o resultado de uma atuação compartilhada entre as partes e o juiz. A direção do processo é retirada do protagonismo de quaisquer dos sujeitos processuais, uma vez que há uma difusão entre eles das atribuições relativas à gestão processual. Dessa forma, supera-se a ideia do órgão julgador como o único centro decisório (*unicentrismo*), já que, com base no princípio da *cooperação processual* e na *tridimensionalidade* do contraditório, também as partes possuem a prerrogativa de influir nos resultados advindos do exercício da função jurisdicional (*policentrismo*).

É certo que a comparticipação das partes nos resultados do processo não exclui do juiz a sua função pública de decidir a controvérsia em caráter final e definitivo. O modelo processual policêntrico não tem a pretensão de outorgar às partes o poder de proferir a palavra final sobre o conflito de interesses.

Diversamente, a colaboração entre as partes e o magistrado, como pressuposto para a concretização do processo justo, significa que o "juiz é paritário no diálogo e assimétrico apenas no momento da imposição de suas decisões".[33] O julgador, portanto, tem como uma de suas funções viabilizar o contraditório; contudo, a sua posição de *assimetria* por ocasião do julgamento está preservada.

Nessa perspectiva, o modelo comparticipativo não está fundado na premissa *ingênua* de que as partes buscam, no processo, objetivos comuns desatrelados dos seus interesses particulares, os quais podem ser alcançados por meio de legítima atuação processual estratégica.[34] E mais, não se desconsidera também que, em situações de deslealdade processual e violação à boa-fé objetiva, é possível que partes ou advogados, visando a "obter a vitória na controvérsia", atuem "fazendo parecer verdadeiras alegações de fato que, na realidade, são completamente falsas" ou manipulem,

---

[31] COMOGLIO, Luigi Paolo. Garanzie costituzionali e 'giusto processo' (modelli a confronto). *Revista de Direito Comparado*, Belo Horizonte: UFMG, v. 2, n. 2, p. 270-272; 307; 317, mar./1998; COMOGLIO, Luigi Paolo. *Etica e tecnica del 'giusto processo'*. Torino: G. Giappichelli Editore, 2004, p. 05.

[32] LAMEIRAS, Luís Filipe Brites. A importância da colaboração das partes. *In*: BRITO, Rita (Coord.). *Regime processual experimental*: simplificação e gestão processual. Coimbra: Coimbra: 2008, p. 124.

[33] MITIDIERO, Daniel. *O direito fundamental ao processo justo*. Disponível em: file:///C:/Users/pr095143/Downloads/direito%20fundamental%20ao%20justo%20processoart_srt_arquivo20130419164953%20(1).pdf. Acesso em: 23 out. 2014.

[34] Como observa Fredie Didier Jr., os deveres processuais de cooperação "não eliminam a existência de óbvios interesses contrapostos entre os sujeitos envolvidos; em verdade, servem para tornar mais leal, ou menos bárbara, a luta por tais interesses" (DIDIER JR., Fredie. *Fundamentos do princípio da cooperação no direito processual civil português*. Coimbra: Coimbra, 2010, p. 32).

distorçam ou ocultem situações fáticas relevantes para o debate. Dessa forma, a cooperação processual não concebe o processo "como um jogo que somente as partes podem jogar".³⁵

Assim sendo, é relevante o papel do juiz na fiscalização da legalidade do processo e na preservação da discussão dialética entre as partes. Ao magistrado, a fim de preservar a "dignidade da justiça", incumbe "o dever de impedir a fraude processual, o conluio e qualquer outra conduta ilícita ou dilatória".³⁶ Nesse sentido, o CPC/2015 prevê que a violação de deveres processuais pelas partes, advogados ou intervenientes processuais pode implicar "ato atentatório à dignidade da justiça" e a aplicação de "multa de até vinte por cento do valor da causa, de acordo com a gravidade da conduta" (art. 77, *caput* e §2º). Já aquele que for considerado como "litigante de má-fé" será condenado no pagamento de multa em valor "superior a um por cento e inferior a dez por cento do valor corrigido da causa", bem como no pagamento de indenização à parte contrária pelos prejuízos que esta sofreu, inclusive honorários advocatícios e despesas processuais (arts. 80 e 81).

A rigor, a instituição de deveres mútuos de cooperação "reforça a noção de que o processo não serve a fins egoísticos", pois, acima de tudo, visa a adequar que os interesses particulares das partes atuem "para alcançar o objetivo comum, a que todos almejam (ou deveriam almejar): a justa solução do litígio".³⁷ É esse, aliás, o sentido dos arts. 266 e 266-A do Código de Processo Civil de Portugal, quando preveem, respectivamente, que "Na condução e intervenção no processo, devem os magistrados, os mandatários judiciais e as próprias partes cooperar entre si, concorrendo para se obter, com brevidade e eficácia, a justa composição do litígio" e que "As partes devem agir de boa fé e observar os deveres de cooperação resultantes do preceituado no artigo anterior".³⁸

Também o CPC/2015 dispõe, em seus arts. 5º e 6º, respectivamente, que "Aquele que de qualquer forma participa do processo deve comportar-se de acordo com a boa-fé" e que "Todos os sujeitos processuais devem cooperar entre si para que se obtenha, em tempo razoável, decisão de mérito justa e efetiva".

Dentre as condutas processuais que geram posições de abusividade – as quais os deveres de cooperação, a lealdade processual, a tutela da confiança e a boa-fé objetiva visam a coibir – pode-se destacar: a) o dolo ou a litigância temerária; b) o *venire*

---

35 TARUFFO, Michele. *Uma simples verdade*: o juiz e a construção dos fatos. Tradução de Vitor de Paula Ramos. Madrid: Marcial Pons, 2012, p. 196-200.

36 COMOGLIO, Luigi Paolo. Garanzie costituzionali e 'giusto processo' (modelli a confronto). *Revista de Direito Comparado*, Belo Horizonte: UFMG, v. 2, n. 2, p. 308, mar./1998, tradução livre.

37 SANTOS BARREIROS, Lorena Miranda. *Fundamentos constitucionais do princípio da cooperação processual*. Salvador: Jus Podivm, 2013, p. 241.

38 Disponível em: http://www.dgpj.mj.pt/sections/leis-da-justica/livro-iii-leis-civis-e/consolidacao-processo/codigo-processo-civil/downloadFile/file/CODIGO_PROCESSO_CIVIL_VF.pdf?nocache=1286970369.12. Acesso em: 10 out. 2014.

contra factum propium, isto é, a prática de comportamentos contraditórios desleais e que acarretam quebra da confiança incutida na parte contrária; c) a ausência de alegação de nulidades formais nos casos em que a parte, ciente da ocorrência do defeito, ardilosamente se beneficia com o prolongamento da situação viciosa; d) a *supressio*, que retrata a perda de uma situação jurídica de vantagem pelo não exercício do direito e que gera essa situação de expectativa legítima no outro sujeito, bem como a *surrectio*, a qual consiste no ganho de confiança de uma parte na obtenção de situação jurídica de vantagem em virtude da omissão da outra parte no exercício do direito; e) a fórmula *tu quoque*, que significa o emprego de conclusões diversas para situações substancialmente idênticas.[39]

Por outro lado, igualmente é imprescindível a possibilidade de fiscalização, pelas partes, da atuação do juiz na condução do processo e na prolação da decisão judicial, sobretudo através do contraditório, da fundamentação decisória e da publicidade dos atos processuais. Não é outorgada ao magistrado a gestão unilateral do processo e nem tampouco a prolação decisionista do provimento jurisdicional.

No modelo processual cooperativo, as partes não possuem irrestrita liberdade na condução do processo, ao mesmo tempo em que a atuação do magistrado está vinculada à efetiva e influente participação dos interessados na decisão judicial. O princípio da cooperação processual não se adéqua nem ao sistema adversarial típico do *common law* – no qual prevalecem os poderes das partes na condução e na instrução do processo sem qualquer intervenção do órgão jurisdicional – e nem ao modelo inquisitório – no qual o juiz, dentre outras características, é soberano na busca da "verdade material", possui poderes absolutos de condução formal do procedimento e não está vinculado às perguntas, alegações e provas deduzidas pelas partes.[40]

Diferentemente, a comparticipação processual requer a instituição de deveres de mútua colaboração e de controles recíprocos entre as partes, e entre estas e o juiz. O modelo processual cooperativo pressupõe que "o juiz e as partes nunca estão sós", já que o processo "não é um monólogo", mas, sim, "um diálogo, uma conversação, uma troca de propostas, de respostas, de réplicas; um intercâmbio de ações e reações, de estímulos e impulsos contrários, de ataques e contra-ataques". Por via de consequência, torna-se essencial o "recíproco condicionamento e controle da atividade das partes e da atividade do órgão judicial", sobretudo através do exercício da garantia fundamental do contraditório.[41]

Nesse sentido, um dos objetivos mais importantes do processo de caráter comparticipativo e policêntrico é que o juiz também se coloque na posição de *sujeito do*

---

[39] SANTOS BARREIROS, Lorena Miranda. *Fundamentos constitucionais do princípio da cooperação processual*. Salvador: Jus Podivm, 2013, p. 287-299.

[40] COMOGLIO, Luigi Paolo. Garanzie costituzionali e 'giusto processo' (modelli a confronto). *Revista de Direito Comparado*, Belo Horizonte: UFMG, v. 2, n. 2, p. 288-289, mar./1998.

[41] OLIVEIRA, Carlos Alberto Alvaro de. *Do formalismo no processo civil*. 2. ed., São Paulo: Saraiva, 2003, p. 113-115.

contraditório, como uma condição essencial ao exercício dos poderes e deveres do julgador.[42] Isso quer dizer que tanto a condução do processo como a formulação das razões de decidir pelo órgão julgador são o resultado de uma efetiva *interlocução processual*, em face da instituição de deveres judiciais de cooperação – tais como o de esclarecimento e consulta – em que o juiz não pode decidir uma questão de fato ou de direito, mesmo aquelas de conhecimento de ofício, sem a oportunidade de prévia manifestação das partes, conforme arts. 9º e 10 do CPC/2015 – e o de auxílio – em que cabe ao juiz auxiliar as partes no suprimento de eventuais defeitos formais no decorrer do processo, na forma dos arts. 276 a 283 do CPC/2015.

Não apenas é necessária uma *comunidade de trabalho* que implique uma redivisão das tarefas entre os sujeitos processuais, os quais se coloquem em posição de mútua e paritária colaboração na gestão processual, inclusive com a previsão de mecanismos recíprocos de controle. É essencial, também, que a decisão judicial seja fruto do diálogo travado entre as partes, e entre estas e o juiz, de modo que o magistrado exerça o papel de catalisador do contraditório. A concepção do juiz como partícipe do contraditório faz com que "o efetivo diálogo havido entre as partes se reflita na motivação da decisão",[43] uma vez que a cooperação processual requer que o juiz fundamente o seu pronunciamento com base na apreciação e consideração dos argumentos e provas deduzidos pelos respectivos interessados.

Por tais razões, o princípio da cooperação processual e a ideia da comunidade de trabalho reforçam a importância do aprimoramento da *técnica decisória* e da *atuação argumentativa ética* (ou *deontológica*) das partes, dos advogados e do juiz.[44] Os fundamentos deontológicos da eticidade, lealdade, colaboração, proteção da confiança e boa-fé objetiva ganham relevância na medida em que a participação e o controle recíproco entre os sujeitos processuais se tornam imprescindíveis ao devido processo legal.

O aprimoramento da *técnica decisória* diz respeito, basicamente, à efetiva absorção e aplicação pelo Judiciário da garantia fundamental do contraditório em todas as suas dimensões. A partir do momento em que o juiz é colocado na posição de sujeito do contraditório dentro de uma ótica comparticipativa, as razões de decidir e o conteúdo do provimento estão vinculados ao debate instaurado na lide.

Sabe-se que a ausência de um debate adequado e a prolação de decisões judiciais desatreladas dos argumentos dos respectivos interessados – e, portanto, desprovidas de grau satisfatório de fundamentação – são fatores que estimulam a litigância e a recorribilidade. Isso porque provocam na parte sucumbente o inconformismo de não

---

[42] MANDRIOLI, Crisanto. *Corso di diritto processuale civile* – nozioni introduttive e disposizioni generali. Terza edizione. Torino: G. Giappichelli Editore, 2000, p. 78.

[43] WAMBIER, Teresa Arruda Alvim. Anotações sobre o princípio do contraditório como um dos fundamentos do processo civil contemporâneo. *In*: CARVALHO, Milton Paulo de. *Direito Processual Civil*. São Paulo: Quartier Latin, 2007, p. 73.

[44] DENTI, Vittorio. *La Giustizia Civile*. Bologna: Il Mulino, 2004, p. 208-220.

ter tido as suas alegações apreciadas, bem como a estimula a submetê-las ao órgão jurisdicional hierarquicamente superior para que sejam adequadamente apreciadas. O efetivo respeito ao contraditório e à participação influente das partes diminui a taxa de recursos ou, pelo menos, reduz a possibilidade de que tenha havido *error in procedendo* ou *error in iudicando* na decisão.[45]

De tal sorte, a prerrogativa de influência e de controle das partes sobre o conteúdo da decisão judicial, bem como o direito de terem as suas alegações e provas que possam alterar a conclusão do julgamento efetivamente consideradas e apreciadas por ocasião da prolação do provimento, passam a constituir uma exigência inegociável. Aliás, a existência de uma correspondência entre o objeto discutido, as partes e o conteúdo da decisão judicial – o qual deve se revestir de clareza, certeza e liquidez – constitui expressão do "direito à obtenção de uma decisão judicial congruente",[46] de maneira a impedir provimentos *citra*, *ultra* ou *extra petita*.

Outrossim, não mais se admite que decisões judiciais sejam fundamentadas com base em argumentos que surpreendam as partes – porque não foram debatidos previamente em contraditório – ou em convicções particulares ou sentimentos íntimos do julgador – o que tem relação imediata com o arbítrio judicial. Da mesma forma, não mais se outorga ao magistrado o poder de decidir a lide sem a obrigação de apreciar, um a um, os argumentos deduzidos pelas partes que tenham pertinência direta com a causa e que possam efetivamente modificar o convencimento do julgador.[47] A subjetividade do juiz está atrelada à objetividade do acervo argumentativo e probatório construído em contraditório.

Aliás, a construção da *ratio decidendi* não pode levar em consideração apenas as razões de argumentação da parte beneficiada pela conclusão do provimento, já que, também, é necessário demonstrar os motivos pelos quais as alegações e as provas apresentadas pela outra parte não foram suficientes para a formação de um juízo positivo de convencimento judicial. É essencial que o julgador forneça à parte sucumbente os motivos pelos quais não foi racionalmente convencido, a fim de permitir a interposição de eventual recurso e atenuar a sensação comum do polo inconformado com a decisão: "fui vencido, mas não convencido".[48]

---

[45] SILVA, Ovídio A. Baptista da. Fundamentação das sentenças como garantia constitucional. *Revista do Instituto de Hermenêutica Jurídica*: Direito, Estado e Democracia – entre a (in)efetividade e o imaginário social. Porto Alegre: Instituto de Hermenêutica Jurídica, 2006, p. 343-344.

[46] LLOBREGAT, José Garberí. *El derecho a la tutela judicial efectiva en la jurisprudencia del Tribunal Constitucional*. Barcelona: Bosch, 2008, p. 86, tradução livre.

[47] Infelizmente, no Brasil essa é uma prática reiterada dos nossos Tribunais, tendo em vista a consolidação da orientação jurisprudencial segundo a qual o "magistrado não está obrigado a rebater, um a um, os argumentos trazidos pela parte, desde que os fundamentos utilizados tenham sido suficientes para embasar a decisão" (BRASIL. Supremo Tribunal Federal. ARE 794714. Primeira Turma. Relator Ministro Luiz Fux. Julgamento em 16/09/2014. DJe 02/10/2014).

[48] SILVA, Ovídio A. Baptista da. Fundamentação das sentenças como garantia constitucional. *Revista do Instituto de Hermenêutica Jurídica*: Direito, Estado e Democracia – entre a (in)efetividade e o imaginário social. Porto Alegre: Instituto de Hermenêutica Jurídica, 2006, p. 342.

Nesse viés, a motivação das decisões judiciais possui dupla função: uma de natureza *endoprocessual*, segundo a qual a fundamentação do provimento possibilita à parte sucumbente o controle do *decisum* por meio da interposição dos recursos cabíveis; e outra de natureza *exoprocessual* (ou *extraprocessual*), mediante a qual a motivação do pronunciamento viabiliza o controle da decisão judicial pela via difusa da democracia participativa, tendo em vista que o magistrado exerce a jurisdição em nome do povo.[49]

Ademais, para que se possa alcançar uma decisão judicial racional e objetivamente fundamentada, é primordial que o provimento resulte de uma argumentação de natureza *jurídica*. Não é cabível que a decisão jurisdicional contemple, a título de *ratio decidendi*, elementos unicamente de cunho moral, ético, religioso, político, cultural, axiológico ou relativos à experiência de vida e à convicção pessoal do julgador. Confira as palavras de Aroldo Plínio Gonçalves:

> Os fins metajurídicos do processo não possuem critérios objetivos de aferição no Direito Processual Civil. Se o exercício da função jurisdicional se manifesta sob a disciplina do ordenamento jurídico, e nos limites por ele definidos, qualquer fim do processo só pode ser jurídico. A concepção do processo como procedimento realizado em contraditório não comporta fins extrajurídicos, porque a preparação participada do provimento válido é juridicamente disciplinada. O provimento se forma sob a regulamentação de toda uma estrutura normativa que limita a manifestação da jurisdição e assegura às partes o direito de participação igual, simétrica e paritária, na fase que prepara o ato final.[50]

A fundamentação das decisões judiciais está intrinsicamente vinculada ao respeito à legalidade (juridicidade) e às normas constitucionais.[51] A motivação dos provimentos relaciona-se com os princípios constitucionais da supremacia da Constituição e da reserva legal (art. 5º, II, da CRFB), entendida esta como a sujeição da jurisdição não apenas à lei *stricto sensu* (legalidade), mas, sim, a todos os princípios e regras constitucionais e infraconstitucionais que compõem o ordenamento jurídico (juridicidade).[52]

Dessa forma, o pronunciamento jurisdicional motivado contém "os elementos e razões de juízo que permitam conhecer quais foram os critérios jurídicos que fundamentaram a decisão", bem como está fundado no Direito, ou seja, "deve ser consequência

---

[49] DIDIER JR., Fredie; BRAGA, Paula Sarno; OLIVEIRA, Rafael. *Curso de Direito Processual Civil*: teoria da prova, direito probatório, teoria do precedente, decisão judicial, coisa julgada e antecipação dos efeitos da tutela. 5. ed., Salvador: Jus Podium, 2010. v. 2, p. 290.

[50] GONÇALVES, Aroldo Plínio. *Técnica Processual e Teoria do Processo*. Rio de Janeiro: Aide, 1992, p. 196-197.

[51] ANDOLINA, Ítalo; VIGNERA, Giuseppe. *I fondamenti costituzionali della giustizia civile*: il modelo costituzionale del processo civile italiano. 2. ed., Torino: G. Giappichelli Editore, 1997, p. 200-202.

[52] BARACHO, José Alfredo de Oliveira. *Direito Processual Constitucional*: aspectos contemporâneos. Belo Horizonte: Fórum, 2008, p. 11-18.

de uma exegese racional do ordenamento, e não fruto da arbitrariedade".⁵³ A formulação das razões de decidir encontra fronteiras nos limites da juridicidade, de modo que a motivação decisória se adeque às normas que integram o ordenamento jurídico em correlação com as circunstâncias particulares do caso concreto.

É por essa razão que, com base na distinção idealizada por Ronald Dworkin, ao magistrado cabe preponderantemente se valer de *argumentos de princípio* (*principles*) a fim de justificar decisões com fundamento no respeito ou na garantia do direito de um indivíduo ou de um grupo de indivíduos. Por outro lado, *argumentos de política* (*policies*), os quais possuem caráter axiológico e são utilizados para fomentar ou proteger objetivos coletivos da comunidade, possuem importância secundária no âmbito da decisão judicial.⁵⁴

Nessa perspectiva, os argumentos de princípio são os ideais para a fundamentação das decisões judiciais no Estado Democrático de Direito, uma vez que protegem direitos e garantias fundamentais em consonância com o sistema constitucional vigente. Os *principles* representam a concretização das liberdades constitucionais, de maneira inflexível às alternâncias de poder político da maioria governamental.

Por seu turno, os *policies* são os argumentos cabíveis para a justificação de decisões legislativas direcionadas à formulação de programas públicos e pautas políticas. Quando utilizados sem critérios na seara jurisdicional, os argumentos de política retratam uma perigosa inclinação ao decisionismo judicial, sobretudo quando possibilitam o manejo de métodos interpretativos indeterminados direcionados a *balancear, sopesar* ou *valorar* normas constitucionais (jurídicas) ardilosamente equivalidas a bens, a valores e/ou a interesses essencialmente negociáveis (políticos).⁵⁵

A justificação das decisões judiciais exige a observância de princípios jurídicos os quais, como *trunfos*, impedem que diretrizes metajurídicas se sobreponham aos direitos e às garantias fundamentais. Argumentos de política (*v.g.*, promoção do bem

---

53 LLOBREGAT, José Garberí. *El derecho a la tutela judicial efectiva en la jurisprudencia del Tribunal Constitucional*. Barcelona: Bosch, 2008, p. 79-80, tradução livre.

54 DWORKIN, Ronald. *Levando os direitos a sério*. Tradução de Nelson Boeira. 3. ed., São Paulo: Martins Fontes, 2010, p. 35-46 e 128-132. Em outra obra, o autor retoma a mesma ideia quando diz que "Os juízes não devem tomar suas decisões baseando-se em fundamentos políticos": "O debate negligencia uma distinção importante entre dois tipos de argumentos políticos dos quais os juízes podem valer-se ao tomar suas decisões. É a distinção (que tentei explicar e defender alhures) entre argumentos de princípio político, que recorrem aos direitos políticos de cidadãos individuais, e argumentos de procedimento político, que exigem que uma decisão particular promova alguma concepção do bem-estar geral ou do interesse público. A visão correta, creio, é a de que os juízes baseiam e devem basear seus julgamentos de casos controvertidos em argumentos de princípio político, mas não em argumentos de procedimento político" (DWORKIN, Ronald. *Uma questão de princípio*. Tradução de Luis Carlos Borges. São Paulo: Martins Fontes, 2005, p. 3-6).

55 FERNANDES, Bernardo Gonçalves. Mandado de Injunção: do formalismo ao axiologismo? O que mudou? Uma análise crítica e reflexiva da jurisprudência do STF. *In:* MACHADO, Felipe; CATTONI, Marcelo (Coord.). *Constituição e Processo*: entre o Direito e a Política. Belo Horizonte: Fórum, 2011, p. 26.

comum, resguardo do interesse público, garantia da defesa nacional), utilizados indiscriminadamente e em detrimento de argumentos objetivamente jurídicos, acabam por identificar o Direito como "algo negociável" cuja lógica "não é a de se um direito é devido ou não, mas sim a de se é ou não conveniente a sua aplicação no caso concreto em face da repercussão que tal decisão pode gerar no corpo social".[56] Os direitos e as garantias fundamentais são devidos como normas constitucionais imperativas, cuja proteção é insuscetível de negociação. Por sua vez, os interesses políticos são aplicáveis a partir de um juízo utilitarista de preferência, de acordo com critérios de conveniência, de oportunidade e de valorações subjetivas do julgador.

Em suma, é inaceitável, como própria expressão da democracia, que haja a possibilidade de o julgador motivar as suas decisões judiciais conforme a sua própria convicção pessoal ou de acordo com valorações de viés nitidamente metajurídico ou voluntarista.[57] O ato de julgar não pode ser encarado como uma atividade de mera liberalidade do julgador, a qual permita que o magistrado utilize preferências particulares para resolver demandas. O julgamento é um ato sério e assim deve ser considerado. O decisionismo judicial decisório deve ser rechaçado.

Todavia, é certo também que a atribuição do dever ao juiz de efetivamente considerar e apreciar os argumentos e provas deduzidos pelas partes requer temperamentos. A busca pelo aprimoramento de uma técnica decisória pautada no respeito ao contraditório em todas as suas dimensões encontra limites na própria atuação argumentativa ética e técnica das partes e dos seus advogados.[58]

A rigor, a garantia fundamental do contraditório atribui ao juiz a função de examinar, um a um, apenas os argumentos e provas deduzidos pelas partes *que tenham relação direta e que sejam pertinentes* com a causa, bem como que sejam passíveis de *alterar a conclusão do julgamento*. O contraditório não equivale a um "cheque em branco" para que as partes e advogados deduzam alegações impertinentes e obriguem o magistrado a analisá-las. É óbvio que o magistrado, por ocasião da prolação da decisão judicial, está desincumbido da obrigação de considerar alegações de importância secundária (*obter dicta*) ou desconexas com o objeto em discussão, as quais são, muitas vezes, decorrências da própria *atecnia* da manifestação processual de advogados.

Também não é raro ocorrer situações em que os patronos das partes, em atuação desprovida de *eticidade*, deduzem um sem-número de alegações que em nada

---

[56] MACHADO, Felipe. *Principle versus Policy*: uma crítica à relação entre política criminal e direitos fundamentais a partir de Ronald Dworkin. In: MACHADO, Felipe; CATTONI, Marcelo (Coord.). *Constituição e Processo*: entre o Direito e a Política. Belo Horizonte: Fórum, 2011, p. 55-58.

[57] STRECK, Lenio Luiz. O que é isto: 'decidir conforme a consciência'? Protogênese do protagonismo judicial. In: MACHADO, Felipe; CATTONI, Marcelo (Coord.). *Constituição e Processo*: entre o Direito e a Política. Belo Horizonte: Fórum, 2011, p. 222.

[58] COMOGLIO, Luigi Paolo. *Etica e tecnica del 'giusto processo'*. Torino: G. Giappichelli Editore, 2004, p. 02 *et seq*.

contribuem para o debate travado em contraditório. Nesses casos, também é necessário que o magistrado se veja liberado do dever de analisar, um a um, todos os argumentos colacionados pelas partes.

A atuação argumentativa *técnica* e *ética* de advogados é consequência direta de um modelo de cooperação processual. A garantia da prerrogativa de influência das partes no conteúdo do provimento pressupõe que os causídicos das partes formulem, objetivamente, argumentos que tenham efetiva e direta relação de pertinência com o objeto que está sendo discutido no processo, e que sejam suficientes para modificar o convencimento do julgador. Apenas assim é possível afirmar que o juiz seja influenciado pelas partes e tenha a tarefa de analisar e apreciar, um a um e ainda que sucintamente, as alegações e provas deduzidas pelos interessados em simétrico contraditório.

É por essa razão que o CPC/2015, no inciso IV do §1º do art. 489, determina que "Não se considera fundamentada qualquer decisão judicial, seja ela interlocutória, sentença ou acórdão, que não enfrentar todos os argumentos deduzidos no processo *capazes* de, em tese, *infirmar a conclusão* adotada pelo julgador" (sem destaque no original).

Portanto, os deveres de boa-fé objetiva e lealdade das partes não se resumem apenas ao aspecto da condução compartilhada do andamento do processo, mas se projetam igualmente sobre os próprios fundamentos fáticos[59] e jurídicos coligidos por ocasião do exercício da garantia fundamental da ampla defesa.

Por outro lado, o contraditório confere ao juiz o ônus de provocar "o preventivo debate das partes sobre cada questão de fato ou de direito, cuja resolução seja *determinante* na decisão da controvérsia".[60] A técnica e a ética decisória conferem ao magistrado, quanto aos argumentos *pertinentes* à *ratio decidendi*, a incumbência de apreciá-los e rebatê-los um a um, ainda que de forma concisa e objetiva. Por sua vez, às partes e aos advogados é atribuída a tarefa de deduzir de forma objetiva os argumentos centrais *capazes* de, em tese, *infirmar a conclusão* adotada pelo órgão julgador.[61]

---

[59] Também a *narrativa dos fatos* pressupõe a eticidade, razão pela qual o CPC/2015 impõe, como um dos deveres das partes, "expor os fatos em juízo conforme a verdade" (art. 77, I), considerando como litigante de má-fé aquele que pretende "alterar a verdade dos fatos" (art. 80, II). Essa observação é importante já que, como leciona Michele Taruffo, "as narrativas são *construídas* por seus autores, frequentemente através de atividades criativas, complexas e sofisticadas". E prossegue o autor dizendo que "a construção de uma narrativa por parte de seu autor é também a construção dos fatos que o autor conta. Em outros termos: o autor constrói a *sua versão* dos fatos. Construindo a sua narrativa, o autor <<dá forma à realidade>>." (TARUFFO, Michele. *Uma simples verdade*: o juiz e a construção dos fatos. Tradução de Vitor de Paula Ramos. Madrid: Marcial Pons, 2012, p. 73).

[60] COMOGLIO, Luigi Paolo. Garanzie costituzionali e 'giusto processo' (modelli a confronto). *Revista de Direito Comparado*, Belo Horizonte: UFMG, v. 2, n. 2, p. 282, mar./1998, tradução livre, destaque nosso.

[61] As ideias firmadas nesse tópico foram também desenvolvidas em: FRANCO, Marcelo Veiga. Dimensão dinâmica do contraditório, fundamentação decisória e conotação ética do processo justo: breve reflexão sobre o art. 489, §1º, IV, do novo CPC. *Revista de Processo*, vol. 247, ano 40, p. 105-136, São Paulo: Ed. RT, set. 2015

5.3 A FORMAÇÃO DE UMA *TEORIA DOS PRECEDENTES JUDICIAIS*

Um dos pilares do processo justo consiste na necessidade de obter a legitimação do exercício da função jurisdicional através do conteúdo da decisão judicial. Nesse caso, o respeito aos direitos e garantias fundamentais historicamente conquistados constitui um componente essencial da motivação dos provimentos jurisdicionais.

Nesse cenário, a teoria da integridade do Direito é relevante ao prever que a prolação de um provimento requer a reconstrução do caso concreto a partir da *tradição constitucional de proteção dos direitos fundamentais*, de modo que haja uma *coerência integrativa* na formação da decisão judicial.[62] A construção de uma relação histórica que conjugue *racional* e *institucionalmente* as decisões passadas e o progresso do Direito, como um *romance em cadeia*, é essencial em termos de fortalecimento da Constituição.[63]

Destarte, a formação de uma *teoria dos precedentes judiciais* no Brasil, com regulamentação e regras próprias (*rules of precedent*), é imprescindível para concretizar, na prática, o ideal do processo justo.[64] A atribuição de *coerência* ao processo de elaboração e aplicação das decisões judiciais requer que se leve em consideração que "precedentes são decisões anteriores que funcionam como modelos para decisões futuras", o que enseja a conclusão de que "aplicar lições do passado para solucionar problemas presentes e futuros é um elemento básico da racionalidade humana".[65]

A fundamentação das decisões judiciais e a imparcialidade do órgão julgador estão ligadas a um viés histórico que atribui coerência ao processo de construção dos provimentos. A garantia contra o arbítrio judicial se relaciona com uma teoria de

---

[62] Como ensina Michele Taruffo, "o dever de motivar requer que a justificativa da decisão sobre os fatos *exista*, seja *completa* e, ainda, *coerente*" (TARUFFO, Michele. *Uma simples verdade*: o juiz e a construção dos fatos. Tradução de Vitor de Paula Ramos. Madrid: Marcial Pons, 2012, p. 274).

[63] A relação entre a teoria da integridade do Direito (Ronald Dworkin) e a teoria do precedente judicial é bem explorada por Thomas da Rosa Bustamante. Para o autor, a teoria da *law as integrity* enfatiza o valor da *coerência* bem como a necessidade de buscar o aperfeiçoamento *racional* do ordenamento jurídico e do processo de formação, interpretação e aplicação das decisões judiciais, com base em um "modelo de comunidade de princípios comuns" ou de um "mútuo entendimento" acerca dos "princípios de fundo" (*underlying principles*) que formam uma comunidade, como também entende Neil MacCormick (BUSTAMANTE, Thomas da Rosa de. *Teoria do precedente judicial*: a justificação e a aplicação das regras jurisprudenciais. São Paulo: Noeses, 2012, p. 135-143).

[64] Como anota Gustavo Santana Nogueira, "jamais tivemos uma cultura que valorizasse os precedentes". E tal é explicado porque o Brasil é um "país enraizado na cultura do *civil law* e que muito pouco, ou nada, sabe acerca da *common law*", o que faz com que "não conseguimos compreender corretamente o fenômeno da vinculação dos precedentes" (NOGUEIRA, Gustavo Santana. *Precedentes vinculantes no direito comparado e no direito brasileiro*. Salvador: Jus Podivm, 2013, p. 231).

[65] MacCORMICK, Neil; SUMMERS, Robert. Introduction. *In*: MacCORMICK, Neil; SUMMERS, Robert (Org.). *Interpreting precedents*: a comparative study. Aldershot: Ashgate, 1997, p. 4 *apud* BUSTAMANTE, Thomas da Rosa de. *Teoria do precedente judicial*: a justificação e a aplicação das regras jurisprudenciais. São Paulo: Noeses, 2012, p. XXII.

precedentes judiciais que possibilite que casos concretos similares sejam resolvidos com base em critérios uniformes. Luiz Guilherme Marinoni se posiciona sobre essa questão:

> A justificação de determinada interpretação ou solução de questão jurídica, caso não precise levar em conta o que já foi decidido, nada significa em termos de garantia de imparcialidade. Ora, se um juiz, Câmara ou Turma podem decidir casos iguais de forma diferente ou atribuir significados diferentes a uma mesma norma, é evidente que não há como garantir a imparcialidade. (...). Para se ter garantia, não basta obrigar o juiz a justificar as suas decisões – há que se impedir o juiz de decidir de forma arbitrária, o que significa impedi-lo de decidir casos iguais de forma diferente. A parte terá garantia de imparcialidade se o juiz for proibido de negar o seu passado; (...). Nesse sentido, o respeito aos precedentes também colabora para a garantia da imparcialidade.[66]

Nesse cenário, parece certo que o sistema jurídico-processual brasileiro necessita de melhor desenvolver uma teoria própria dos precedentes judiciais. É uma realidade inegável que o Brasil cada vez mais se distancia da adoção pura e exclusiva do sistema do *civil law* e da sua valorização predominante da legislação posta e codificada (*statute law*). É evidente o movimento recente de reforço da força vinculante dos precedentes judiciais que nos aproxima do modelo do *common law* e do enfoque no direito jurisprudencial (*case law*) como fonte do direito.[67] A previsão da aplicação obrigatória de precedentes judiciais implica uma conexão, no ordenamento jurídico nacional, das jurisdições do *civil law* e do *common law*, de maneira a aproximar o papel do juiz brasileiro e o do norte-americano/anglo-saxão, inclusive no que se refere à abertura para uma força criativa da função jurisdicional (*judge-make law*).[68]

Por conseguinte, cabe analisar como os precedentes judiciais são aplicados no Brasil, para que a jurisdição nacional não se transforme em um mecanismo de mera

---

[66] MARINONI, Luiz Guilherme. *Precedentes obrigatórios*. 3. ed., São Paulo: Revista dos Tribunais, 2013, p. 172-174.

[67] Conforme ensina René David, o *common law* é o sistema jurídico inglês que tem como fundamento histórico a distinção entre a *equity*, entendida como "um conjunto de soluções que foram, principalmente nos séculos XV e XVI, outorgadas pela jurisdição do Chanceler, para completar e eventualmente rever um sistema – o do *common law* –, então bastante insuficiente e defeituoso", e o próprio *common law*, considerado, "como oposição aos costumes locais, o direito comum a toda a Inglaterra" (embora a distinção histórica, desde 1875 houve a fusão do *common law* e da *equity*). Em contraposição ao *common law*, o sistema jurídico romano-germânico (ou *civil law*) é aquele fundado na distinção básica entre o direito público e o direito privado. (DAVID, René. *Os grandes sistemas do Direito contemporâneo*. Tradução de Hermínio A. Carvalho. São Paulo: Martins Fontes, 2002, p. 83-100 e 357-396). Outra diferença apontada pela doutrina é que no *civil law* as leis e códigos – direito posto (*statute law*) – reduzem as possibilidades de interpretação judicial, enquanto no *common law* há uma maior abertura para a interpretação judicial da legislação e para uma atividade criativa do juiz (MARINONI, Luiz Guilherme. *Precedentes obrigatórios*. 3. ed., São Paulo: Revista dos Tribunais, 2013, p. 21 *et seq.*).

[68] MARINONI, Luiz Guilherme. *Precedentes obrigatórios*. 3. ed., São Paulo: Revista dos Tribunais, 2013, p. 97-99.

padronização decisória.⁶⁹ O aperfeiçoamento das técnicas de julgamento de processos repetitivos necessita que a disciplina legal e a atuação dos agentes jurídicos sejam adaptadas para assegurar que a resolução de demandas de massa também respeite as especificidades dos casos concretos.

Nos países de tradição do *common law*, a aplicação de um precedente judicial não significa que o magistrado deve desprezar a reconstrução do caso concreto de acordo com as suas particularidades. A técnica do *stare decisis*, por exemplo, não tem como pretensão generalizar a aplicação de um precedente judicial a toda e qualquer causa análoga,⁷⁰ como parece ser o objetivo dos enunciados de súmulas no Brasil.

Diversamente, é necessária a adoção de uma técnica decisória que permita – e não que imponha – ao juiz a aplicação do precedente judicial, desde que as circunstâncias particulares do caso concreto assim determinarem. Em um sistema de *common law*, é a *ratio decidendi* do julgado que firma o *precedente* – com aptidão para vinculação a outros casos análogos –, e não o dispositivo da decisão – que apenas faz coisa julgada entre as partes.

Em sentido contrário, porém, é o sistema de enunciados de súmulas no Brasil – mesmo as não vinculantes –, o qual pretende universalizar teses jurídicas a serem aplicadas em casos concretos que apresentem um mínimo de similitude fática e/ou jurídica. Todavia, os precedentes judiciais não possuem as características de generalidade, impessoalidade e abstração típicas das leis. Nessa linha, Lenio Luiz Streck aduz que:

> Parece evidente que um sistema jurídico que adote precedentes vinculativos não representa um 'mal em si'. Afinal, a integridade do direito também se constrói a partir do respeito às decisões judiciais. O problema é que as súmulas (brasileiras) têm uma pretensão de universalização que é incompatível com um direito que

---

69 THEODORO JUNIOR, Humberto; NUNES, Dierle; BAHIA, Alexandre. Breves considerações sobre a politização do Judiciário e sobre o panorama de aplicação no direito brasileiro – Análise da convergência entre o *civil law* e o *common law* e dos problemas da padronização decisória. *Revista de Processo*, São Paulo, ano 35, n. 189, p. 24-30, nov./2010; FARIA, Gustavo de Castro. *Jurisprudencialização do Direito*: reflexões no contexto da Processualidade Democrática. Belo Horizonte: Arraes, 2012, p. 72-80.

70 Bruno Odahara explica que a expressão em latim *stare decisis* deriva da frase *stare decisis et non quieta movere*, que significa "mantenha aquilo que já foi decidido e não altere aquilo que já foi estabelecido". Sobretudo no *common law*, o *stare decisis* significa a obrigação de os juízes seguirem os precedentes (decisões anteriores), sejam aqueles proferidos por órgãos jurisdicionais hierarquicamente superiores (precedente vertical), sejam aqueles proferidos na mesma Corte (precedente horizontal). (ODAHARA, Bruno Periolo. Um rápido olhar sobre o *stare decisis*. In: MARINONI, Luiz Guilherme (Coord.). *A força dos precedentes*: estudos dos cursos de mestrado e doutorado em Direito Processual Civil da UFPR. Salvador: Jus Podivm, 2010, p. 53-57). Nesse sentido, René David explica que, na teoria constitucional do *common law*, a "obrigação de recorrer às regras que foram estabelecidas pelos juízes (*stare decisis*), de respeitar os precedentes judiciários, é o correlato lógico de um sistema de direito jurisprudencial". Portanto, a *regra do precedente* (*rule of precedent*) "tem por finalidade fornecer quadros ao direito inglês, mantendo uma estrutura jurisprudencial, de acordo com a tradição deste direito" (DAVID, René. *Os grandes sistemas do Direito contemporâneo*. Tradução de Hermínio A. Carvalho. São Paulo: Martins Fontes, 2002, p. 428; 443).

deve ser construído a partir da discussão dos casos concretos. (...). Ou seja, as súmulas não são respostas aos casos passados e, sim, uma pretensão de abarcamento de todas as futuras hipóteses de aplicação de determinada norma jurídica.[71]

No sistema do *common law*, a *ratio decidendi* de um precedente é o ponto de partida para a análise da sua adequação às particularidades do caso concreto. No sistema brasileiro, porém, a conclusão sintética e estanque de um enunciado de súmula é suficiente para a aplicação da orientação nele consignada, o que faz com que no Brasil, muitas vezes, se julguem *teses*, e não *causas*.[72] Gustavo Santana Nogueira possui entendimento análogo, ao analisar que um *leading case* requer um debate intenso das questões jurídicas nele discutidas, o que torna incompatível a sua redução em enunciados de súmulas sintetizados:

> O Brasil é o único país do mundo que tem súmulas. (...). O problema das súmulas é a sua pretensão de sintetizar uma *ratio decidendi* extraída dos precedentes escolhidos para justificar a sua edição em poucas linhas. É muito difícil conseguir, via súmula, expressar o verdadeiro significado de um precedente, e isso provoca a sua má aplicação, e ainda diminui a sua força. (...). Jamais conseguiremos uma evolução consistente se ficarmos 'copiando' e 'colando' as conclusões sumuladas. (...). Como foi dito, usam-se as súmulas para otimizar o tempo de julgamento, e não como fonte de direito capaz de proporcionar estabilidade e continuidade no direito.[73]

Ademais, a aplicação de precedentes judiciais com eficácia vinculante (*binding effect*) pressupõe que a tese jurídica já se encontre totalmente discutida e consolidada na jurisprudência do tribunal. É necessário que o debate jurídico acerca do *thema decidendum* já esteja exaurido em relação a todos os argumentos deduzidos em contraditório pelos interessados, de modo que a *ratio decidendi* do julgado-paradigma é construída com a participação influente dos destinatários do provimento. Esse é mais um dos motivos pelos quais não é possível que o dispositivo decisório ou um enunciado sumular tenham força vinculante. Ora, terceiros estranhos à causa de origem, que não debateram as questões em contraditório, não podem se sujeitar à aplicação obrigatória e vinculativa de determinada ordem jurisdicional.

E mais, quando está envolvida a formação de precedentes com aptidão persuasiva ou vinculante, é necessário que a participação dialética não se restrinja às partes do processo. A ampliação do contraditório se projeta também para todos aqueles

---

[71] STRECK, Lenio Luiz. *Hermenêutica jurídica e(m) crise*: uma exploração hermenêutica da construção do Direito. 8. ed., Porto Alegre: Livraria do Advogado, 2009, p. 352-360.

[72] THEODORO JUNIOR, Humberto; NUNES, Dierle; BAHIA, Alexandre. Breves considerações sobre a politização do Judiciário e sobre o panorama de aplicação no direito brasileiro – Análise da convergência entre o *civil law* e o *common law* e dos problemas da padronização decisória. *Revista de Processo*, São Paulo, ano 35, n. 189, p. 24, nov./2010.

[73] NOGUEIRA, Gustavo Santana. *Precedentes vinculantes no direito comparado e no direito brasileiro*. Salvador: Jus Podivm, 2013, p. 248-249.

que, direta ou indiretamente, tenham relação com a tese jurídica em debate,[74] seja através da figura do *amicus curiae* ou por meio da realização de audiências públicas. Disso resulta a necessidade de respeito ao contraditório nas técnicas de julgamento de demandas repetitivas. Ainda que o precedente judicial tenha sido devidamente fundamentado, é possível que o caso concreto guarde particularidades que impeçam a aplicação da tese jurídica adotada como paradigma.

Por conseguinte, a aplicação de institutos jurídicos que levem em consideração julgamentos por amostragem, por exemplo, requer que a parte interessada tenha a possibilidade de demonstrar que a tese jurídica (paradigma) não é aplicável diante das circunstâncias específicas do caso concreto. Cuida-se de conjugar a efetividade processual com a garantia fundamental do contraditório, a fim de inserir a possibilidade do *distinguishing* e do *overruling* no bojo das técnicas de julgamento de demandas repetitivas.[75]

É imprescindível que se resguarde, em toda e qualquer causa sujeita a uma técnica de uniformização decisória que derive vinculação direta a precedentes judiciais, o direito da parte de utilizar-se do *distinguishing*, o qual é o método de comparação ou de confronto (*distinguish*-método) que resulta na aferição de que o caso concreto em julgamento guarda particularidades que o tornam distinto daquele precedente judicial tomado com paradigma (*distinguish*-resultado).

Nesse caso, verificada a *distinção* e considerando a dificuldade em apurar a identidade plena entre as circunstâncias fáticas envolvidas no caso em julgamento e naquele que deu origem ao precedente, caberá ao magistrado, com base em critérios objetivos de julgamento, decidir pela não-vinculação ao precedente. Com isso, o juiz afasta pontualmente o *standard* diante das peculiaridades do caso concreto (*restrictive distinguishing*) ou determina a aplicação do precedente por entender que as especificidades da hipótese *sub judice* não são suficientes para afastar a tese jurídica aventada na decisão-paradigma (*ampliative distinguishing*).

Há também a possibilidade da superação definitiva do precedente-padrão, o qual, desprovido de aplicabilidade diante das circunstâncias fáticas e jurídicas, perde força vinculante e é substituído (*overruled*) por outro precedente.[76] Nesse caso, são

---

[74] NOGUEIRA, Gustavo Santana. *Precedentes vinculantes no direito comparado e no direito brasileiro.* Salvador: Jus Podivm, 2013, p. 98.

[75] Além do *distinguishing* e do *overruling*, existem outras técnicas de aplicação de precedentes judiciais, dentre elas: a) *signaling* (ou sinalização), quando o tribunal, com base no princípio da segurança jurídica, não revoga imediatamente um precedente que não mais deve subsistir, mas sinaliza para a sua futura revogação; b) *transformation* (ou transformação), quando o tribunal, através de nova análise da *ratio decidendi* e do *obter dictum*, faz a modificação, adaptação ou reconfiguração do precedente sem revogá-lo; c) *drawing of inconsistent distinctions* (ou elaboração de distinções inconsistentes), quando o tribunal deixa de lado apenas parcialmente o entendimento anterior que não mais deve subsistir, sem revogação total do precedente – nesse caso, diferentemente do *overriding*, a distinção é inconsistente em relação às proposições que justificam o precedente. (MARINONI, Luiz Guilherme. *Precedentes obrigatórios*. 3. ed., São Paulo: Revista dos Tribunais, 2013, p. 334-352).

[76] No Brasil, é exemplo de técnica de superação de precedentes judiciais o processo para revisão ou cancelamento de súmulas vinculantes (art. 103-A, §2º, da CRFB, regulamentado pela Lei n. 11.417/06 e pelos arts. 354-A a 354-G do Regimento Interno do Supremo Tribunal Federal).

utilizados os institutos do *overruling* – quando há o abandono total do antigo precedente – e do *overriding* – em que a superação do precedente é apenas parcial.[77]

O CPC/2015, nos arts. 926 a 928, prevê as *normas gerais* de uma teoria brasileira dos precedentes judiciais. No *caput* do art. 926, o novo diploma processual civil determina que "Os tribunais devem uniformizar sua jurisprudência e mantê-la estável, íntegra e coerente". Trata-se de disposição legal que consagra a própria função de uma teoria dos precedentes judiciais, isto é, a consolidação de um sistema coeso, estável, íntegro, harmônico e coerente de uniformização jurisprudencial e de elaboração, interpretação e aplicação das decisões judiciais.

Outro ponto importante diz respeito aos §§1º e 2º do art. 926. Ao dispor que os enunciados de súmulas, correspondentes de jurisprudência dominante, "devem ater-se às circunstâncias fáticas dos precedentes que motivaram sua criação", o CPC/2015 demonstra a justificada preocupação com o processo de elaboração e aplicação de entendimentos jurisprudenciais. Isso porque, como já ressaltado, sabe-se que os enunciados de súmulas hoje verificados no Brasil estão em desconformidade com a técnica do *stare decisis*, a qual não tem a pretensão de generalizar a aplicação futura do precedente judicial a toda e qualquer causa análoga.

Na tradição do *common law*, a aplicação de um precedente judicial está diretamente relacionada às circunstâncias particulares do caso concreto. Por via de consequência, a conclusão sintética e fechada de um entendimento jurisprudencial, encerrada em um enunciado de súmula, não é suficiente para permitir a aplicação da orientação nele contida para todas as causas similares. O precedente deve ser firmado com base na *ratio decidendi* do julgado, e não com relação ao dispositivo decisório, razão pela qual se mostra adequada a ressalva contida no citado §2º do art. 926, a fim de que seja preservada a relevância das circunstâncias fáticas que ensejaram a elaboração do precedente.

Por sua vez, o *caput* do art. 927 do CPC/2015 consagra o efeito vinculante (*binding effect*) dos precedentes judiciais, tanto no plano vertical (*v.g.*, inciso IV) como na esfera horizontal (inciso V). Já o §1º do art. 927 prevê uma importante norma relativa à fundamentação decisória, ao consignar que as decisões que aplicam precedentes judiciais devem observar o art. 10 e o §1º do art. 489. Isso quer dizer que, também na aplicação dos precedentes judiciais, é necessária a observância da garantia constitucional do contraditório (art. 5º, LV, da CRFB) e dos requisitos legais de motivação decisória.

Em todas as hipóteses, compete ao órgão julgador motivar racionalmente e declinar de modo fundamentado as razões que o levaram a aplicar, afastar, restringir, ampliar ou superar a aplicação de determinado precedente judicial, sempre possibilitando que

---

[77] MARINONI, Luiz Guilherme. *Precedentes obrigatórios*. 3. ed., São Paulo: Revista dos Tribunais, 2013, p. 325 *et seq.*; DIDIER JR., Fredie; BRAGA, Paula Sarno; OLIVEIRA, Rafael. *Curso de Direito Processual Civil*: teoria da prova, direito probatório, teoria do precedente, decisão judicial, coisa julgada e antecipação dos efeitos da tutela. 5. ed., Salvador: Jus Podium, 2010. v. 2, p. 393-395.

as partes tenham a oportunidade prévia de manifestação (arts. 9º e 10). A fundamentação da decisão judicial não é "sinônimo de mencionar o número ou transcrever a ementa", pois, diferentemente, a motivação decisória requer a "comparação analítica" entre as circunstâncias peculiares do caso concreto e os motivos (*ratio decidendi*) que ensejaram a formação do precedente.[78]

Nesse ponto, o §1º do art. 489 do CPC/2015 determina que "Não se considera fundamentada qualquer decisão judicial" que "se limitar a invocar precedente ou enunciado de súmula, sem identificar seus fundamentos determinantes nem demonstrar que o caso sob julgamento se ajusta àqueles fundamentos" (inciso V) ou que "deixar de seguir enunciado de súmula, jurisprudência ou precedente invocado pela parte, sem demonstrar a existência de distinção no caso em julgamento ou a superação do entendimento" (inciso VI). Assim sendo, também os casos de *distinguishing* e de *overruling* dependem de "fundamentação adequada e específica, considerando os princípios da segurança jurídica, da proteção da confiança e da isonomia" (§4º do art. 297).

Por seu turno, o §2º do art. 927 abre a possibilidade de realização de audiências públicas e de participação de pessoas, órgãos ou entidades que possam contribuir para a rediscussão da tese, por ocasião de eventual alteração de tese jurídica adotada em enunciado de súmula ou em julgamento de casos repetitivos. No particular, o CPC/2015 se mostra adepto da ideia de uma sociedade aberta de intérpretes constitucionais,[79] pois permite a intervenção do *amicus curiae* e de terceiros também no processo de revisão de entendimentos jurisprudenciais.

O §3º do art. 927 admite a modulação dos efeitos das decisões que alteram jurisprudência dominante dos tribunais superiores ou daquelas proferidas em casos repetitivos, considerando o princípio da segurança jurídica e eventuais impactos sobre o interesse social. Já o §5º do art. 927 assegura ampla publicidade à divulgação dos precedentes judiciais, inclusive na rede mundial de computadores, reforçando a importância da transparência como fator de legitimação da atividade jurisdicional e de veiculação da cidadania. Por fim, o art. 928 dispõe que os julgamentos de casos repetitivos, os quais têm por objeto questões de direito material ou processual, serão aqueles proferidos em incidentes de resolução de demandas repetitivas e em recursos especial e extraordinário repetitivos.

Enfim, os arts. 926 a 928 do CPC/2015 tiveram como objetivo disciplinar e sistematizar o processo de elaboração e aplicação dos precedentes judiciais. Tais disposições legais, é certo, contêm importantes avanços, tais como: a atribuição de coerência, estabilidade e integridade à uniformização jurisprudencial; a previsão da

---

[78] NOGUEIRA, Gustavo Santana. *Precedentes vinculantes no direito comparado e no direito brasileiro*. Salvador: Jus Podivm, 2013, p. 237.

[79] HÄBERLE, Peter. *A sociedade aberta dos intérpretes da Constituição*: contribuição para a interpretação pluralista e "procedimental" da Constituição. Tradução de Gilmar Ferreira Mendes. Porto Alegre: Sergio Antonio Fabris, 1997.

eficácia vinculante nos planos vertical e horizontal; a abertura à participação do *amicus curiae* no processo de revisão de teses jurídicas consolidadas; a menção ao *distinguishing* e ao *overruling*; e a determinação para que na aplicação dos precedentes judiciais haja o necessário respeito às garantias constitucionais do contraditório e da fundamentação decisória.[80]

De fato, a formação de uma teoria de precedentes judiciais condizente com a ideia do processo justo prima pela busca da efetividade processual em harmonia com as demais garantias processuais, especialmente as do contraditório, da ampla defesa e da motivação das decisões judiciais. A influência do *common law* no ordenamento jurídico brasileiro parece uma realidade inegável e, por via de consequência, é preciso o desenvolvimento de uma teoria dos precedentes judiciais que supere uma aplicação mecânica de julgados. A possibilidade de reconstrução das particularidades dos casos concretos, mediante a garantia de elaboração da decisão judicial por meio da participação dos interessados, mostra-se como necessária à democracia e à ordem jurídica justa.

Nesse sentido, perfilhando dos ensinamentos de Dierle José Coelho Nunes, a aplicação de técnicas de julgamento de demandas repetitivas requer a consolidação de uma teoria dos precedentes baseada nos seguintes requisitos: a) necessidade de esgotamento dos debates acerca da tese jurídica antes de firmá-la como um padrão decisório (precedente judicial); b) busca de integridade e coerência na reconstrução da história institucional de aplicação da tese jurídica pelo tribunal – o que significa que cabe ao tribunal levar em consideração o histórico que levou à formação daquela tese no passado; c) garantia de estabilidade decisória dentro do tribunal (*stare decisis* com eficácia horizontal); d) aplicação discursiva do padrão (precedente) pelos tribunais inferiores (*stare decisis* com eficácia vertical), o que leva à obrigatoriedade de observância das decisões dos tribunais superiores mediante comparação da decisão-paradigma com as circunstâncias peculiares do caso concreto; e) fixação do que seja a *ratio decidendi* e os *obter dicta* do precedente; f) resguardo às partes de utilização de técnicas processuais destinadas à distinção (*distinguishing*) e/ou superação (*overrruling*) do padrão decisório, para que possam demonstrar que aquela tese jurídica não tem aplicabilidade diante das circunstâncias peculiares do caso concreto.[81]

A observância dessas premissas, certamente, contribui para se obter um mínimo de racionalidade e coerência na formação e na aplicação das decisões judiciais,

---

[80] Essa reflexão também foi realizada em: FRANCO, Marcelo Veiga. A teoria dos precedentes judiciais no novo Código de Processo Civil. *In*: DIDIER JR., Fredie; CUNHA, Leonardo José Carneiro da; ATAÍDE JR., Jaldemiro Rodrigues de; MACEDO, Lucas Buril de (Coord.). *Coleção Grandes Temas do Novo CPC – v. 3 – Precedentes*. Salvador: Jus Podivm, 2015, p. 521-536.

[81] NUNES, Dierle. Problemas para o dimensionamento de técnicas para a litigiosidade repetitiva: a litigância de interesse público, o processualismo constitucional democrático e as tendências 'não compreendidas' de padronização decisória. *In*: JAYME, Fernando Gonzaga; FARIA, Juliana Cordeiro de; LAUAR, Maira Terra (Coord.). *Processo civil – novas tendências*: homenagem ao Ministro Sálvio de Figueiredo Teixeira. Belo Horizonte: Del Rey, 2011, p. 126-129.

especialmente em relação aos precedentes de caráter vinculante. A legitimação do exercício da função jurisdicional perpassa pela formação de uma teoria dos precedentes judiciais que respeite a história institucional da sociedade e a tradição jurídico-constitucional de respeito aos direitos e garantias fundamentais.

5.4 A *IRRAZOÁVEL DURAÇÃO* DO PROCESSO COMO HIPÓTESE DE *DANO MORAL E MATERIAL*: A POSSIBILIDADE DE ATRIBUIÇÃO DE *RESPONSABILIDADE CIVIL* AO ESTADO PELA *MOROSIDADE PROCESSUAL*

Um dos pilares que estruturam o processo justo consiste na necessidade de satisfação do direito material reconhecido na decisão judicial por meio de um processo cuja tramitação e conclusão ocorram em tempo razoável (art. 5º, LXXVIII, da CRFB). Trata-se de manifestação do escopo de *efetividade* do exercício da função jurisdicional.

Por outro lado, a *crise da justiça* que assola o sistema judiciário contemporâneo demonstra que, na verdade, vivemos um contexto de *inefetividade* dos métodos estatais de resolução das controvérsias. A "lentidão alarmante do funcionamento dos órgãos da justiça"[82] é verificada, por exemplo, diante de problemas como o altíssimo número de processos nos órgãos judiciários e a excessiva demora no andamento e conclusão dos processos judiciais.

Diante desse contexto, passa a ser possível propor que a violação do direito fundamental à razoável duração do processo pode configurar, em determinadas hipóteses, *dano moral*[83] e *material* em desfavor do jurisdicionado. Nesse caso, o fato gerador da lesão psíquica[84] é a *morosidade* processual decorrente da ilegítima falha na prestação do serviço público jurisdicional.

---

[82] TUCCI, José Rogério Cruz e. *Tempo e processo*: uma análise empírica das repercussões do tempo na fenomenologia processual (civil e penal). São Paulo: Revista dos Tribunais, 1998, p. 16.

[83] O dano moral (ou extrapatrimonial), em contraposição ao dano patrimonial, é entendido como "o sofrimento psíquico ou moral, as dores, as angústias e as frustrações infligidas ao ofendido". Para a sua caracterização, a lesão deve ultrapassar o mero dissabor ou aborrecimento típicos da vida em sociedade, pois o prejuízo deve ser extraordinário, molestando "gravemente a alma humana, ferindo-lhe gravemente os valores fundamentais inerentes à sua personalidade ou reconhecidos pela sociedade em que está integrado". Em virtude do seu caráter extrapatrimonial, a reparação do dano moral, prevista no art. 5º, V e X, da CRFB e no art. 12 do Código Civil, "se faz através de uma compensação" (geralmente financeira), e não de um ressarcimento (CAHALI, Yussef Said. *Dano moral*. 3. ed., São Paulo: Revista dos Tribunais, 2005, p. 20-44).

[84] A lesão psíquica é aquela que atinge a "esfera da subjetividade, ou do plano valorativo da pessoa na sociedade, em que repercute o fato violador, havendo-se como tais aqueles que atingem os aspectos mais íntimos da personalidade humana (o da intimidade e da consideração pessoal), ou o da própria valoração da pessoa no meio em que vive e atua (o da reputação ou da consideração social)" (BITTAR, Carlos Alberto. *Reparação civil por danos morais*. São Paulo: Revista dos Tribunais, 1992, p. 41).

A excessiva demora no julgamento equivale à própria negativa de prestação jurisdicional. A jurisdição, como espécie de serviço público, submete-se à observância dos princípios da legalidade e da eficiência (art. 37, *caput*, da CRFB).[85]

Assim sendo, se comprovados os requisitos no caso concreto, é possível a atribuição de responsabilidade civil ao Estado para fins de reparação do dano moral e material causado ao jurisdicionado, em face de intolerável morosidade processual que implique transgressão à *eficácia plena e à aplicabilidade imediata* (art. 5º, §1º, da CRFB) *do direito fundamental à razoável duração do processo* (art. 5º, LXXVIII, da CRFB). A imputação de responsabilidade civil ao Estado visa a coibir dilações indevidas comumente perpetradas nos cartórios e órgãos jurisdicionais, as quais não estão em conformidade com o direito fundamental à razoável duração do processo e, portanto, com a noção de *processo justo*.

Com efeito, não obstante o número excessivo de processos seja uma "causa determinante da dificuldade da prestação jurisdicional em prazo razoável",[86] não pode o Estado se escusar do cumprimento do art. 5º, LXXVIII, da CRFB sob o argumento do alto volume de demandas, "já que se acha constitucionalmente obrigado a aparelhar o serviço público de modo a cumprir, e fazer cumprir, todos os direitos fundamentais, inclusive o de garantir o acesso à justiça, dentro dos parâmetros do devido processo legal".[87]

O Judiciário brasileiro ainda não está preparado para enfrentar uma *litigiosidade de massas*.[88] Em determinadas hipóteses, a excessiva lentidão na tramitação dos processos judiciais, aliada à inaceitável demora do Judiciário em fornecer a resolução do caso concreto, pode configurar um fato causador de dano moral e material em desfavor do jurisdicionado.

É óbvio que não estamos defendendo que, em qualquer hipótese de demora processual, há a configuração de lesão indenizável ao jurisdicionado. Apenas em casos excepcionais e devidamente circunstanciados, é possível ao cidadão pleitear a condenação do Poder Público a indenizá-lo em virtude da má prestação do serviço

---

[85] ANDRADE, Érico. *O Mandado de Segurança*: a busca da verdadeira especialidade (proposta de releitura à luz da efetividade do processo). Rio de Janeiro: Lumen Juris, 2010, p. 167; FERREIRA, Simone Rodrigues. A efetividade do direito fundamental à razoável duração do processo. *Revista IOB de Direito Civil e Processual Civil*, Porto Alegre, v. 9, n. 53, p. 141-142, maio/jun. 2008.

[86] BRASIL. Supremo Tribunal Federal, HC n.º 91.408, Relator Ministro Eros Grau, Segunda Turma, julgado em 14/08/2007, publicado em 26/10/2007, trechos do voto do Ministro Eros Grau.

[87] THEODORO JUNIOR, Humberto. *Direito fundamental à duração razoável do processo*. Disponível em: http://www.anima-opet.com.br/segunda_edicao/Humberto_Theodoro_Junior.pdf. Acesso em: 29 set. 2014.

[88] JAYME, Fernando Gonzaga. Os problemas da efetiva garantia de proteção judicial perante o Poder Judiciário brasileiro. *In*: JAYME, Fernando Gonzaga; FARIA, Juliana Cordeiro de; LAUAR, Maira Terra (Coord.). *Processo Civil – novas tendências*: estudos em homenagem ao Professor Humberto Theodoro Júnior. Belo Horizonte: Del Rey, 2008, p. 239.

público jurisdicional, até para evitar eventual enriquecimento ilícito daquele que se julga lesado.

Marco Félix Jobim salienta que "somente o Estado ser considerado o único responsável pela intempestividade processual não é um caminho que visa a combater a duração não razoável do processo, mas, consequentemente, apenas agravá-la". Para que seja atingido o objetivo de coibir a ilegítima demora na marcha processual, é preciso "criar mecanismos de punição a toda e qualquer pessoa que, injustificadamente, traga entrave à prestação jurisdicional", para que seja evitada uma multiplicação de processos – como ocorrido na Itália – que resulta apenas em maior dilação do tempo de espera do jurisdicionado, de modo antagônico ao próprio objetivo de atribuição de maior tempestividade à tutela jurisdicional.[89]

Nesse sentido, se a delonga excessiva do procedimento é consequência da comprovada inércia do juiz e de seus auxiliares no cumprimento de prazos legais, ou na própria falta de controle judicial do comportamento das partes e da realização de provas inúteis, passa a ser possível, em tese, a atribuição de responsabilidade ao Estado pela violação ao direito fundamental à duração razoável do processo (art. 5º, LXXVIII, da CRFB), ao art. 35, II e III, da LOMAN e ao art. 4º do CPC/2015 ("As partes têm o direito de obter em prazo razoável a solução integral do mérito, incluída a atividade satisfativa"). Esse posicionamento encontra respaldo em manifestações doutrinárias:

> Ora, se o Poder Judiciário está em atraso com seu jurisdicionado, é o mesmo que dizer que o Estado está em falta grave com seu cidadão, e, se isso de fato ocorre, deve ele indenizar aquele que se sentir prejudicado pela intempestividade processual, provando, por óbvio, seu prejuízo, que pode ser patrimonial ou extrapatrimonial.[90]

> O direito à indenização por danos oriundos da prestação jurisdicional intempestiva tem sido reconhecido e aplicado pelo mundo afora, conforme pôde se depreender da prática da Corte Europeia de Direitos Humanos. Por mais que se tenha caráter eminentemente paliativo, e não estrutural, a reparação civil acaba por ser um instrumento útil para minimizar os efeitos da demora dos processos sobre a vida dos indivíduos.[91]

A atribuição da responsabilidade civil ao ente público visa a concretizar um direito fundamental como "meio de se assegurar ao cidadão o direito à jurisdição, à prestação jurisdicional em tempo razoável ou sem dilações indevidas".[92] A violação

---

[89] JOBIM, Marco Félix. A responsabilidade civil do Estado em decorrência da intempestividade processual. *Revista Jurídica*, Porto Alegre, v. 59, n. 409, p. 56-66, nov. 2011.

[90] JOBIM, Marco Félix. A responsabilidade civil do Estado em decorrência da intempestividade processual. *Revista Jurídica*, Porto Alegre, v. 59, n. 409, p. 57, nov. 2011.

[91] RAMOS, Carlos Henrique. *Processo civil e o princípio da duração razoável do processo*. Curitiba: Juruá, 2008, p. 104.

[92] ANNONI, Danielle. *Responsabilidade do Estado pela não duração razoável do processo*. Curitiba: Juruá, 2008, p. 152.

ao direito fundamental à razoável duração do processo pode ser enquadrada "em uma das hipóteses de responsabilidade do Estado".[93]

Sabe-se que a imputação de responsabilidade civil ao Estado (art. 37, §6º, da CRFB) requer o preenchimento de determinados requisitos, quais sejam: a) o *fato administrativo*, "assim considerado como qualquer forma de conduta, comissiva ou omissiva, legítima ou ilegítima, singular ou coletiva, atribuída ao Poder Público"; b) o *dano*, já que "não há falar em responsabilidade civil sem que a conduta haja provocado um dano", ou seja, "se o dito lesado não prova que a conduta estatal lhe causou prejuízo, nenhuma reparação terá a postular"; c) o *nexo causal* (ou relação de causalidade) entre o fato administrativo e o dano, na medida em que "se o dano decorre de fato que, de modo algum, pode ser imputado à Administração, não se poderá imputar responsabilidade civil a esta; inexistindo o fato administrativo, não haverá por consequência, o nexo causal", motivo pelo qual "não se pode responsabilizar o Estado por todos os danos sofridos pelos indivíduos".[94]

Sendo assim, apenas se estiverem devidamente apurados no caso concreto os requisitos para a atribuição de responsabilidade civil ao Estado, torna-se possível ao jurisdicionado deduzir judicialmente a pretensão de reparação moral e material das lesões que lhe foram causadas em virtude da lentidão excessiva na resolução da sua demanda judicial.

No ponto, é preciso frisar que a caracterização do dano se baseia em uma circunstância de evidente intempestividade processual, isto é, uma situação na qual houve uma intolerável e excessiva demora na tramitação ou na resolução do caso concreto em virtude de falha culposa ou dolosa na prestação jurisdicional. Por conseguinte, tanto o processo intempestivo – fora de um prazo razoável – como o processo moroso – excessivamente lento – são capazes de ensejar a responsabilidade civil do Estado.

Em resumo, é preciso que o jurisdicionado comprove no caso concreto: a) que houve uma situação de ilegítima ineficiência na prestação do serviço público jurisdicional (art. 37, *caput*, da CRFB), consistente na violação do seu direito fundamental à razoável duração do processo em virtude de uma excessiva e intolerável lentidão na tramitação de seu processo judicial (art. 5º, LXXVIII, da CRFB e art. 4º do CPC/2015); b) que a lentidão na resolução de sua demanda implicou danos à sua esfera moral e material, os quais devem ser devidamente comprovados e circunstanciados em face das peculiaridades do caso concreto; c) que os danos foram causados, direta e unicamente, pela falha na prestação jurisdicional, preservadas as hipóteses de exclusão da imputação de responsabilidade civil ao Estado (*v.g.*, caso fortuito, força maior e culpa exclusiva de terceiro); d) que a demora processual e a má prestação

---

[93] NICOLITT, André Luiz. *A duração razoável do processo*. Rio de Janeiro: Lumen Juris, 2006, p. 114.
[94] CARVALHO FILHO, José dos Santos. *Manual de Direito Administrativo*. 17. ed., Rio de Janeiro: Lumen Iuris, 2007, p. 482.

do serviço público jurisdicional decorreram de imprudência, imperícia, negligência ou dolo dos órgãos, membros e auxiliares judiciários, caso se entenda que a responsabilidade civil estatal, no caso, é do tipo subjetiva.[95]

Os Tribunais da Europa já há tempo vêm se inclinando para a possibilidade de condenação do Estado à reparação dos danos causados em virtude da ilícita demora no julgamento de processos judiciais, sobretudo quando a procrastinação injustificada ocorre por ilegítima inércia do órgão jurisdicional.

A Corte Europeia dos Direitos do Homem, em julgamento ocorrido em 25 de junho de 1987, condenou o Estado da Itália a indenizar um jurisdicionado em razão dos danos materiais e morais sofridos em decorrência "do estado de prolongada ansiedade pelo êxito da demanda".[96] Conforme relata Frederico Koehler, as Cortes Europeias também já proferiram condenações em virtude de excessiva duração do processo em face de países como Alemanha (caso *Pammel*, de 1997), Espanha, Áustria (caso *Hannak vs. Austria*, em 2005, em que houve a imposição de nove mil euros por danos não-pecuniários e dois mil euros por custas despesas e taxas) e Malta (caso *Debono vs. Malta*, em 2006, em que o processo se prolongara por dez anos sem resolução final).[97]

Aliás, na Itália a questão da morosidade processual é um problema tão crônico que em 24 de março de 2001 foi editada a Lei n.º 89, conhecida como *Legge Pinto* – de autoria do deputado Michele Pinto –, a qual estabeleceu na legislação daquele país a possibilidade de fixação de indenização em virtude de danos sofridos por força de excessiva e desproporcional demora na prestação jurisdicional:

> Art. 2. Direito à justa reparação.
>
> 1. Quem sofreu um dano patrimonial ou não patrimonial decorrente da violação da Convenção para Salvaguarda dos Direitos do Homem e das Liberdades Fundamentais, ratificada nos termos da lei de 4 de agosto de 1955, n. 848, sob a alegação de desrespeito do prazo razoável, assegurado no art. 6º, 1, da Convenção, tem direito a uma justa reparação.[98]

---

[95] Quanto à natureza da responsabilidade civil na hipótese, ainda não há consenso doutrinário: para alguns, trata-se de reponsabilidade civil *subjetiva*, já que o Estado seria responsabilizado por ato omissivo, enquanto para outros se trata de reponsabilidade *objetiva* – como ocorre na Itália – já que a prestação jurisdicional defeituosa é a causa direta do ato. Para aprofundar no debate, conferir: HOFFMAN, Paulo. *Razoável duração do processo*. São Paulo: Quartier Latin, 2006; KOEHLER, Frederico Augusto Leopoldino. *A razoável duração do processo*. 2. ed., Salvador: Jus Podivm, 2013.

[96] Íntegra da decisão em TUCCI, José Rogério Cruz e. Duração razoável do processo (art. 5º, LXXVIII, da Constituição Federal). *In*: JAYME, Fernando Gonzaga; FARIA, Juliana Cordeiro de; LAUAR, Maira Terra (Coord.). *Processo Civil – novas tendências*: estudos em homenagem ao Professor Humberto Theodoro Júnior. Belo Horizonte: Del Rey, 2008, p. 438-442.

[97] KOEHLER, Frederico Augusto Leopoldino. *A razoável duração do processo*. 2. ed., Salvador: Jus Podivm, 2013, p. 76-77.

[98] TUCCI, José Rogério Cruz e. Sobre a duração razoável do processo na Europa comunitária. *In*: JAYME, Fernando Gonzaga; FARIA, Juliana Cordeiro de; LAUAR, Maira Terra (Coord.). *Processo civil*

Na Itália, houve uma proliferação de ações judiciais envolvendo pedidos de indenizações em virtude da excessiva lentidão na tramitação de processos. Segundo Elaine Nassif, desde 2001 já foram registrados aproximadamente 40 mil processos com pleitos de indenização por danos morais em virtude de intempestividade processual, sendo que, até 2008, o Estado Italiano havia arcado com 118 milhões de euros a título de indenizações.[99]

Em relação ao Brasil, a Corte Interamericana de Direitos Humanos, no caso *Ximenes Lopes vs. Brasil*, julgado em 04 de julho de 2006, condenou o Estado brasileiro à reparação das lesões causadas a portador de deficiência mental, em virtude das condições desumanas e degradantes de sua hospitalização. Dentre os vários argumentos utilizados para a condenação do Estado brasileiro, a referida Corte ressaltou a violação à garantia fundamental da proteção judicial e à razoável duração do processo, tendo em vista a conexão entre acesso à jurisdição e efetividade de uma tutela jurisdicional que proteja os direitos humanos sem dilações indevidas. Confira trechos da decisão:

> (...); c) enquanto dure a inércia no processo judicial para punir os responsáveis pela morte do senhor Damião Ximenes Lopes, o Estado estará descumprindo sua obrigação de punir de maneira efetiva e em prazo razoável as violações de direitos humanos;
>
> (...). 171. O Tribunal deve determinar se os procedimentos foram desenvolvidos com respeito às garantias judiciais, em um prazo razoável, e se ofereceram um recurso efetivo para assegurar os direitos de acesso à justiça, de conhecimento da verdade dos fatos e de reparação aos familiares;
>
> (...). 206. A Corte conclui que o Estado não proporcionou às familiares de Ximenes Lopes um recurso efetivo para garantir o acesso à justiça, a determinação da verdade dos fatos, a investigação, identificação, o processo e, se for o caso, a punição dos responsáveis e a reparação das consequências das violações. O Estado tem, por conseguinte, responsabilidade pela violação dos direitos às garantias judiciais e à proteção judicial consagrados nos artigos 8.1 e 25.1 da Convenção Americana, em relação com o artigo 1.1 desse mesmo tratado, em detrimento das senhoras Albertina Viana Lopes e Irene Ximenes Lopes Miranda.[100]

Também no caso *Garibaldi vs. Brasil*, novamente a Corte Interamericana de Direitos Humanos condenou o Estado brasileiro em razão da violação da garantia fundamental à razoável duração do processo. Nesse caso, o Brasil foi condenado ao pagamento de indenizações pecuniárias em virtude de danos morais e materiais, à

– *novas tendências*: homenagem ao Ministro Sálvio de Figueiredo Teixeira. Belo Horizonte: Del Rey, 2011, p. 478-479.

[99] NASSIF, Elaine. *Sobre a duração razoável do processo*. Disponível em: http://www.prt3.mpt.gov.br/imprensa/?p=1657.%20Acesso%20em:%2016%20mar.%202011. Acesso em: 04 fev. 2013.

[100] Disponível em: http://www.corteidh.or.cr/docs/casos/articulos/seriec_149_por.pdf. Acesso em: 04 out. 2014.

obrigação de conduzir o processo em um prazo razoável punindo eventuais faltas funcionais praticadas por servidores públicos e ao dever de publicar em órgão de imprensa a íntegra da decisão.[101]

Embora ainda sejam raros os casos, também os Tribunais brasileiros possuem decisões em sentido semelhante. Cite-se, por exemplo, acórdão proferido pelo Tribunal de Justiça do Estado do Rio Grande do Sul, o qual condenou o Município de Passo Fundo à reparação de dano moral causado por atraso injustificado na conclusão de sindicância administrativa instaurada em desfavor de servidor público municipal:

> Trechos do voto do Desembargador Carlos Alberto Alvaro de Oliveira.
>
> (...). Maior desenvolvimento requer a alegação de excesso de prazo no desenvolvimento da sindicância e do inquérito administrativo que se seguiu. Segundo entendo, o prolongamento excessivo desses procedimentos pode vir a causar, em tese, angústia e sofrimento moral ao acusado, de molde a determinar a reparação do dano moral, de conformidade com a garantia constitucional assegurada no art. 5º, inciso X, da Constituição da República, mormente porque esta instituiu como princípio basilar o respeito à dignidade humana (art. 1º, inciso III). (...). Esse atraso inexplicável da conclusão dos trabalhos por quase 1 ano e meio (período compreendido entre 11.12.1996 e 15.5.1998) prolongou sem justificativa a angústia e a incerteza do autor, que naturalmente almejava o fim do procedimento administrativo, visto que inocente das acusações, como ao final veio a ser reconhecido. Essa dor moral impõe-se reparada, responsabilizando o Município demandado, que por negligência no desempenho de suas funções agravou a situação aflitiva do autor.[102]

Também no Superior Tribunal de Justiça é possível encontrar orientação segundo a qual "A demora injustificada da Administração Pública para apreciar pedido de aposentadoria, obrigando o servidor a continuar exercendo compulsoriamente suas funções, gera o dever de indenizar".[103]

De fato, a irrazoável duração do processo é capaz de produzir, em determinadas situações, danos aos jurisdicionados passíveis de ressarcimento e reparação pela via indenizatória. Nessas específicas hipóteses, pode ser atribuída ao Estado a responsabilidade pela ineficiência do serviço público jurisdicional.[104]

---

[101] Disponível em: http://www.corteidh.or.cr/docs/casos/articulos/seriec_203_por.pdf. Acesso em: 04 out. 2014.

[102] BRASIL. Tribunal de Justiça do Estado do Rio Grande do Sul. Apelação Cível n.º 70006474233, Sexta Câmara Cível, Relator Desembargador Carlos Alberto Alvaro de Oliveira, julgado em 15/09/2004.

[103] BRASIL. Superior Tribunal de Justiça, REsp n.º 1052461/MS, Primeira Turma, Rel. Ministro Teori Albino Zavascki, julgado em 02/04/2009, DJe 16/04/2009.

[104] BEZERRA, Márcia Fernandes. O direito à razoável duração do processo e a responsabilidade do Estado pela demora na outorga da prestação jurisdicional. *In*: WAMBIER, Teresa Arruda Alvim *et al*. (Coord.) *Reforma do Judiciário*. São Paulo: Revista dos Tribunais, 2005, p. 478; DIAS, Ronaldo Brêtas de Carvalho. *Responsabilidade do Estado pela função jurisdicional*. Belo Horizonte: Del Rey, 2004, p. 194-203.

A indenização possui como objetivos "incentivar o Judiciário e seus integrantes a resolver mais rápido as causas" e "incentivar o próprio legislador a criar novos mecanismos legais de simplificação processual".[105] Aliás, até mesmo para a parte derrotada, "o possível e natural inconformismo é, sem dúvida, mais tênue quando a luta processual não se prolonga durante muito tempo".[106]

Nessa perspectiva, portanto, a possibilidade de atribuição de responsabilidade civil ao Estado, nos casos de desmedida morosidade processual, pode ser capaz de auxiliar na conquista do processo justo, em termos de estimular o escopo de *efetividade da tutela jurisdicional*.[107]

5.5 A MUDANÇA DA *CULTURA PROCESSUAL* E O ESTÍMULO À ADOÇÃO DE *MÉTODOS CONSENSUAIS* DE RESOLUÇÃO DE CONFLITOS

Além de questões *jurídicas e/ou legais* como as acima apontadas, a materialização de uma ordem jurídica justa também requer a mudança de circunstâncias *metajurídicas* (além do Direito) e *exoprocessuais* (fora do processo).

A primeira alteração condizente com a obtenção de uma tutela jurisdicional adequada e efetiva diz respeito à necessidade de modificação da *cultura processual* adotada atualmente por uma grande parte dos operadores jurídicos. Trata-se do fenômeno relativo à profusão de uma *tradição jurídica* de cunho *demandista*,[108] a qual contribui para a excessiva judicialização de controvérsias que pode, até mesmo, gerar a falência do sistema estatal de resolução de controvérsias.

Infelizmente, constitui uma situação típica das sociedades contemporâneas ocidentais a resolução de conflitos de interesses através da imperatividade do Estado. Comportamentos processuais como a propositura abundante de ações judiciais, a desnecessária judicialização de questões com baixíssimo impacto social ou econômico, e a interposição de recursos com intuito protelatório ou com insignificantes chances de êxito, são exemplos que demonstram uma *litigiosidade em demasia* que produz um aumento excessivo do número de processos judiciais e agravam o contexto de *crise da justiça*.

---

[105] ANDRADE, Érico. *O Mandado de Segurança*: a busca da verdadeira especialidade (proposta de releitura à luz da efetividade do processo). Rio de Janeiro: Lumen Juris, 2010, p. 109.

[106] TUCCI, José Rogério Cruz e. Sobre a duração razoável do processo na Europa comunitária. *In*: JAYME, Fernando Gonzaga; FARIA, Juliana Cordeiro de; LAUAR, Maira Terra (Coord.). *Processo civil – novas tendências*: homenagem ao Ministro Sálvio de Figueiredo Teixeira. Belo Horizonte: Del Rey, 2011, p. 434.

[107] As teses desenvolvidas nesse tópico foram também defendidas em: FRANCO, Marcelo Veiga. A violação do direito fundamental à razoável duração do processo como hipótese de dano moral. *Revista Direitos Fundamentais & Justiça*, Porto Alegre, ano 7, n. 23, p. 256-282, abr./jun. 2013.

[108] MANCUSO, Rodolfo de Camargo. *A resolução dos conflitos e a função judicial no contemporâneo Estado de Direito*. 2. ed., São Paulo: Revista dos Tribunais, 2013, p. 13 *et seq*.; THEODORO JUNIOR, Humberto. *Direito e processo*: Direito Processual Civil ao vivo. Rio de Janeiro: Aide, 1997. v. 5, p. 105.

Nessa seara, a conquista do escopo de pacificação social através da jurisdição perpassa pela necessidade de mudança do comportamento cultural dos agentes jurídicos. Grande parte dos problemas relacionados à falta de uma prestação jurisdicional de qualidade "depende menos das reformas legislativas (importantes embora), do que da postura mental dos operadores do sistema (juízes, advogados, promotores de justiça)", tendo em vista que a "mudança de *mentalidade* em relação ao processo é uma necessidade".[109] É preciso superar o mito de que "cabe aos defeitos da legislação processual a maior responsabilidade pela duração excessiva dos pleitos".[110]

A propagação de uma cultura litigiosa não está em conformidade com a ideia de que o "processo moderno está construído na base da possibilidade, mas não da necessidade, de litígio".[111] A sociedade atual parece sofrer de uma "síndrome da litigiosidade" em detrimento da "capacidade de dialogar".[112] Araken de Assis aduz que:

> Se há multiplicidade de litígios, tanto que se criaram e difundiram meios alternativos para resolvê-los, então a demora se prende a uma crise de demanda. A pessoa na sociedade pós-moderna, devidamente etiquetada (consumidor, contribuinte, cidadão, e assim por diante, conforme a situação), assume a condição de litigante inveterado e intransigente. Reivindica direitos reais ou hipotéticos com ardor e pertinácia. Quer justiça a todo custo, exibindo indiferença com a posição e o direito do seu eventual adversário.[113]

Contudo, na maioria das vezes, a sentença judicial põe fim ao processo, porém não encerra o conflito social levado ao Judiciário. É preciso superar a cultura da *sentença adjudicatória jurisdicional* – advinda do processo judicial – mediante a sua substituição por uma mentalidade de *solução negociada das controvérsias* – decorrente da mediação e da conciliação, de preferência a pré-processual.[114]

---

[109] CINTRA, Antônio Carlos de Araújo; GRINOVER, Ada Pelegrini; DINAMARCO, Cândido Rangel. *Teoria Geral do Processo*. 22. ed., São Paulo: Malheiros, 2006, p. 51, destaques no original.

[110] ALVES, Francisco Glauber Pessoa. A efetividade como axiologia: premissa obrigatória para um processo célere. *In*: FUX, Luiz; NERY JR., Nelson; WAMBIER, Teresa Arruda Alvim. *Processo e Constituição*: estudos em homenagem ao professor José Carlos Barbosa Moreira. São Paulo: Revista dos Tribunais, 2006, p. 146.

[111] TORNAGHI, Hélio. *A relação processual penal*. 2. ed., São Paulo: Saraiva, 1987, p. 25.

[112] THEODORO JUNIOR, Humberto. Celeridade e efetividade da prestação jurisdicional: insuficiência da reforma das leis processuais. *Revista de processo*, São Paulo, ano 30, n. 125, p. 74, jul. 2005.

[113] ASSIS, Araken. Duração razoável do processo e reformas da lei processual civil. *In*: FUX, Luiz; NERY JR., Nelson; WAMBIER, Teresa Arruda Alvim (Coord.). *Processo e Constituição*: estudos em homenagem ao professor José Carlos Barbosa Moreira. São Paulo: Revista dos Tribunais, 2006, p. 199-200.

[114] Na visão de Francesco Carnelutti, a solução pacífica dos conflitos deve se converter em interesse coletivo, de maneira que a composição das controvérsias se obtenha *sem* a necessidade do Direito. O autor avalia que "à medida em que a civilização progride, *há menos necessidade do Direito* para atuar a solução pacífica do conflito, não apenas porque cresce a moralidade, como também, e mais que tudo, porque aumenta a sensibilidade dos homens perante o supremo interesse coletivo" (CARNELUTTI, Francesco. *Sistema de Direito Processual Civil*. Tradução de Hiltomar Martins Oliveira. São Paulo: Classic Book, 2000. v. 1, p. 62-63, destaques no original).

O problema da litigiosidade em demasia expressa uma cultura de *contenciosidade* em detrimento de uma tradição de *conciliação*, a qual, a nosso ver, está mais adequada aos objetivos do Estado Democrático de Direito. A adoção de métodos autônomos de solução de controvérsias visa a assegurar maior efetividade à tutela jurisdicional, como forma de atenuar o "problema *social* do igual acesso à Justiça Civil".[115] Nesse cenário, é cabível a ampliação das possibilidades de utilização pelo cidadão de métodos não-adjudicatórios de resolução de conflitos, inclusive como forma de aprimoramento do acesso à justiça. O "conceito *multiportas*", definido por Elena Highton, é interessante sobre o tema:

> Está concebido como um centro de resolução de disputas e desvantagens para um caso específico em que se fazem aconselháveis diferentes formas de resolução de disputas. Então, ao invés de instalar apenas uma porta para obter um serviço de justiça, deve dar-se a opção de que os usuários possam acessar a porta que seja mais apropriada para a natureza do caso ou das partes. Em certo sentido este modelo de tribunal para o futuro inclui entre os seus serviços não somente a jurisdição como também uma variedade de programas de métodos alternativos de solução de disputas nas suas possíveis derivações.[116]

Fato é que, em países cujo sistema jurisdicional possui um grau mais avançado de desenvolvimento, a difusão de métodos alternativos de resolução de controvérsias é uma realidade, especialmente diante da constatação de que o Judiciário não é capaz de absorver as expectativas nele depositadas de promotor último da paz social.[117]

No direito anglo-americano, a inadequação da jurisdição estatal heterônoma para a resolução de certos tipos de demandas e para o enfrentamento do crescente e enorme volume de processos judiciais resultou na preocupação com a propagação de fontes autônomas de solução de litígios. Por meio da criação dos chamados "meios alternativos" de solução extrajudicial de conflitos de interesses (ou *alternative dispute resolution* – ADR), as doutrinas anglo-saxã e norte-americana voltaram "os olhos para a necessidade de buscar na justiça coexistencial um remédio para enfrentar a crise da justiça oficial".[118]

---

[115] CAPPELLETTI, Mauro. *Processo, ideologias e sociedade*. Tradução de Elício de Cresci Sobrinho. Porto Alegre: Sergio Antonio Fabris, 2008. v. 1, p. 347 *et seq.*, destaque no original; CAPPELLETTI, Mauro; GARTH, Bryant. *Acesso à justiça*. Tradução de Ellen Gracie Northfleet. Porto Alegre: Sergio Antonio Fabris, 1988, p. 7-13.

[116] HIGHTON, Elena I. *Justicia en cambio*: sociedad civil, abogados y jueces – Un nuevo proyecto para la administración de Justicia. Santa Fé: Rubinzal-Culzoni, 2003, p. 79-80, tradução livre. O "conceito multiportas" também é adotado na *Superior Court of the District of Columbia*, com o nome *Multi-Door Dispute Resolution Division* (ATAIDE JUNIOR, Vicente de Paula. *O novo juiz e a administração da justiça*: repensando a seleção, a formação e a avaliação dos magistrados no Brasil. Curitiba: Juruá, 2009, p. 137).

[117] SANTOS, Boaventura de Sousa. *Para uma Revolução Democrática da Justiça*. São Paulo: Cortez, 2007, p. 30.

[118] THEODORO JUNIOR, Humberto. Celeridade e efetividade da prestação jurisdicional: insuficiência da reforma das leis processuais. *Revista de processo*, São Paulo, ano 30, n. 125, p. 75, jul. 2005.

Na Inglaterra, por exemplo, Neil Andrews ressalta que o sistema de justiça civil apresenta cinco características principais: a) o julgamento de quase todas as ações civis inglesas, de primeira instância, por juízes singulares, sem o apoio de outros juízes nem de um júri civil; b) a passagem segmentada de grandes ações judiciais por várias fases e remédios intermediários e de pré-litígio; c) a condução da controvérsia "sob a sombra do princípio de que cada litigante corre o risco de receber uma ordem para arcar com as despesas judiciais em que incorre a parte adversa, caso seja vitoriosa" (*cost-shifting*); d) "a divisão profissional entre os diferentes tipos de advogados especializados em litígios"; e) o término dos litígios, na maioria dos casos, mediante acordo, e raramente por meio de sentença.[119]

A jurisdição inglesa se baseia no estímulo oficial à adoção das ADR's, o que tem implicado uma redução significativa dos processos em tramitação perante o Judiciário. A partir dos objetivos de aperfeiçoamento das técnicas de acesso à jurisdição, redução dos custos, diminuição da complexidade das regras processuais e modernização da terminologia jurídica, o sistema anglo-saxão busca eliminar a obrigatoriedade de que a controvérsia social passe necessariamente pelo crivo do Judiciário, inclusive por meio da utilização de remédios intermediários e de pré-litígio voltados à resolução consensual das controvérsias antes do início do processo.

Os Tribunais ingleses se apresentam como órgãos "patrocinadores de acordo negociado", uma vez que a resolução da controvérsia mediante a prolação de uma sentença é "apenas um, e provavelmente o menos desejado" método de pacificação. Com isso, "juízes ingleses comemoram esses meios consensuais de solução de conflitos civis", pois vigora na Inglaterra uma filosofia de litígio pautada no incentivo ao acordo inicial pré-processual.[120]

A cultura inglesa tendente à adoção da consensualidade em detrimento do litígio foi reforçada, em tempos mais recentes, por uma "ampla reforma da administração da justiça" iniciada na década de 1990 e impulsionada pelo *Lord Chancellor Department* através do *Court Service*. A reforma, que adotou como referência "o modelo da *European Foundation for Quality Management*", teve como escopo a adoção de medidas direcionadas "à optimização do funcionamento dos tribunais, à diminuição da morosidade processual, e à redução dos custos e tempo de espera nos julgamentos ou em outras diligências processuais".[121]

---

[119] ANDREWS, Neil. *O moderno processo civil*: formas judiciais e alternativas de resolução de conflitos na Inglaterra. Tradução de Teresa Arruda Alvim Wambier. 2. ed., São Paulo: Revista dos Tribunais, 2012, p. 55-56.

[120] ANDREWS, Neil. *O moderno processo civil*: formas judiciais e alternativas de resolução de conflitos na Inglaterra. Tradução de Teresa Arruda Alvim Wambier. 2. ed., São Paulo: Revista dos Tribunais, 2012, p. 57-63 e 347-352.

[121] OBSERVATÓRIO PERMANENTE DA JUSTIÇA PORTUGUESA. *A Administração e Gestão da Justiça*: análise comparada das tendências de reforma. Direção científica de Boaventura de Sousa Santos; Coordenação de Conceição Gomes. Portugal, p. 195 *et seq*. Disponível em: http://opj.ces.uc.pt/pdf/5.pdf. Acesso em: 02 out. 2014.

Nos EUA, o acesso à jurisdição tem como premissa uma "forte reação social contra o abuso das demandas".[122] A ideia é que as partes busquem por si mesmas a solução consensual do conflito – seja com a assistência ou não de um intermediador –, sem que tenham que se submeter ao pronunciamento imperativo de um terceiro estranho aos fatos – juiz ou árbitro.

Também o ensino norte-americano se dirige, desde a sua base, a incutir na sociedade uma cultura da pacificação que acarreta, inclusive, a diminuição dos conflitos nas escolas. Owen Fiss relata, por exemplo, que o ex-presidente da Universidade de Harvard, Derek Bok, no ano de 1983, enviou um relatório àquela instituição por meio do qual criticava "a comum inclinação do currículo jurídico com vistas a preparar os estudantes para o combate jurídico", e então sugeria a orientação dos alunos de Direito "para as práticas amigáveis da conciliação e do acordo" e para a adoção de "novos mecanismos voluntários" de solução de controvérsias.[123]

A cultura jurídica norte-americana define uma estratégia para a antecipação e a prevenção de conflitos, estimulando a composição amigável da controvérsia em momento anterior à propositura da ação judicial. Há um evidente incentivo para que sejam adotados métodos de autocomposição de conflitos, tais como a conciliação e a mediação,[124] os quais resultam na solução de conflitos de forma mais rápida, menos onerosa e com resultados qualitativamente melhores. Vicente de Paula Ataíde Júnior confirma que, nos EUA, "parece haver disseminada uma verdadeira cultura do acordo extrajudicial", já que "cerca de 80% das controvérsias são resolvidas pelos sistemas alternativos de soluções de conflitos, como mediação e arbitragem".[125]

No Brasil, é verdade que, gradativamente, ganha força a tentativa de ampliação de uma cultura que privilegia a *pacificação*, o *diálogo*, o *consenso*, o *acordo* e a *oralidade*, em desfavor da *força*, da *imperatividade*, do *litígio* e do *processo judicial*.

---

[122] THEODORO JUNIOR, Humberto. *Direito e processo*: Direito Processual Civil ao vivo. Rio de Janeiro: Aide, 1997. v. 5, p. 105. Contudo, o autor ressalta que, não obstante os esforços para a redução de demandas, também nos EUA houve uma "proliferação de ações por mínimas e quaisquer razões", chegando a se falar em uma *indústria do litígio*.

[123] FISS, Owen. *Um novo processo civil*: estudos norte-americanos sobre jurisdição, constituição e sociedade. Tradução de Daniel Porto Godinho da Silva e Melina de Medeiros Rós. São Paulo: Revista dos Tribunais, 2004, p. 121-122.

[124] A autocomposição ocorre quando os próprios litigantes, ou um deles unilateralmente, encontra caminho apto para a solução do conflito. São exemplos de *autocomposi*ção: a) de natureza unilateral: a.1) a *renúncia* ao direito, que é uma "atitude de resignação" que determina a extinção do processo com resolução do mérito; a.2) a *submiss*ão (ou *reconhecimento do pedido*), o qual, quando homologado pelo juiz, acarreta a extinção do processo com resolução do mérito; b) de natureza bilateral: b.1) a *transação*, que importa em mútuas concessões para colocar fim à controvérsia. A utilização de tais métodos pode levar à *conciliação*, quando há a intervenção de terceiro com vistas a persuadir os litigantes à autocomposição, e à *mediação*, quando as próprias partes apresentam propostas de solução da contenda. (DINAMARCO, Cândido Rangel. *Institui*ções de Direito Processual Civil. 6. ed., São Paulo: Malheiros, 2009. v. I, p. 117-119).

[125] ATAIDE JUNIOR, Vicente de Paula. *O novo juiz e a administração da justiça*: repensando a seleção, a formação e a avaliação dos magistrados no Brasil. Curitiba: Juruá, 2009, p. 137.

A Resolução n.º 125 do CNJ, de 29 de novembro de 2010, ao dispor sobre a Política Judiciária Nacional de tratamento adequado dos conflitos de interesses no âmbito do Judiciário, prevê que aos "órgãos judiciários incumbe, além da solução adjudicada mediante sentença, oferecer outros mecanismos de soluções de controvérsias, em especial os chamados meios consensuais, como a mediação e a conciliação" (art. 1º, parágrafo único).

A Resolução, com acerto, trata o incentivo e o aperfeiçoamento dos mecanismos consensuais de solução de litígios como uma questão de *política pública*, considerando que a "conciliação e a mediação são instrumentos efetivos de pacificação social, solução e prevenção de litígios", os quais têm "reduzido a excessiva judicialização dos conflitos de interesses, a quantidade de recursos e de execução de sentenças".

Para tanto, o CNJ confere aos Tribunais a atribuição de criar Núcleos Permanentes de Métodos Consensuais de Solução de Conflitos, os quais, dentre outras funções, visam a promover a capacitação, o treinamento e a atualização permanente de magistrados, servidores, conciliadores e mediadores nos métodos consensuais de solução de conflitos (art. 7º, V). Também fica prevista a instalação de Centros Judiciários de Solução de Conflitos e Cidadania, com o objetivo de realizar as sessões de conciliação e mediação que estejam a cargo de conciliadores e mediadores (art. 7º, IV).

A importância da Resolução n.º 125/2010 do Conselho Nacional de Justiça é notada por José Francisco Cahali, o qual a relaciona ao já citado "conceito multiportas":

> Consolida-se no Brasil, então, com a Res. 125/2010 a implantação do chamado *Tribunal Multiportas*, sistema pelo qual o Estado coloca à disposição da sociedade alternativas variadas para se buscar a solução mais adequada de controvérsias, especialmente valorizados os mecanismos de pacificação (meios consensuais), e não mais restrita a oferta ao processo clássico de decisão imposta pela sentença judicial. Cada uma das opções (mediação, conciliação, orientação, a própria ação judicial contenciosa etc.), representa uma 'porta', a ser utilizada de acordo com a conveniência dos interessados, na perspectiva de se ter a maneira mais apropriada de administração e resolução de conflito.[126]

Antes mesmo da edição da citada Resolução, já era possível verificar, em alguns Estados, a tendência de institucionalizar a resolução do conflito por meio da conciliação. Em Minas Gerais, por exemplo, há programa próprio de capacitação e de aperfeiçoamento de conciliadores, bem como o projeto "Conciliar é legal". No Amapá, há projetos como "Sábado é dia de conciliar", "Arraial da Conciliação" e "Spa da Conciliação", enquanto em Fortaleza existem os Juizados Itinerantes de Trânsito.[127]

---

[126] CAHALI, Francisco José. *Curso de Arbitragem*: Mediação, Conciliação, Resolução CNJ 125/2010 e respectiva Emenda n. 1 de 31 de janeiro de 2013. 3. ed., São Paulo: Revista dos Tribunais, 2013, p. 53.

[127] FERRAZ, Leslie Shérida. *Juizados Especiais Cíveis e acesso à justiça qualificado:* uma análise empírica. 2008. 235f. Tese (Doutorado) – Faculdade de Direito, Universidade de São Paulo, São Paulo, 2008, p. 98-103.

Também o CPC/2015, de forma apropriada, confere especial relevância ao incentivo à adoção de técnicas consensuais de solução de litígios. Logo nos §§2º e 3º do art. 3º está previsto, respectivamente, que "O Estado promoverá, sempre que possível, a solução consensual dos conflitos" e que "A conciliação, a mediação e outros métodos de solução consensual de conflitos deverão ser estimulados por juízes, advogados, defensores públicos e membros do Ministério Público, inclusive no curso do processo judicial".

Por sua vez, nos arts. 165 a 175, há ainda uma regulamentação minuciosa acerca dos conciliadores e mediadores judiciais. No art. 165, existe previsão para que os tribunais criem "centros judiciários de solução consensual de conflitos, responsáveis pela realização de sessões e audiências de conciliação e mediação e pelo desenvolvimento de programas destinados a auxiliar, orientar e estimular a autocomposição".

No §2º do art. 165 define-se que o *conciliador* "atuará preferencialmente nos casos em que não houver vínculo anterior entre as partes", e "poderá sugerir soluções para o litígio, sendo vedada a utilização de qualquer tipo de constrangimento ou intimidação para que as partes conciliem". Já o §3º do art. 165 prevê que o *mediador* "atuará preferencialmente nos casos em que houver vínculo anterior entre as partes", e "auxiliará aos interessados a compreender as questões e os interesses em conflito, de modo que eles possam, pelo restabelecimento da comunicação, identificar, por si próprios, soluções consensuais que gerem benefícios mútuos". Em ambos os casos, tanto a conciliação como a mediação "são informadas pelos princípios da independência, da imparcialidade, da autonomia da vontade, da confidencialidade, da oralidade, da informalidade e da decisão informada" (art. 166).

No art. 167, consta que os "conciliadores, os mediadores e as câmaras privadas de conciliação e mediação serão inscritos em cadastro nacional e em cadastro de tribunal de justiça ou de tribunal regional federal, que manterá registro de profissionais habilitados, com indicação de sua área profissional". Por seu turno, o art. 174 determina que a "União, os Estados, o Distrito Federal e os Municípios criarão câmaras de mediação e conciliação, com atribuições relacionadas à solução consensual de conflitos no âmbito administrativo, tais como: a) dirimir conflitos envolvendo órgãos e entidades da administração pública; b) avaliar a admissibilidade dos pedidos de resolução de conflitos, por meio de conciliação, no âmbito da administração pública; c) promover, quando couber, a celebração de termo de ajustamento de conduta".

Nesse contexto, pode-se dizer que o CPC/2015, com propriedade, busca institucionalizar no Brasil o incentivo formal e o estímulo legal à adoção de métodos de conciliação e de mediação na resolução dos conflitos de interesses. O novo diploma processual civil visa a romper com a cultura jurídica nacional de viés demandista hoje prevalecente.

De fato, o atual estágio de adoção de métodos autônomos de resolução de conflitos de interesses, no Brasil, não se mostra capaz de suplantar a crise judiciária. Tais métodos vêm se mostrando impotentes perante um sistema judiciário brasileiro adepto de uma cultura jurídica arcaica e imatura no que tange à busca pela resolução consensual dos conflitos. Kazuo Watabane se posiciona sobre a questão:

> Nesse âmbito, os estudos que vêm sendo desenvolvidos não se limitam ao mero aspecto organizacional, sua estrutura e sua funcionalidade. Novas estratégias de tratamento dos conflitos de interesses têm sido analisadas e até mesmo postas em prática, procurando-se soluções alternativas aos meios tradicionais em uso, como o juízo de conciliação, os juízos arbitrais e a participação de leigos na administração da Justiça. Lamentavelmente, no Brasil, as tentativas de busca de novas alternativas esbarram em vários obstáculos – dos quais os mais sérios são o imobilismo e a estrutura mental marcada pelo excessivo conservadorismo, que se traduz no apego irracional às fórmulas do passado, de um lado, e à inexistência, por outro, de qualquer pesquisa interdisciplinar sobre os conflitos de interesses e as demandas (no sentido de ações ajuizadas), suas causas, seus modos de solução ou acomodação, os obstáculos ao acesso à Justiça e vários outros aspectos que propiciem o melhor entendimento da realidade social por parte dos responsáveis pela melhor organização da Justiça.[128]

Na realidade, a redefinição do papel dos agentes jurídicos, mediante a atribuição de *corresponsabilidade* política, jurídica e social na realização dos ideais democráticos, é importante para a supremacia da Constituição e para a materialização dos direitos fundamentais. É relevante uma mudança do comportamento processual dos advogados, procuradores públicos, membros do Ministério Público, defensores públicos, dentre outros. E, igualmente, importa que a magistratura exerça a sua "condição de participante ativa do processo de mudança social".[129]

Enfim, o delineamento de uma ordem jurídica justa – e, consequentemente, do processo justo – está atrelado a uma alteração da mentalidade comportamental dos operadores jurídicos, a qual seja destinada à efetiva realização de métodos autônomos e extrajudiciais de resolução de conflitos, os quais se mostram mais baratos, rápidos e eficazes. O Estado Democrático de Direito requer a compreensão de que a *redução do demandismo* equivale a um *ganho de cidadania e democracia*.

5.6 A PROFISSIONALIZAÇÃO DA *GESTÃO JUDICIÁRIA*

Por fim, outro fator relevante para alcançar o processo justo diz respeito à necessidade de *profissionalização da gestão judiciária*. Nesse caso, novamente a premissa é de ordem metajurídica e exoprocessual, pois se relaciona com questões relacionadas ao aperfeiçoamento da administração dos órgãos judiciários.

Com efeito, a crônica deficiência da prestação jurisdicional estatal em conferir efetividade à jurisdição é reflexo de um problema *organizacional* decorrente de falhas na *gestão* dos órgãos judiciais. O baixo grau de *profissionalização gerencial*

---

[128] WATANABE, Kazuo. *Da cognição no processo civil*. 2. ed., Campinas: Bookseller, 2000, p. 29-32.
[129] DALLARI, Dalmo de Abreu. *O poder dos juízes*. São Paulo: Saraiva, 1996, p. 53.

do Judiciário – com a ausência de "métodos compatíveis com as técnicas atuais de ciência da administração"[130] – contribui para que a função jurisdicional estatal não cumpra a sua função de resolução apropriada dos conflitos de interesses.

É preciso aceitar que "o modelo de organização do Poder Judiciário (...) entrou em colapso", pois "trata-se de um modelo concebido sob uma lógica de organização estatal de mais de cem anos" e que "se mantém intocado até hoje, a despeito das transformações sociais, políticas, culturais e tecnológicas vivenciadas no curso do século XX".[131] A ausência de uma prestação jurisdicional adequada, em termos qualitativos e quantitativos, é um dos principais sintomas da crise que afeta o sistema judiciário brasileiro e que impede a concretização de uma ordem jurídica justa. Fatores como o precário gerenciamento dos órgãos da Justiça, falta de infraestrutura material, burocracia excessiva em cartórios judiciais, insuficiência do número de juízes e de serventuários, atraso tecnológico, dentre outros, demonstram o esgotamento das condições ideais para a obtenção de uma tutela jurisdicional adequada, tempestiva e efetiva.

Como atesta Dalmo de Abreu Dallari, "o Brasil tem muitos bons juízes e não tem um bom Poder Judiciário".[132] O Judiciário possui problemas de organização e de gestão que prejudicam – e em alguns casos até mesmo impedem – a adequada e eficiente prestação jurisdicional:

> É lastimável, mas não se pode deixar de reconhecer o regime caótico em que os órgãos encarregados da prestação jurisdicional no Brasil trabalham tanto do ponto de vista organizacional, como principalmente em torno da busca de solução para sua crônica inaptidão para enfrentar o problema do acúmulo de processos e da intolerável demora na prestação jurisdicional. Não há o mínimo de racionalidade administrativa, já que inexistem órgãos de planejamento e desenvolvimento dos serviços forenses, e nem mesmo estatística útil se organiza para verificar onde e porque se entrava a marcha dos processos. (...). O que urge enfrentar e analisar, não é a lei em si, mas seu impacto entre a ação da parte que postula a prestação jurisdicional e a conduta dos órgãos encarregados de realizá-la. E o que, empiricamente, se constata é que, malgrado as sucessivas alterações das leis processuais, a Justiça continua 'rotineira e ineficiente', apegada a métodos arcaicos e que, fatalmente, redundam em 'julgamentos tardios', que mais negam do que distribuem a verdadeira justiça. O Poder Judiciário, é lamentável reconhecê-lo, é o mais burocratizado dos Poderes estatais, é o mais ineficiente na produção de

---

[130] THEODORO JUNIOR, Humberto. Constituição e processo: desafios constitucionais da reforma do processo civil no Brasil. *In*: MACHADO, Felipe Daniel Amorim; CATTONI DE OLIVEIRA, Marcelo Andrade (Coord.). *Constituição e Processo*: a contribuição do processo ao constitucionalismo democrático brasileiro. Belo Horizonte: Del Rey, 2009, p. 250.

[131] JAYME, Fernando Gonzaga. Os problemas da efetiva garantia de proteção judicial perante o Poder Judiciário brasileiro. *In*: JAYME, Fernando Gonzaga; FARIA, Juliana Cordeiro de; LAUAR, Maira Terra (Coord.). *Processo Civil – novas tendências*: estudos em homenagem ao Professor Humberto Theodoro Júnior. Belo Horizonte: Del Rey, 2008, p. 240-241.

[132] DALLARI, Dalmo de Abreu. *O poder dos juízes*. São Paulo: Saraiva, 1996, p. 77.

efeitos práticos, é o mais refratário à modernização, é o mais ritualista; daí sua impotência para superar a morosidade de seus serviços e o esclerosamento de suas rotinas operacionais.[133]

Nessa perspectiva, mais do que avançar em relação à mentalidade dos magistrados e demais operadores jurídicos, é necessária uma reforma da própria gestão organizacional do Judiciário. O reforço da importância da magistratura, em um contexto de complexas mudanças sociais, culturais e tecnológicas, depende fundamentalmente da melhoria da administração do Judiciário – em termos de condições de trabalho, instalações materiais, qualidade e quantidade de quadro de pessoal, adequada formação dos juízes, dentre outros. Recomenda-se a superação da antiquada concepção dos Tribunais judiciários "como organizações excessivamente burocráticas", a fim de obter "novos sistemas de gestão e administração da justiça" que sejam condizentes com os propósitos de aumentar a "eficácia do sistema judiciário"[134] e aproximar os juízes dos cidadãos.

Em Portugal, por exemplo, foram instituídos novos modelos de gestão pública. O primeiro deles, denominado de *modelo gestionário*, é contrário a um *modelo burocrático* que não atende "às exigências de celeridade e eficiência dos serviços prestados" e, consequentemente, não satisfaz "as necessidades dos cidadãos". O modelo gestionário é caracterizado pela "gestão profissional, pela fragmentação das unidades administrativas, pela competição, pela adopção dos modelos de gestão empresarial, pela clara definição dos padrões de performance, pela focalização nos resultados, e pela importância dada ao uso eficiente dos meios existentes".

Por sua vez, o *modelo da gestão pela qualidade total*, atenuando as bases de um modelo de gestão empresarial, propõe uma "nova concepção de Administração Pública" que segue os seguintes critérios: a) liderança, como fator fundamental na promoção da qualidade de uma organização; b) gestão das pessoas, com o objetivo de desenvolver e sustentar o potencial humano de forma eficiente; c) definição clara da política e da estratégia organizacional; d) gestão das parcerias externas e dos recursos internos à organização; e) aumento da eficiência dos procedimentos, "de modo a melhor satisfazer as necessidades dos utentes e a comparação dos resultados chave do desempenho planeados com os resultados alcançados".[135] Com isso, o modelo da

---

[133] THEODORO JUNIOR, Humberto. Celeridade e efetividade da prestação jurisdicional: insuficiência da reforma das leis processuais. *Revista de processo*, São Paulo, ano 30, n. 125, p. 68-71, jul. 2005.

[134] OBSERVATÓRIO PERMANENTE DA JUSTIÇA PORTUGUESA. *A Administração e Gestão da Justiça:* análise comparada das tendências de reforma. Direção científica de Boaventura de Sousa Santos; Coordenação de Conceição Gomes. Portugal, p. 25-27. Disponível em: http://opj.ces.uc.pt/pdf/5.pdf. Acesso em: 30 set. 2014. No mesmo sentido: HADDAD, Carlos Henrique Borlido; PEDROSA, Luís A. Capanema. *Administração Judicial Aplicada*. Porto Alegre: Sergio Antonio Fabris, 2014, p. 43-44.

[135] OBSERVATÓRIO PERMANENTE DA JUSTIÇA PORTUGUESA. *A Administração e Gestão da Justiça:* análise comparada das tendências de reforma. Direção científica de Boaventura de Sousa Santos; Coordenação de Conceição Gomes. Portugal, p. 25-27. Disponível em: http://opj.ces.uc.pt/pdf/5.pdf. Acesso em: 30 set. 2014.

gestão pela qualidade total adota, como princípios básicos, a liderança, a motivação dos funcionários, o desenvolvimento de uma cultura organizacional, a comunicação e a introdução de novas tecnologias.

Referido modelo visa a romper com o padrão "técnico-burocrático", a fim de possibilitar uma contínua reciclagem da administração judiciária na busca de um sistema "democrático-contemporâneo" em que se pretende o fortalecimento da democracia e da cidadania.[136] A profissionalização da gestão pública, mediante a adoção de ferramentas que primem pela maior eficiência na prestação dos serviços públicos, é essencial para que se migre de "uma cultura burocrática para uma cultura gerencial".[137] Um sistema de modernização administrativa e de otimização dos processos internos são fundamentais para a criação de uma cultura judiciária de moralidade, eficiência e efetividade na prestação jurisdicional.[138]

Na Espanha, a antiga "secretaria judicial" foi substituída pelo chamado "escritório judicial" (*oficina judicial*). As funções do "Secretário Judicial" foram redefinidas e ampliadas, de modo a atribuir-lhe maiores responsabilidades na organização e no funcionamento cartorário, com o objetivo de retirar do juiz a incumbência de realização de tarefas atípicas referentes à direção da burocracia judiciária.

Com isso, o juiz ganhou mais tempo para se empenhar na sua atividade principal de julgamento, desvinculando-se da função de gerenciamento administrativo dos milhares de processos sob a sua direção. No sistema brasileiro, vê-se com bons olhos a ideia de criação do administrador judicial, o qual, com formação específica na área de gestão processual, substituiria os hoje denominados escrivães judiciários e assumiria o "encargo de administrar e controlar a tramitação sistemática e contínua dos feitos, além de poder proferir os despachos, de modo a permitir a redução dos tempos mortos e garantir ao juiz o exercício da função decisória e de estudo detido dos casos".[139]

Por sua vez, nos EUA e na Inglaterra, os métodos judiciais de gerenciamento de processos (*judicial case management*) são a base para a formatação de métodos de gestão dos cartórios judiciários.[140] No sistema norte-americano, a profissionalização da

---

[136] TASSE, Adel El. *A "crise" do Poder Judiciário*: a falsidade do discurso que aponta os problemas, a insustentabilidade das soluções propostas e os apontamentos para a democratização estrutural. Curitiba: Juruá, 2004, p. 62-72.

[137] DIAS, Rogério A. Correia. *Administração da Justiça*: a Gestão pela Qualidade Total. Campinas: Millennium, 2004, p. 61-68.

[138] GONÇALVEZ, Gláucio Maciel; BAMBIRRA, Felipe Magalhães. *Magistratura*: noções gerais de Direito e formação humanística. Niterói: Impetus, 2012, p. 352-353.

[139] NUNES, Dierle José Coelho; FRANCO BAHIA, Alexandre Gustavo Melo. Por um paradigma democrático de processo. *In*: DIDIER JR., Fredie. *Teoria do Processo*: panorama doutrinário mundial. Segunda série. Salvador: Jus Podivm, 2010. v. 2, p. 175. Os autores explicam que, na Alemanha, o administrador judicial (*Rechtspfleger*), além de realizar atividades não-jurisdicionais, profere decisões ordinárias durante a tramitação processual, chegando até a exercer competência em questões executivas, na expedição de ordens de pagamento e nos processos de insolvência (p. 175).

[140] SILVA, Paulo Eduardo Alves da. *Gerenciamento de Processos Judiciais*. São Paulo: Saraiva, 2010.

gestão judiciária remete aos anos de 1970-1980. Especialmente a partir do mandato do *Chief Justice* Warren Burger, em 1969, chegou-se à conclusão de que "somente mais dinheiro e mais juízes não constituem a principal solução", já que "parte do que está errado decorre do fracasso na aplicação de modernas técnicas de negócios na gestão ou administração das operações puramente mecânicas dos tribunais".[141]

No Brasil, o CNJ, atento a essa realidade, vem editando Resoluções com o objetivo de dispor sobre o "Planejamento e a Gestão Estratégica no âmbito Poder Judiciário". Primeiramente, por meio da Resolução n.º 70/2009, foi instituído programa próprio de gestão judiciária com quinze "objetivos estratégicos", a saber: 1) garantir a agilidade nos trâmites judiciais e administrativos; 2) buscar a excelência na gestão de custos operacionais; 3) facilitar o acesso à justiça; 4) promover a efetividade no cumprimento das decisões; 5) promover a cidadania; 6) garantir o alinhamento estratégico em todas as unidades do Judiciário; 7) fomentar a interação e a troca de experiências entre Tribunais nos planos nacional e interacional; 8) fortalecer e harmonizar as relações entre os Poderes, setores e instituições; 9) disseminar valores éticos e morais por meio de atuação institucional efetiva; 10) aprimorar a comunicação com públicos externos; 11) desenvolver conhecimentos, habilidades e atitudes dos magistrados e servidores; 12) motivar e comprometer magistrados e servidores com a execução do plano estratégico; 13) garantir a infraestrutura apropriada às atividades administrativas e judiciais; 14) garantir a disponibilidade de sistemas essenciais de tecnologia de informação; 15) assegurar recursos orçamentários necessárias à execução do plano estratégico.

Posteriormente, por meio da Resolução n.º 198/2014 – a qual revogou a citada Resolução n.º 70/2009 –, foi instituída a "Estratégia Nacional do Poder Judiciário para o sexênio 2015-2020 – Estratégia Judiciária 2020", com a previsão de diversos índices e metas destinados ao aprimoramento da administração judiciária. Um dos objetivos é que o Judiciário seja "reconhecido pela sociedade como instrumento efetivo de justiça, equidade e paz social", bem como tenha a credibilidade de um "Poder célere, acessível, responsável, imparcial, efetivo e justo, que busca o ideal democrático e promove a paz social, garantindo o exercício pleno dos direitos de cidadania".

A busca por uma prestação jurisdicional de qualidade requer, de fato, o aperfeiçoamento dos instrumentos de cidadania e a ampliação do acesso à jurisdição, mediante a garantia de maior facilidade de provocação dos órgãos do Judiciário. Nessa toada, uma melhor organização judiciária – que se manifesta, por exemplo, por meio da redefinição das funções das secretarias judiciais e das tarefas dos magistrados, da cooperação com os advogados, da celebração de audiências, da informatização

---

[141] PROCOPIUCK, Mario. *Políticas públicas e fundamentos da Administração Pública*. São Paulo: Atlas, 2013, p. 313.

dos serviços judiciários, da redução dos custos – é essencial para a realização da democracia e da cidadania.[142]

Dentro desse objetivo, a simplificação de procedimentos, o uso de uma linguagem mais acessível aos cidadãos e até mesmo a redução do tamanho das peças jurídicas – inclusive pelos advogados – são fatores dirigidos à obtenção de uma prestação jurisdicional de qualidade que aproxime os juízes dos cidadãos. Em tom crítico, no que se refere à utilização da linguagem forense, vale a transcrição das palavras de José Carlos Barbosa Moreira:

> Há um jargão jurídico, dentro do qual se movem vários jargões característicos das diferentes províncias daquela ciência e da respectiva prática. (...). Um dos subidiomas jurídicos mais curiosos é o que se emprega na vida forense. Ele tem suficiente individualidade para merecer consideração à parte, como dialeto inconfundível com os outros. Cultivam-no, e contribuem permanentemente para expandi-lo, advogados, juízes de todas as instâncias, procuradores, promotores, defensores, funcionários e serventuários da Justiça, enfim, todos que nesse âmbito exercem funções. Nem sempre é fácil discernir a origem das expressões características da linguagem forense. (...). Bem se sabe quão difícil de atingir é o ideal de que as peças judiciais sejam vazadas em linguagem acessível à gente comum. A técnica tem suas exigências legítimas. Entre o respeito destas e o culto do hermetismo, porém, medeia um oceano. Há petições, sentenças, pareceres, acórdãos que se diriam redigidos com a intenção precípua de que nenhum outro ser humano consiga entendê-los. (...). É tempo de arejar o ambiente para dar cabo desse mofo. (...). Quem pleiteia deve lembrar-se, antes de mais nada, de que necessita fazer-se entender ao menos por quem vai decidir; quem decide, de que necessita fazer-se entender ao menos por quem pleiteou. Linguagem forense não precisa ser, não pode ser sinônimo de linguagem cifrada. Algum esforço para aumentar a inteligibilidade do que se escreve e se diz no foro decerto contribuiria para aumentar também a credibilidade dos mecanismos da Justiça.[143]

Igualmente, é importante uma melhor estruturação das condições de trabalho dos juízes de primeiro grau, especialmente daqueles em início de carreira e em comarcas pequenas do interior, os quais estão mais próximos das necessidades da população. A estruturação física e material das comarcas de primeira entrância – instalações forenses, condições de moradia do juiz, melhoria da segurança, dentre outros fatores – é de fundamental relevância para uma adequada e efetiva prestação jurisdicional.

Contudo, um dos grandes desafios – para não dizer o maior – a ser superado para uma prestação jurisdicional adequada e efetiva, é a melhoria da administração

---

[142] BARACHO, José Alfredo de Oliveira. *Teoria geral da cidadania*: a plenitude da cidadania e as garantias constitucionais processuais. São Paulo: Saraiva, 1995, p. 38-39.

[143] MOREIRA, José Carlos Barbosa. *Temas de Direito Processual*: sétima série. São Paulo: Saraiva, 2001, p. 242-249. No mesmo sentido: OLIVEIRA, Regis Fernandes de. O papel do juiz e do Poder Judiciário na sociedade moderna. *Revista dos Tribunais*, São Paulo, vol. 824, ano 93, p. 65, junho 2004.

gerencial dos cartórios e secretarias judiciárias com o objetivo de redução da *morosidade processual* e do *tempo morto*[144] dos processos:

> Temos reiteradamente advertido para o fato de que a demora e ineficiência da justiça – cuja erradicação se coloca como a principal inspiração da reforma do processo – decorre principalmente de problemas administrativos e funcionais gerados por uma deficiência notória da organização do aparelhamento burocrático do Poder Judiciário brasileiro. Influem muito mais na pouca eficácia e presteza da tutela jurisdicional as etapas mortas e as diligências inúteis, as praxes viciosas e injustificáveis, mantidas por simples conservadorismo, que fazem com que os processos tenham que durar muito mais do que o tolerável e muito mais mesmo do que o tempo previsto na legislação vigente.[145]

Nesse viés, a padronização de rotinas administrativas para as varas e secretarias judiciárias do Brasil é providência importante em prol da eficiência e da transparência da atividade jurisdicional:

> O gerenciamento de processos é a base da administração da Justiça. A maioria das Cortes sofrem com severos acúmulos processuais e são incapazes de reduzir o volume processual para enfrentar o problema da morosidade. (...). O aprimoramento dos procedimentos administrativos requer a revisão de sua existência em relação a ineficiência no gerenciamento de registros, gerenciamento do fluxo de processos, gerenciamento dos próprios processos, gerenciamento do volume processual e manutenção de estatísticas processuais e arquivos. Essa medida tem um significante impacto na redução da morosidade do Judiciário. (...). As técnicas apropriadas de gerenciamento de processos requer que as Cortes sejam capazes de reunir dados sobre volume processual. Os projetos devem preparar o quadro de servidores, encarregado da parte administrativa das Cortes, para desenvolver o planejamento e a pesquisa necessária a aplicação das técnicas de gerenciamento processual. Também é importante que as avaliações sobre o fluxo processual sejam feitas pelas Cortes, como forma de analisar as questões relacionadas a morosidade, e estabelecer prazos padrões para processamento de processos e monitoramento individual do andamento de cada processo. Uma avaliação da carga de trabalho é importante para uma estratégia de planejamento e pesquisa, utilização de recursos e desenvolvimento de atividades judiciais e não judiciais por parte do quadro de pessoal.[146]

---

[144] "Tempo morto" (ou "etapas mortas do processo") significam "longos espaços temporais de completa inatividade procedimental", geralmente quando processos ficam parados, sem movimentação, nas secretarias e cartórios judiciários. (DIAS, Ronaldo Brêtas de Carvalho. *Processo Constitucional e Estado Democrático de Direito*. Belo Horizonte: Del Rey, 2010, p. 154).

[145] THEODORO JUNIOR, Humberto. Constituição e processo: desafios constitucionais da reforma do processo civil no Brasil. *In*: MACHADO, Felipe Daniel Amorim; CATTONI DE OLIVEIRA, Marcelo Andrade (Coord.). *Constituição e Processo*: a contribuição do processo ao constitucionalismo democrático brasileiro. Belo Horizonte: Del Rey, 2009, p. 250.

[146] DAKOLIAS, Maria. *O setor judiciário na América Latina e no Caribe*: elementos para reforma. Tradução de Sandro Eduardo Sardá. Washington: Banco Internacional para Reconstrução e Desenvolvimento/Banco Mundial, 1996, p. 38-41.

Enfim, a adoção de métodos profissionais de gerenciamento da organização judiciária, com o escopo de aperfeiçoar a resposta do Judiciário às demandas que lhe são apresentadas, é relevante para alcançar, na prática, um devido processo legal que seja apto a implicar efetividade processual em termos qualitativos. É cada vez mais essencial, em contraposição à figura do chamado "juiz-juiz", a institucionalização do denominado "juiz-gestor", o qual é entendido como aquele que "não apenas julga, como também preza pela excelência dos serviços", já que concebe a gestão da prestação jurisdicional "como um exercício ativo de cidadania"[147] e de democracia.

---

[147] REPOLÊS, Maria Fernanda S. *Magistratura*: noções gerais de Direito e formação humanística. Niterói: Impetus, 2012, p. 231-232.

6
CONSIDERAÇÕES FINAIS – O CÓDIGO DE PROCESSO CIVIL DE 2015 E A CONSAGRAÇÃO DO MODELO BRASILEIRO DE PROCESSO JUSTO

A realização dos escopos do Estado Democrático de Direito, no âmbito do processo judicial, pressupõe a valorização do diálogo construtivo e permanente entre o juiz e as partes por ocasião da formação da decisão jurisdicional, bem como enfoca a necessidade de que o provimento seja capaz de concretizar direitos fundamentais e satisfazer o direito material. Entrementes, é preciso conciliar a dialética processual com a conquista de resultados práticos na vida social, como forma de alcançar um *ponto de equilíbrio* entre a *legitimidade* do provimento e a *efetividade* da tutela jurisdicional.

Para tanto, o fenômeno da *constitucionalização* do processo é extremamente relevante. O processo se mostra simultaneamente legítimo e efetivo quando está comprometido com a realização do *projeto constitucional* da sociedade brasileira. Em uma ordem jurídica democrática, o ideal de *justiça no processo* está inserido na Constituição e é retratado por um devido processo legal que contempla a tutela e a materialização de todas as *garantias fundamentais do processo* de estatura constitucional.

Nessa perspectiva, a teoria do *processo justo* (ou *giusto processo* ou *processo équo* ou *fair trial*) parece ser aquela que, atualmente, melhor está apropriada a um Estado Democrático de Direito que define o processo a partir do seu arcabouço constitucional. A noção do processo justo parte da própria definição de devido processo legal como um direito fundamental (art. 5º, LIV, da CRFB) que sintetiza, na sua estrutura, a integração harmônica entre o contraditório, a ampla defesa, a motivação decisória, o juízo natural, a razoável duração do processo, enfim, entre todos os direitos e garantias fundamentais processuais.

Assim, não obstante as eventuais críticas relativas à *indeterminação semântica* entre o que é *justo* ou *injusto*, é possível afirmar que a justiça no processo significa a tutela e concretização dos direitos e garantias fundamentais de índole processual. A nosso ver, é cabível a superação da indefinição conceitual de *justiça* através do objetivo de defesa de ideais democráticos e cívicos que fornecem subsídios para legitimar e efetivar o exercício da função jurisdicional.

E isso somente é aceitável porque o sentido de justiça, embora subjetivo e impreciso, não autoriza práticas processuais autoritárias e atos decisórios de cunho decisionista que servem de subterfúgio para tentar justificar o arbítrio e a opressão.[1] Aliás, a ideia da justeza processual, por mais incongruente que isso possa parecer, não permite que o juiz supostamente fundamente a sua decisão judicial em critérios como "ordem jurídica justa", "ideal de justiça" ou na própria ideia do "processo justo".[2] Ora, o ideal de justiça é aquele que está inserido na ordem constitucional, razão pela qual, sob a ótica do movimento de constitucionalização do Direito, conclui-se que processo justo significa *realizar a Constituição*.

Portanto, o processo justo, à luz do direito fundamental à tutela jurisdicional efetiva, adequada e tempestiva e dentro do enfoque de acesso à ordem jurídica justa, representa, no processo e na jurisdição, a realização da justiça, democracia, cidadania, soberania popular, dignidade da pessoa humana, ou seja, da força normativa da suprema Constituição. É por meio da conjugação dos três pilares do processo justo mencionados no decorrer dessa obra que é permitido sustentar que a função jurisdicional se legitima e se efetiva a partir das garantias fundamentais processuais.

Nesse contexto, o CPC/2015, adotando as premissas constitucionais do Estado Democrático de Direito brasileiro e encampando o movimento de constitucionalização do Direito Processual (art. 1º), consagra o *modelo brasileiro de processo justo* – embora não utilize a nomenclatura "processo justo", o art. 6º é claro ao dispor que "Todos os sujeitos do processo devem cooperar entre si para que se obtenha, em tempo razoável, decisão de mérito justa e efetiva". O complexo das *normas fundamentais do processo civil*, previsto sobretudo nos arts. 1º a 12, revela a correta opção do legislador nacional de sintetizar todas as garantias processuais constitucionais em torno da garantia fundamental do devido processo legal.

---

[1] Essa observação é necessária já que é possível que a "noção subjetiva do justo" seja utilizada como subterfúgio para manifestações repressivas que atuem para manter e perpetrar ordens autoritárias. Nesse sentido, confira a reflexão crítica de AGUIAR, Roberto Armando Ramos de. *O que é justiça*: uma abordagem dialética. 4. ed., São Paulo: Alfa-Ômega, 1995, p. 21-26.

[2] No ponto, é pertinente a crítica de Ronaldo Brêtas de Carvalho Dias, ao se insurgir contra "decisões jurisdicionais fundamentadas, por exemplo, nos critérios enigmáticos e irresponsáveis do 'justo razoável', do 'ideal de justiça', 'do caráter instrumental do processo', do 'livre (ou prudente) arbítrio do juiz', do 'prudente critério do juiz', do 'processo justo', da 'interpretação mais razoável', da 'decisão mantida pelos seus próprios e jurídicos fundamentos', além de outros tantos esquisitos fundamentos e expressões próprios de um autêntico festival de logomaquia, captados, às vezes, de aplaudidas doutrinas forjadas no argumento de autoridade e de textos pretorianos repetitivos e grandiloquentes, porém manifestamente incompatíveis com o princípio do Estado Democrático de Direito, ao qual os atos decisórios jurisdicionais têm de estar vinculados, a fim de que fiquem revestidos de legitimidade democrática, sem exceção de espécie alguma" (DIAS, Ronaldo Brêtas de Carvalho. *Processo Constitucional e Estado Democrático de Direito*. Belo Horizonte: Del Rey, 2010, p. 121-122).

De fato, o CPC/2015 tem o mérito de harmonizar, em seu texto, tanto as garantias de *legitimidade do provimento* – valorizando o contraditório em todas as suas dimensões e relacionando-o com a fundamentação racional decisória e os princípios da cooperação processual e boa-fé objetiva (*v.g.*, arts. 5º, 6º, 7º, 9º, 10, 11 e 489) – como as garantias de *efetividade da tutela jurisdicional* – prevendo, por exemplo, que a duração razoável do processo incluí também a atividade satisfativa (art. 4º).

E mais, a fim de possibilitar a vivência prática do processo justo, o CPC/2015 vai além e adota algumas das premissas desenvolvidas no capítulo anterior dessa obra. Nessa linha, o novo diploma processual civil, dentre outros fatores, tem o objetivo de: a) aperfeiçoar e qualificar o acesso à justiça – mediante, por exemplo, a previsão de normas específicas para regulamentar a gratuidade da justiça, nos arts. 98 a 102; b) consagrar um modelo processual comparticipativo baseado nos princípios da cooperação e da boa-fé objetiva (arts. 5º e 6º), que resulte no aprimoramento da técnica decisória (*v.g.*, art. 489, §1º, IV) e na afirmação da eticidade na atuação das partes (*v.g.*, arts. 77 e 80); c) estabelecer as normas gerais que formam uma teoria brasileira de elaboração, interpretação e aplicação dos precedentes judiciais (arts. 926 a 928); d) determinar que os processos judiciais sejam concluídos em tempo razoável, incluída a atividade satisfativa (arts. 4º e 6º); e) instituir uma nova cultura de estímulo à adoção de métodos consensuais e extrajudiciais de resolução dos conflitos, por meio da conciliação e da mediação (arts. 3º, §§2º e 3º e 165 a 175).

Enfim, a partir das normas constitucionais e das disposições legais previstas como fundamentais no CPC/2015, inferem-se os requisitos mínimos que satisfazem a busca por um processo équo. Contudo, é preciso que a ideia do processo justo não se encerre em uma simples construção teórica ou se restrinja ao texto constitucional ou ao diploma processual.

A realização das premissas e sugestões enumeradas no capítulo anterior pode contribuir para a obtenção de um mínimo de vivência prática da justeza processual. A realização do modelo brasileiro de processo justo, é certo, requer o empenho contínuo da sociedade, do legislador, do judiciário e da comunidade jurídica como um todo.

7

REFERÊNCIAS BIBLIOGRÁFICAS

ABREU, Pedro Manoel. *Processo e Democracia*: o processo jurisdicional como um *locus* da democracia participativa e da cidadania inclusiva no Estado Democrático de Direito. São Paulo: Conceito Editorial, 2001. v. 3.

AGRA, Walber de Moura. O *entrenchment* como condição para a efetivação dos direitos fundamentais. *In*: TAVARES, André Ramos (Coord.). *Justiça Constitucional*: pressupostos teóricos e análises concretas. Belo Horizonte: Fórum, 2007.

AGUIAR, Roberto Armando Ramos de. *O que é justiça*: uma abordagem dialética. 4. ed., São Paulo: Alfa-Ômega, 1995.

ALVES, Francisco Glauber Pessoa. A efetividade como axiologia: premissa obrigatória para um processo célere. *In*: FUX, Luiz; NERY JR., Nelson; WAMBIER, Teresa Arruda Alvim. *Processo e Constituição*: estudos em homenagem ao professor José Carlos Barbosa Moreira. São Paulo: Revista dos Tribunais, 2006.

ANDOLINA, Ítalo; VIGNERA, Giuseppe. *I fondamenti costituzionali della giustizia civile*: il modelo costituzionale del processo civile italiano. 2. ed., Torino: G. Giappichelli Editore, 1997.

ANDRADE, Érico. As novas perspectivas do gerenciamento e da 'contratualização' do processo. *In*: JAYME, Fernando Gonzaga; FARIA, Juliana Cordeiro de; LAUAR, Maira Terra (Coord.). *Processo civil – novas tendências*: homenagem ao Ministro Sálvio de Figueiredo Teixeira. Belo Horizonte: Del Rey, 2011.

_____. *O Mandado de Segurança*: a busca da verdadeira especialidade (proposta de releitura à luz da efetividade do processo). Rio de Janeiro: Lumen Juris, 2010.

ANDREWS, Neil. *O moderno processo civil*: formas judiciais e alternativas de resolução de conflitos na Inglaterra. Tradução de Teresa Arruda Alvim Wambier. 2. ed., São Paulo: Revista dos Tribunais, 2012.

ANNONI, Danielle. *Responsabilidade do Estado pela não duração razoável do processo*. Curitiba: Juruá, 2008.

ARAUJO PINTO, Cristiano Paixão. *Modernidade, tempo e Direito*. Belo Horizonte: Del Rey, 2002.

ARRUDA, Samuel Miranda. *O direito fundamental à razoável duração do processo*. Brasília: Brasília Jurídica, 2006.

ASSIS, Araken. Duração razoável do processo e reformas da lei processual civil. *Revista Jurídica*, Porto Alegre, ano 56, n. 372, p. 15-16, out. 2008.

_____. Duração razoável do processo e reformas da lei processual civil. *In*: FUX, Luiz; NERY JR., Nelson; WAMBIER, Teresa Arruda Alvim (Coord.). *Processo e Constituição*: estudos em homenagem ao professor José Carlos Barbosa Moreira. São Paulo: Revista dos Tribunais, 2006.

ATAIDE JUNIOR, Vicente de Paula. *O novo juiz e a administração da justiça*: repensando a seleção, a formação e a avaliação dos magistrados no Brasil. Curitiba: Juruá, 2009.

ÁVILA, Humberto. O que é 'devido processo legal'? *In*: DIDIER JR., Fredie (Org.). *Teoria do Processo*: panorama doutrinário mundial. Segunda série. Salvador: Jus Podivm, 2010. v. 2.

BARACHO, José Alfredo de Oliveira. *Direito Processual Constitucional*: aspectos contemporâneos. Belo Horizonte: Fórum, 2008.

_____. Processo Constitucional. *Revista Forense*, Rio de Janeiro, ano 93, v. 337, jan./mar. 1997.

_____. *Teoria geral da cidadania*: a plenitude da cidadania e as garantias constitucionais processuais. São Paulo: Saraiva, 1995.

_____. Teoria Geral do Processo Constitucional. *Revista de Direito Comparado*, Belo Horizonte: UFMG, v. 4, 2000.

BARROS, Flaviane de Magalhães. A fundamentação das decisões a partir do modelo constitucional de processo. *Revista do Instituto de Hermenêutica Jurídica*: 20 anos de constitucionalismo democrático – e agora?. Porto Alegre: Instituto de Hermenêutica Jurídica, 2008.

_____. O modelo constitucional de processo e o processo penal: a necessidade de uma interpretação das reformas do processo penal a partir da Constituição. *In*: MACHADO, Felipe Daniel Amorim; CATTONI DE OLIVEIRA, Marcelo Andrade (Coord.). *Constituição e Processo*: a contribuição do processo ao constitucionalismo democrático brasileiro. Belo Horizonte: Del Rey, 2009.

BARROSO, Luís Roberto. *Interpretação e aplicação da Constituição*. 7. ed., São Paulo: Saraiva, 2009.

_____. *Neoconstitucionalismo e constitucionalização do Direito*: o triunfo tardio do Direito Constitucional no Brasil. Disponível em: http://www.georgemlima.xpg.com.br/barroso.pdf.

BEDAQUE, José Roberto dos Santos. *Direito e processo*: influência do direito material sobre o processo. 5. ed., São Paulo: Malheiros, 2009.

_____. *Efetividade do processo e técnica processual*. 3. ed., São Paulo: Malheiros, 2010.

_____. Os elementos objetivos da demanda examinados à luz do contraditório. *In*: TUCCI, José Rogério Cruz e; BEDAQUE, José Roberto dos Santos (Coord.). *Causa de pedir e pedido no processo civil*: questões polêmicas. São Paulo: Revista dos Tribunais, 2002.

BEZERRA, Márcia Fernandes. O direito à razoável duração do processo e a responsabilidade do Estado pela demora na outorga da prestação jurisdicional. *In*: WAMBIER, Teresa Arruda Alvim *et al*. (Coord.) *Reforma do Judiciário*. São Paulo: Revista dos Tribunais, 2005.

BICKEL, Alexander. *The least dangerous branch*. 2. ed., New Haven: Yale University Press, 1986.

BITTAR, Carlos Alberto. *Reparação civil por danos morais*. São Paulo: Revista dos Tribunais, 1992.

BOBBIO, Noberto. *Estado, governo, sociedade*: para uma teoria geral da política. Tradução de Marco Aurélio Nogueira. 14. ed., São Paulo: Paz e Terra, 2007.

BOLZAN DE MORAIS, José Luis. O Estado Constitucional – entre justiça e política: porém, a vida não cabe em silogismos! *In*: MACHADO, Felipe; CATTONI, Marcelo (Coord.). *Constituição e Processo*: entre o Direito e a Política. Belo Horizonte: Fórum, 2011.

BONAVIDES, Paulo. O Poder Judiciário e o parágrafo único do art. 1º da Constituição do Brasil. *In*: CUNHA, Sérgio Sérvulo da; GRAU, Eros Roberto (Org.). *Estudos de Direito Constitucional em homenagem a José Afonso da Silva*. São Paulo: Malheiros, 2003.

BRAGHITTONI, Ives. *O princípio do contraditório no processo*: doutrina e prática. Rio de Janeiro: Forense Universitária, 2002.

BÜLOW, Oskar von. *Teoria das exceções e dos pressupostos processuais*. Tradução de Ricardo Rodrigues Gama. Campinas: LZN, 2005.

BUSTAMANTE, Thomas da Rosa de. *Teoria do precedente judicial*: a justificação e a aplicação das regras jurisprudenciais. São Paulo: Noeses, 2012.

CAHALI, Francisco José. *Curso de Arbitragem*: Mediação, Conciliação, Resolução CNJ 125/2010 e respectiva Emenda n. 1 de 31 de janeiro de 2013. 3. ed., São Paulo: Revista dos Tribunais, 2013.

CAHALI, Yussef Said. *Dano moral*. 3. ed., São Paulo: Revista dos Tribunais, 2005.

CALAMANDREI, Piero. *Direito Processual Civil*: estudos sobre o Processo Civil. Tradução de Luiz Abezia e Sandra Drina Fernandez Barbery. Campinas: Bookseller, 1999. v. 1.

CAMBI, Eduardo. *Direito constitucional à prova no processo civil*. São Paulo: RT, 2001.

_____. Neoconstitucionalismo e Neoprocessualismo. *Panóptica*. Vitória, ano 1, n. 6, fev./2007. Disponível em: http://www.panoptica.org/seer/index.php/op/article/view/59.

CANOTILHO, J. J. Gomes. *Direito Constitucional e Teoria da Constituição*. Coimbra: Almedina, 2002.

CAPONI, Remo; PISANI, Andrea Proto. *Lineamenti di diritto processuale civile*. Napoli: Jovene Editore, 2001.

CAPPELLETTI, Mauro. Appunti in tema di contraddittorio. *Studi in memoria di Salvatore Satta*, Padova: Cedam, 1982. v. 1.

_____. *Juízes legisladores?*. Tradução de Carlos Alberto Alvaro de Oliveira. Porto Alegre: Sergio Antonio Fabris, 1993.

_____. *Processo, ideologias e sociedade*. Tradução de Elício de Cresci Sobrinho. Porto Alegre: Sergio Antonio Fabris, 2008. v. 1.

CAPPELLETTI, Mauro; GARTH, Bryant. *Acesso à justiça*. Tradução de Ellen Gracie Northfleet. Porto Alegre: Sergio Antonio Fabris, 1988.

CARNEIRO, Paulo Cezar Pinheiro. *Acesso à Justiça*: juizados especiais cíveis e ação civil pública – uma nova sistematização da teoria geral do processo. Rio de Janeiro: Forense, 1999.

CARNELUTTI, Francesco. *Derecho y processo*. Buenos Aires: Ediciones Jurídicas Europa-América, 1971.

_____. *Instituciones del proceso civil*. Traducción de Santiago Sentis Melendo. Buenos Aires: EJEA, 1973. v. 1.

_____. *Sistema de Direito Processual Civil*. Tradução de Hiltomar Martins Oliveira. São Paulo: Classic Book, 2000. v. 1.

CARVALHO FILHO, José dos Santos. *Manual de Direito Administrativo*. 17. ed., Rio de Janeiro: Lumen Iuris, 2007.

CARVALHO NETTO, Menelick de. Requisitos pragmáticos da interpretação jurídica sob o paradigma do Estado Democrático de Direito. *Revista de Direito Comparado*, Belo Horizonte, v. 3.

CASAGRANDE, Érico Vinícius Prado. Efetividade do Direito e eficiência do Judiciário. *In*: TAVARES, Fernando Horta (Coord.). *Urgências de tutela*. Curitiba: Juruá, 2007.

CATTONI, Marcelo. *Direito Constitucional*. Belo Horizonte: Mandamentos, 2002.

CHIOVENDA, Giuseppe. *Instituições de Direito Processual Civil*. Tradução de J. Guimarães Menegale. São Paulo: Saraiva, 1942. v. 1.

CINTRA, Antônio Carlos de Araújo; GRINOVER, Ada Pelegrini; DINAMARCO, Cândido Rangel. *Teoria Geral do Processo*. 22. ed., São Paulo: Malheiros, 2006.

COELHO, Inocêncio Mártires. *Interpretação constitucional*. São Paulo: Saraiva, 2007.

COMOGLIO, Luigi Paolo. *Etica e tecnica del 'giusto processo'*. Torino: G. Giappichelli Editore, 2004.

_____. Garanzie costituzionali e 'giusto processo' (modelli a confronto). *Revista de Direito Comparado*, Belo Horizonte: UFMG, v. 2, n. 2, mar./1998.

_____. Ideologie consolidate e riforme contingenti del processo civile. *Rivista di Diritto Processuale*, Padova, Cedam, anno LXV, n. 3, 2010.

_____. Voce: contraddittorio (principio del). *In*: *Enciclopedia giuridica*. Roma, Istituto della Enciclopedia Italiana, 1988, vol. 8.

COSTA, Fabrício Veiga. Modelo constitucional de processo coletivo: um estudo crítico a partir da teoria das ações coletivas como ações temáticas. *Revista do Instituto dos Advogados de Minas Gerais*, Belo Horizonte, n. 17, 2011.

DAKOLIAS, Maria. *O setor judiciário na América Latina e no Caribe*: elementos para reforma. Tradução de Sandro Eduardo Sardá. Washington: Banco Internacional para Reconstrução e Desenvolvimento/Banco Mundial, 1996.

DALLARI, Dalmo de Abreu. *O poder dos juízes*. São Paulo: Saraiva, 1996.

DAMASKA, Mirjan R. *The faces of justice and state authority:* a comparative approach to the legal process. Yale: University Press, 2005.

DANTAS, Ivo. Teoria do processo constitucional: uma breve visão pessoal. *In*: MACGREGOR, Eduardo Ferrer; LELO DE LARREA, Arturo Zaldívar (Coord.). *Estudos de Direito Processual Constitucional*: homenagem brasileira a Héctor Fix-Zamudio em seus 50 anos como Pesquisador do Direito. São Paulo: Malheiros, 2009.

DAVID, René. *Os grandes sistemas do Direito contemporâneo*. Tradução de Hermínio A. Carvalho. São Paulo: Martins Fontes, 2002.

DENTI, Vittorio. *La Giustizia Civile*. Bologna: Il Mulino, 2004.

DIAS, Rogério A. Correia. *Administração da Justiça*: a Gestão pela Qualidade Total. Campinas: Millennium, 2004.

DIAS, Ronaldo Brêtas de Carvalho. As reformas do Código de Processo Civil e o processo constitucional. *In*: DIAS, Ronaldo Brêtas; NEPOMUCENO, Luciana Diniz (Coord.). *Processo civil reformado*. Belo Horizonte: Del Rey, 2007.

_____. Direito à jurisdição eficiente e garantia da razoável duração do processo na reforma do Judiciário. *Revista de processo*, São Paulo, ano 30, n. 128, out. 2005.

_____. *Processo Constitucional e Estado Democrático de Direito*. Belo Horizonte: Del Rey, 2010.

_____. *Reponsabilidade do Estado pela função jurisdicional*. Belo Horizonte: Del Rey, 2004.

DIDIER JR., Fredie. *Curso de Direito Processual Civil*: teoria geral do processo e processo de conhecimento. 12. ed., Salvador: Jus Podium, 2010. v. 1.

_____. *Fundamentos do princípio da cooperação no direito processual civil português*. Coimbra: Coimbra, 2010.

_____. Notas sobre a garantia constitucional do acesso à justiça: o princípio do direito de ação ou da inafastabilidade do Poder Judiciário. *Revista de Processo*, São Paulo, ano 27, n. 108, out./dez. 2002.

_____. O princípio da cooperação: uma apresentação. *Revista de Processo*, São Paulo, ano 30, n. 127, set. 2005.

_____. *Sobre a Teoria Geral do Processo, essa desconhecida*. Salvador: Jus Podivm, 2012.

_____. Teoria do Processo e Teoria do Direito: o Neoprocessualismo. *In*: DIDIER JR., Fredie (Org.). *Teoria do Processo*: panorama doutrinário mundial. Segunda série. Salvador: Jus Podivm, 2010. v. 2.

DIDIER JR., Fredie; BRAGA, Paula Sarno; OLIVEIRA, Rafael. *Curso de Direito Processual Civil*: teoria da prova, direito probatório, teoria do precedente, decisão judicial, coisa julgada e antecipação dos efeitos da tutela. 5. ed., Salvador: Jus Podium, 2010. v. 2.

DINAMARCO, Cândido Rangel. *A instrumentalidade do processo*. 14. ed., São Paulo: Malheiros, 2009.

_____. *Fundamentos do processo civil moderno*. 2. ed., São Paulo: Revista dos Tribunais, 1987.

_____. *Instituições de Direito Processual Civil*. 6. ed., São Paulo: Malheiros, 2009. v. I.

_____. *Instituições de Direito Processual Civil*. 4. ed., São Paulo: Malheiros, 2004. v. II.

_____. *Nova era do processo civil*. São Paulo: Malheiros, 2004.

DWORKIN, Ronald. *Justice for hedgehogs*. Cambridge: Belknap, 2011.

_____. *Levando os direitos a sério*. Tradução de Nelson Boeira. 3. ed., São Paulo: Martins Fontes, 2010.

_____. *O império do Direito*. Tradução de Jefferson Luiz Camargo. 2. ed., São Paulo: Martins Fontes, 2007.

_____. *Uma questão de princípio*. Tradução de Luis Carlos Borges. São Paulo: Martins Fontes, 2005.

ELY, John Hart. *Democracia e desconfiança*: uma teoria do controle judicial de constitucionalidade. Tradução de Juliana Lemos. São Paulo: Martins Fontes, 2000.

FARIA, Gustavo de Castro. *Jurisprudencialização do Direito*: reflexões no contexto da Processualidade Democrática. Belo Horizonte: Arraes, 2012.

_____. O contraditório e a fundamentação das decisões sob o enfoque de uma teorização processual democrática. *In*: CASTRO, João Antônio Lima; FREITAS, Sérgio Henriques Zandona (Coord.). *Direito Processual*: reflexões jurídicas. Belo Horizonte: Instituto de Educação Continuada, 2010.

FAZZALARI, Elio. Diffusione del processo e compiti della dottrina. *Rivista Trimestrale di Diritto e Procedura Civile*, 1958.

_____. *Instituições de Direito Processual*. Tradução de Elaine Nassif. Bookseller: Campinas, 2006.

FENOLL, Jordi Nieva. *Jurisdicción y Proceso*: estudios de ciencia jurisdiccional. Madrid: Marcial Pons, 2009.

FERNANDES, Bernardo Gonçalves. Mandado de Injunção: do formalismo ao axiologismo? O que mudou? Uma análise crítica e reflexiva da jurisprudência do STF. *In*: MACHADO, Felipe; CATTONI, Marcelo (Coord.). *Constituição e Processo*: entre o Direito e a Política. Belo Horizonte: Fórum, 2011.

FERNANDES, Bernardo Gonçalves; PEDRON, Flávio Quinaud. *O Poder Judiciário e(m) crise*. Rio de Janeiro: Lumen Juris, 2008.

FERRAZ, Leslie Shérida. *Juizados Especiais Cíveis e acesso à justiça qualificado:* uma análise empírica. 2008. 235f. Tese (Doutorado) – Faculdade de Direito, Universidade de São Paulo, São Paulo, 2008.

FERREIRA FILHO, Manoel Gonçalves. *Aspectos do Direito Constitucional contemporâneo*. 3. ed., São Paulo: Saraiva, 2011.

FERREIRA, Simone Rodrigues. A efetividade do direito fundamental à razoável duração do processo. *Revista IOB de Direito Civil e Processual Civil*, Porto Alegre, v. 9, n. 53, p. 142, maio/jun. 2008.

FISS, Owen. *Um novo processo civil*: estudos norte-americanos sobre jurisdição, constituição e sociedade. Tradução de Daniel Porto Godinho da Silva e Melina de Medeiros Rós. São Paulo: Revista dos Tribunais, 2004.

FIX-ZAMUDIO, Héctor. *Latino America*: Constitución, proceso y derechos humanos. México: UDUAL: Miguel Angel Porrúa, 1988.

FRANCO, Marcelo Veiga. A evolução do contraditório: a superação da teoria do processo como relação jurídica e a insuficiência da teoria do processo como procedimento em simétrico contraditório. *Revista do Programa de Pós-Graduação em Direito da UFBA*, Salvador, vol. 22, n. 24, p. 165-193, 2012.

_____. A teoria dos precedentes judiciais no novo Código de Processo Civil. *In*: DIDIER JR., Fredie; CUNHA, Leonardo José Carneiro da; ATAÍDE JR., Jaldemiro Rodrigues de; MACEDO, Lucas Buril de (Coord.). *Coleção Grandes Temas do Novo CPC – v. 3 – Precedentes*. Salvador: Jus Podivm, 2015, p. 521-536.

_____. A violação do direito fundamental à razoável duração do processo como hipótese de dano moral. *Revista Direitos Fundamentais & Justiça*, Porto Alegre, ano 7, n. 23, p. 256-282, abr./jun. 2013.

_____. Devido processo legal x indevido processo sentimental: o controle da função jurisdicional pelo contraditório e o modelo comparticipativo de processo. *Revista da Faculdade de Direito do Sul de Minas*, v. 29, p. 39-61, 2013.

_____. Dimensão dinâmica do contraditório, fundamentação decisória e conotação ética do processo justo: breve reflexão sobre o art. 489, §1º, IV, do novo CPC. *Revista de Processo*, vol. 247, ano 40, São Paulo: Ed. RT, set. 2015.

FREITAS, José Lebre de. *Introdução ao processo civil*: conceito e princípios gerais à luz do Código revisto. Coimbra: Coimbra Ed., 1996.

GAJARDONI, Fernando da Fonseca. *Técnicas de aceleração do processo*. São Paulo: Lemos & Cruz, 2003.

GARCIA, José Antonio Tomé. *Protección procesal de los derechos humanos ante los tribunales ordinarios*. Madrid: Montecorvo, 1987.

GERALDES, António Santos Abrantes. *Temas da reforma do processo civil*. 2. ed., Coimbra: Almedina, 2006. v. 1.

GOMES, Magno Federici; SOUSA, Isabella Saldanha de. A efetividade do processo e a celeridade do procedimento sob o enfoque da teoria neo-institucionalista. *Revista IOB de Direito Civil e Processual Civil*, Porto Alegre, v. 9, n. 57, jan./fev. 2009.

GONÇALVES, Aroldo Plínio. *Técnica processual e teoria do processo*. Rio de Janeiro: AIDE, 1992.

_____. *Técnica processual e teoria do processo*. 2. ed., Del Rey: Belo Horizonte, 2012.

GONÇALVES, Gláucio Maciel. Direito e tempo. *In:* JAYME, Fernando Gonzaga; FARIA, Juliana Cordeiro de; LAUAR, Maira Terra (Coord.). *Processo civil – novas tendências*: homenagem ao Ministro Sálvio de Figueiredo Teixeira. Belo Horizonte: Del Rey, 2011.

GONÇALVEZ, Gláucio Maciel; BAMBIRRA, Felipe Magalhães. *Magistratura*: noções gerais de Direito e formação humanística. Niterói: Impetus, 2012.

GONÇALVES PEREIRA, Jane Reis. *Interpretação constitucional e direitos fundamentais*. Rio de Janeiro: Renovar, 2005.

GRECO, Leonardo. *Estudos de Direito Processual*. Campos dos Goytacazes: Faculdade de Direito de Campos, 2005.

GRINOVER, Ada Pellegrini. *O processo constitucional em marcha*: contraditório e ampla defesa em cem julgados do Tribunal de Alçada Criminal de São Paulo. São Paulo: Max Limonad, 1985.

HÄBERLE, Peter. *A sociedade aberta dos intérpretes da Constituição*: contribuição para a interpretação pluralista e "procedimental" da Constituição. Tradução de Gilmar Ferreira Mendes. Porto Alegre: Sergio Antonio Fabris, 1997.

HABERMAS, Jürgen. *A inclusão do outro*: estudos de teoria política. Tradução de George Sperber e Paulo Astor Soethe. São Paulo: Loyola, 2002.

_____. *Direito e democracia*: entre facticidade e validade. Tradução de Flávio Beno Siebeneichler. 2. ed., Rio de Janeiro: Tempo Brasileiro, 2003. v. I.

HADDAD, Carlos Henrique Borlido; PEDROSA, Luís A. Capanema. *Administração Judicial Aplicada*. Porto Alegre: Sergio Antonio Fabris, 2014.

HART, Herbert L. A. *O conceito de Direito*. Tradução de A. Ribeiro Mendes. 5. ed., Lisboa: Fundação Calouste Gulbenkian, 2007.

HIGHTON, Elena I. *Justicia en cambio*: sociedad civil, abogados y jueces – Un nuevo proyecto para la administración de Justicia. Santa Fé: Rubinzal-Culzoni, 2003.

HOFFMAN, Paulo. *Razoável duração do processo*. São Paulo: Quartier Latin, 2006.

JAYME, Fernando Gonzaga. *Direitos humanos e sua efetivação pela Corte Interamericana de Direitos Humanos*. Belo Horizonte: Del Rey, 2005.

_____. Os problemas da efetiva garantia de proteção judicial perante o Poder Judiciário brasileiro. *In:* JAYME, Fernando Gonzaga; FARIA, Juliana Cordeiro de; LAUAR, Maira Terra (Coord.). *Processo Civil – novas tendências*: estudos em homenagem ao Professor Humberto Theodoro Júnior. Belo Horizonte: Del Rey, 2008.

_____. *Tribunal Constitucional*: exigência democrática. Belo Horizonte: Del Rey, 2000.

JAYME, Fernando Gonzaga; FRANCO, Marcelo Veiga. O princípio do contraditório no Projeto do novo Código de Processo Civil. *Revista de Processo*, v. 227, 2014.

JOBIM, Marco Félix. A responsabilidade civil do Estado em decorrência da intempestividade processual. *Revista Jurídica*, Porto Alegre, v. 59, n. 409, nov. 2011.

KOEHLER, Frederico Augusto Leopoldino. *A razoável duração do processo*. 2. ed., Salvador: Jus Podivm, 2013.

LAGES, Cíntia Garabini. A proposta de Ronald Dworkin em 'O Império do Direito'. *Revista da Faculdade Mineira de Direito*, Belo Horizonte, v. 4, n. 7 e 8, jan./jun. 2001.

LAMEIRAS, Luís Filipe Brites. A importância da colaboração das partes. *In*: BRITO, Rita (Coord.). *Regime processual experimental*: simplificação e gestão processual. Coimbra: Coimbra: 2008.

LEAL, André Cordeiro. *Instrumentalidade do processo em crise*. Belo Horizonte: Mandamentos, 2008.

_____. *O contraditório e a fundamentação das decisões no direito processual democrático*. Belo Horizonte: Mandamentos, 2002.

LEAL, Rosemiro Pereira. A judiciarização do processo nas últimas reformas do CPC brasileiro. *In*: DIAS, Ronaldo Brêtas; NEPOMUCENO, Luciana Diniz (Coord.). *Processo civil reformado*. Belo Horizonte: Del Rey, 2007.

_____. *Teoria geral do processo*: primeiros estudos. 10. ed., Rio de Janeiro: Forense, 2011.

_____. *Teoria processual da decisão jurídica*. São Paulo: Landy, 2002.

LEAL, Saul Tourinho. *Ativismo ou altivez?* O outro lado do Supremo Tribunal Federal. Belo Horizonte: Fórum, 2010.

LLOBREGAT, José Garberí. *Constitución y Derecho Procesal*: los fundamentos constitucionales del Derecho Procesal. Pamplona: Thommson Reuters, 2009.

_____. *El derecho a la tutela judicial efectiva en la jurisprudencia del Tribunal Constitucional*. Barcelona: Bosch, 2008.

LLORENTE, Francisco Rubio. *Derechos fundamentales y principios constitucionales*: doctrina jurisprudencial. Barcelona: Ariel, 1995.

LOPES, João Batista. Princípio da proporcionalidade e efetividade do processo civil. *In*: MARINONI, Luiz Guilherme (Coord.). *Estudos de Direito Processual Civil*: homenagem ao professor Egas Dirceu Moniz de Aragão. São Paulo: Revista dos Tribunais, 2005.

LORENZETTI, Ricardo Luis. *Teoria da decisão judicial*: fundamentos de direito. 2. ed., São Paulo: Revista dos Tribunais.

LUHMANN, Niklas. The future cannot begin. *In*: LUHMANN, Niklas. *The differentiation of society*. Trad. Stephen Holmes e Charles Larmore New York: Columbia University Press, 1982.

MACEDO, Elaine Harzheim. *De Salomão à escolha de Sofia*: proposta de legitimação da decisão judicial à luz da Constituição de 1988. Disponível em: http://livros-e-revistas. vlex.com.br/vid/salom-escolha-sofia-proposta-decis-277503171.

MACHADO, Felipe. *Principle versus Policy*: uma crítica à relação entre política criminal e direitos fundamentais a partir de Ronald Dworkin. *In:* MACHADO, Felipe; CATTONI, Marcelo (Coord.). *Constituição e Processo*: entre o Direito e a Política. Belo Horizonte: Fórum, 2011.

MacCORMICK, Neil; SUMMERS, Robert. Introduction. *In*: MacCORMICK, Neil; SUMMERS, Robert (Org.). *Interpreting precedents*: a comparative study. Aldershot: Ashgate, 1997.

MAGALHÃES, Ana Luíza de Carvalho; CÔRTES, Osmar Mendes Paixão. Efetividade da prestação jurisdicional: o inciso LXXVIII, do Art. 5º da Constituição Federal inserido pela EC 45/2004. *Revista de Processo*, São Paulo, v. 31, n. 138, ago. 2006.

MANCUSO, Rodolfo de Camargo. *A resolução dos conflitos e a função judicial no contemporâneo Estado de Direito.* 2. ed., São Paulo: Revista dos Tribunais, 2013.

MANDRIOLI, Crisanto. *Corso di diritto processuale civile* – nozioni introduttive e disposizioni generali. Terza edizione. Torino: G. Giappichelli Editore, 2000.

MARINONI, Luiz Guilherme. Da teoria da relação jurídica processual ao processo civil do Estado constitucional. *Revista dos Tribunais*, São Paulo, vol. 852, ano 95, out. 2006.

_____. Direito fundamental à duração razoável do processo. *Revista Jurídica*, Porto Alegre, ano 57, n. 379, p. 12, maio/2009.

_____. *Novas linhas do processo civil.* 2. ed., São Paulo: Malheiros, 1996.

_____. O custo e o tempo do processo civil brasileiro. *Revista da Faculdade de Direito da Universidade Federal do Paraná*, Curitiba, vol. 37, 2002.

_____. *Precedentes obrigatórios.* 3. ed., São Paulo: Revista dos Tribunais, 2013.

_____. *Questões do novo Direito Processual Civil brasileiro.* Curitiba: Juruá, 2000.

_____. *Técnica processual e tutela dos direitos.* São Paulo: Revista dos Tribunais, 2004.

MAUS, Ingeborg. *O Judiciário como superego da sociedade.* Tradução de Geraldo de Carvalho e Gercélia Batista de Oliveira Mendes. Rio de Janeiro: Lumen Juris, 2010.

MELO, Gustavo de Medeiros. *O acesso adequado à justiça na perspectiva do justo processo.* Disponível em:
http://www.ibds.com.br/artigos/OACESSOADEQUADOaJUSTIcANAPERSPECTIVADOJUSTOPROCESSO.pdf.

MITIDIERO, Daniel. *Colaboração no processo civil*: pressupostos sociais, lógicos e éticos. São Paulo: RT, 2009.

_____. *O direito fundamental ao processo justo.* Disponível em: file:///C:/Users/pr095143/Downloads/direito%20fundamental%20ao%20justo%20processoart_srt_arquivo20130419164953%20(1).pdf.

MONTESQUIEU, Charles de Secondat. *O espírito das leis.* Tradução de Cristina Murachco. São Paulo: Martins Fontes, 2005.

MOREIRA, José Carlos Barbosa. *Temas de Direito Processual*: sexta série. São Paulo: Saraiva, 1991.

MOREIRA, José Carlos Barbosa. *Temas de Direito Processual*: sétima série. São Paulo: Saraiva, 2001.

MOREIRA, José Carlos Barbosa. *Temas de Direito Processual*: nona série. São Paulo: Saraiva, 2007.

MORELLO, Augusto Mario. El proceso justo (De la teoría del debito proceso legal al acceso real a la jurisdicción). *Studi in onore di Vittorio Denti*, Padova: CEDAM, 1994, V. primo.

NALINI, José Renato. *A rebelião da toga*. Campinas: Millennium, 2006.

NASSIF, Elaine. *Sobre a duração razoável do processo*. Disponível em: http://www.prt3.mpt.gov.br/imprensa/?p=1657.%20Acesso%20em:%2016%20mar.%202011.

NICOLITT, André Luiz. *A duração razoável do processo*. Rio de Janeiro: Lumen Juris, 2006.

NOGUEIRA, Gustavo Santana. *Precedentes vinculantes no direito comparado e no direito brasileiro*. Salvador: Jus Podivm, 2013.

NOGUEIRA, Pedro Henrique Pedrosa. *Negócios jurídicos processuais*: análise dos provimentos judiciais como atos negociais. 243 f. Tese (Doutorado) – Faculdade de Direito, Universidade Federal da Bahia, Salvador, 2011.

NUNES, Dierle. Problemas para o dimensionamento de técnicas para a litigiosidade repetitiva: a litigância de interesse público, o processualismo constitucional democrático e as tendências 'não compreendidas' de padronização decisória. *In*: JAYME, Fernando Gonzaga; FARIA, Juliana Cordeiro de; LAUAR, Maira Terra (Coord.). *Processo civil – novas tendências*: homenagem ao Ministro Sálvio de Figueiredo Teixeira. Belo Horizonte: Del Rey, 2011.

_____. *Processo Jurisdicional Democrático*: uma análise crítica das reformas processuais. 1. ed., Curitiba: Juruá, 2011.

NUNES, Dierle José Coelho; FRANCO BAHIA, Alexandre Gustavo Melo. Por um paradigma democrático de processo. *In*: DIDIER JR., Fredie. *Teoria do Processo*: panorama doutrinário mundial. Segunda série. Salvador: Jus Podivm, 2010. v. 2.

OBSERVATÓRIO PERMANENTE DA JUSTIÇA PORTUGUESA. *A Administração e Gestão da Justiça:* análise comparada das tendências de reforma. Direção científica de Boaventura de Sousa Santos; Coordenação de Conceição Gomes. Portugal, p. 195 *et seq*. Disponível em: http://opj.ces.uc.pt/pdf/5.pdf.

ODAHARA, Bruno Periolo. Um rápido olhar sobre o *stare decisis*. *In*: MARINONI, Luiz Guilherme (Coord.). *A força dos precedentes*: estudos dos cursos de mestrado e doutorado em Direito Processual Civil da UFPR. Salvador: Jus Podivm, 2010.

OLIVEIRA, Carlos Alberto Alvaro de. *Do formalismo no processo civil*. 2. ed., São Paulo: Saraiva, 2003.

_____. Efetividade e tutela jurisdicional. *In*: MARINONI, Luiz Guilherme (Coord.). *Estudos de Direito Processual Civil:* homenagem ao professor Egas Dirceu Moniz de Aragão. São Paulo: Revista dos Tribunais, 2006.

_____. O formalismo-valorativo no confronto com o formalismo excessivo. *Revista de Processo*, São Paulo, n. 137, jul./2006.

_____. O processo civil na perspectiva dos direitos fundamentais. *Revista Baiana de Direito*: direitos fundamentais, Salvador, n. 1, jan./jun. 2008.

_____. Os direitos fundamentais à efetividade e à segurança em perspectiva dinâmica. *Revista de Processo*, São Paulo, ano 33, n. 155, jan. 2008.

_____. *Teoria e prática da tutela jurisdicional*. Rio de Janeiro: Forense, 2008.

OLIVEIRA, Regis Fernandes de. O papel do juiz e do Poder Judiciário na sociedade moderna. *Revista dos Tribunais*, São Paulo, vol. 824, ano 93, junho 2004.

OST, François. *O tempo do direito*. Tradução de Élcio Fernandes. Bauru: Edusc, 2005.

PASSOS, José Joaquim Calmon de. Cidadania e efetividade do processo. *Revista Síntese de Direito Civil e Processual Civil*, Porto Alegre, v. 1, n. 1, set./out. 1999.

_____. Democracia, participação e processo. *In*: GRINOVER, Ada Pellegrini; DINAMARCO, Cândido Rangel; WATANABE, Kazuo (Coord.). *Participação e processo*. São Paulo: Revista dos Tribunais, 1988.

_____. *Direito, poder, justiça e processo*: julgando os que nos julgam. Rio de Janeiro: Forense, 1999.

_____. Instrumentalidade e Devido Processo Legal. *Revista Síntese de Direito Civil e Processual Civil*, Porto Alegre: Síntese, v. 1, n. 1, set./out. 1999.

PERELMAN, Chaïm. Ética e Direito. Tradução de Maria Ermanita Galvão. São Paulo: Martins Fontes, 2000.

PICARDI, Nicola. *Jurisdição e Processo*. Organização e revisão técnica da tradução de Carlos Alberto Alvaro de Oliveira. Rio de Janeiro: Forense, 2008.

PROCOPIUCK, Mario. *Políticas públicas e fundamentos da Administração Pública*. São Paulo: Atlas, 2013.

RAMOS, Carlos Henrique. *Processo civil e o princípio da duração razoável do processo*. Curitiba: Juruá, 2008.

RAMOS, Glauco Gumerato. Poderes do juiz – ativismo (= autoritarismo) ou garantismo (= liberdade) no projeto do novo CPC. *In*: ROSSI, Fernando; RAMOS, Glauco Gumerato; GUEDES, Jefferson Carús; DELFINO, Lúcio; MOURÃO, Luiz Eduardo Ribeiro (Coord.). *O futuro do processo civil no Brasil*: uma análise crítica ao projeto do novo CPC. Belo Horizonte: Fórum, 2011.

REIS, Marcelo Terra. Tempestividade da prestação jurisdicional como direito fundamental. *In*: TEIXEIRA, Anderson Vichinkeski; LONGO, Luís Antônio (Coord.). *A constitucionalização do direito*. Porto Alegre: Sérgio Antônio Fabris, 2008.

REPOLÊS, Maria Fernanda S. *Magistratura*: noções gerais de Direito e formação humanística. Niterói: Impetus, 2012.

RIBEIRO, Darci Guimarães; SCALABRINI, Felipe. O papel do processo na construção da democracia: para uma nova definição de democracia participativa. *Revista Brasileira de Direito Processual*, Belo Horizonte, v. 17, n. 65, jan./mar. 2009.

ROCHA, Cesar Asfor. *A luta pela efetividade da jurisdição*. São Paulo: Revista dos Tribunais, 2008.

RODRIGUES, Clóvis Fedrizzi. Direito fundamental à duração razoável do processo. *Revista IOB de Direito Civil e Processual Civil*, ano XI, n. 63, jan./fev. 2010.

SAGÜÉS, Nestor Pedro. *Derecho Procesal Constitucional*. 4 ts., Buenos Aires: Astrea, 1989.

SAMPAIO JUNIOR, José Herval. A influência da constitucionalização do Direito no ramo processual: neoprocessualismo ou processo constitucional? Independente da nomenclatura adotada, uma realidade inquestionável. *In*: DIDIER JR., Fredie (Org.). *Teoria do Processo*: panorama doutrinário mundial. Segunda série. Salvador: Jus Podivm, 2010. v. 2.

SANTOS BARREIROS, Lorena Miranda. *Fundamentos constitucionais do princípio da cooperação processual*. Salvador: Jus Podivm, 2013.

SANTOS, Boaventura de Sousa. *Para uma Revolução Democrática da Justiça*. São Paulo: Cortez, 2007.

SANTOS, Boaventura de Sousa; MARQUES, Maria Manuel Leitão; PEDROSO, João. Os Tribunais nas sociedades contemporâneas. *Revista brasileira de ciências sociais*, Associação Nacional de Pós-Graduação e Pesquisa em Ciências Sociais, n. 30, ano 11, fev. 1996.

SANTOS, Marina França. *A garantia constitucional do duplo grau de jurisdição*. Belo Horizonte: Del Rey, 2012.

_____. *Fundamentos da garantia constitucional do duplo grau de jurisdição*. 2011. 151 f. Dissertação (Mestrado) – Faculdade de Direito, Universidade Federal de Minas Gerais, Belo Horizonte, 2011.

SARLET, Ingo Wolfgang. *A eficácia dos direitos fundamentais*: uma teoria geral dos direitos fundamentais na perspectiva constitucional. 10. ed., Porto Alegre: Livraria do Advogado, 2009.

SARLET, Ingo Wolfgang; SAAVEDRA, Giovani Agostini. Constitucionalismo e democracia: breves notas sobre a garantia do mínimo existencial e os limites materiais de atuação do legislador, com destaque para o caso da Alemanha. *In*: MACHADO, Felipe; CATTONI, Marcelo (Coord.). *Constituição e Processo*: entre o Direito e a Política. Belo Horizonte: Fórum, 2011.

SARMENTO, Daniel. O neoconstitucionalismo no Brasil: riscos e possibilidades. *In*: NOVELINO, Marcelo (Org.). *Leituras complementares de Direito Constitucional*: Teoria da Constituição. Salvador: Jus Podivm, 2009.

SILVA, José Afonso da. *Comentário contextual à Constituição*. São Paulo: Malheiros, 2006.

SILVA, Ovídio A. Baptista da. Fundamentação das sentenças como garantia constitucional. *Revista do Instituto de Hermenêutica Jurídica*: Direito, Estado e Democracia – entre a (in)efetividade e o imaginário social. Porto Alegre: Instituto de Hermenêutica Jurídica, 2006.

SILVA, Paulo Eduardo Alves da. *Gerenciamento de Processos Judiciais*. São Paulo: Saraiva, 2010.

SIQUEIRA JR., Paulo Hamilton; OLIVEIRA, Miguel Augusto Machado de. *Direitos humanos e cidadania*. 2. ed., São Paulo: Revista dos Tribunais, 2009.

STRECK, Lenio. *Hermenêutica jurídica e(m) crise*: uma exploração hermenêutica da construção do direito. 8. ed., Porto Alegre: Livraria do Advogado, 2009.

_____. *O que é isto – decido conforme minha consciência?*. 2. ed., Porto Alegre: Livraria do Advogado, 2010.

_____. O que é isto: 'decidir conforme a consciência'? Protogênese do protagonismo judicial. *In*: MACHADO, Felipe; CATTONI, Marcelo (Coord.). *Constituição e Processo*: entre o Direito e a Política. Belo Horizonte: Fórum, 2011.

STRECK, Lenio; CATTONI DE OLIVEIRA, Marcelo Andrade. *(Mais) um passo atrás no direito brasileiro*: quem vai cuidar do guarda da esquina?. Disponível em: <http://jus.com.br/revista/texto/7987/mais-um-passo-atras-no-direito-brasileiro>.

SOUSA, Michele Faria de. O procedimento dos Juizados Especiais Cíveis e efetividade do processo. *In*: TAVARES, Fernando Horta (Coord.). *Urgências de tutela*. Curitiba: Juruá, 2007.

SOUZA NETO, Cláudio Pereira. Fundamentação e normatividade dos direitos fundamentais: uma reconstrução teórica à luz do princípio democrático. *In*: BARROSO, Luís Roberto (Org.). *A nova interpretação constitucional*: ponderação, direitos fundamentais e relações privadas. 2. ed., Rio de Janeiro: Renovar, 2006.

TARUFFO, Michele. *Uma simples verdade*: o juiz e a construção dos fatos. Tradução de Vitor de Paula Ramos. Madrid: Marcial Pons, 2012.

TASSE, Adel El. *A "crise" do Poder Judiciário*: a falsidade do discurso que aponta os problemas, a insustentabilidade das soluções propostas e os apontamentos para a democratização estrutural. Curitiba: Juruá.

TAVARES, Fernando Horta. Acesso ao Direito, duração razoável do procedimento e tutela jurisdicional efetiva nas Constituições brasileira e portuguesa: um estudo comparativo. *In*: MACHADO, Felipe Daniel Amorim; CATTONI DE OLIVEIRA, Marcelo Andrade (Coord.). *Constituição e Processo*: a contribuição do processo ao constitucionalismo democrático brasileiro. Belo Horizonte: Del Rey, 2009.

THEODORO JUNIOR, Humberto. Celeridade e efetividade da prestação jurisdicional: insuficiência da reforma das leis processuais. *Revista de processo*, São Paulo, ano 30, n. 125, jul. 2005.

_____. *Curso de Direito Processual Civil*: teoria geral do direito processual civil e processo de conhecimento. 43. ed., Rio de Janeiro: Forense, 2005. v. I.

_____. Constituição e processo: desafios constitucionais da reforma do processo civil no Brasil. *In*: MACHADO, Felipe Daniel Amorim; CATTONI DE OLIVEIRA, Marcelo Andrade (Coord.). *Constituição e Processo*: a contribuição do processo ao constitucionalismo democrático brasileiro. Belo Horizonte: Del Rey, 2009.

_____. Constituição e Processo: desafios constitucionais da reforma do Processo Civil no Brasil. *In*: THEODORO JUNIOR, Humberto; CALMON, Petrônio; NUNES, Dierle (Coord.). *Processo e Constituição*: os dilemas do processo constitucional e dos princípios processuais constitucionais. Rio de Janeiro: GZ, 2012.

_____. *Direito e processo*: Direito Processual Civil ao vivo. Rio de Janeiro: Aide, 1997. v. 5.

_____. *Direito fundamental à duração razoável do processo*. Disponível em: http://www.anima-opet.com.br/segunda_edicao/Humberto_Theodoro_Junior.pdf.

_____. *O processo civil brasileiro no limiar do novo século*. Forense: Rio de Janeiro, 1999.

_____. *Processo justo e contraditório dinâmico*. Disponível em: <http://revistas.unisinos.br/index.php/RECHTD/article/view/4776>.

THEODORO JUNIOR, Humberto; NUNES, Dierle; BAHIA, Alexandre. Breves considerações sobre a politização do Judiciário e sobre o panorama de aplicação no direito brasileiro – Análise da convergência entre o *civil law* e o *common law* e dos problemas da padronização decisória. *Revista de Processo*, São Paulo, ano 35, n. 189, nov./2010.

TORNAGHI, Hélio. *A relação processual penal*. 2. ed., São Paulo: Saraiva, 1987.

TROCKER, Nicolò. Il nuovo articolo 111 della costituzione e il 'giusto processo' in materia civile: profili generali. *Rivista Trimestrale di Diritto e Procedura Civile*, Milano, Giuffrè editore, anno LV, n. 2, 2001.

_____. I llimitti soggetivi del giudicato tra tecniche di tutela sostanziale e garanzie di difesa processuale. *Rivista di Diritto Processuale*, XLIII.

TUCCI, José Rogério Cruz e. Duração razoável do processo (art. 5º, LXXVIII, da Constituição Federal). *In*: JAYME, Fernando Gonzaga; FARIA, Juliana Cordeiro de; LAUAR, Maira Terra (Coord.). *Processo Civil – novas tendências*: estudos em homenagem ao Professor Humberto Theodoro Júnior. Belo Horizonte: Del Rey, 2008.

_____. Garantias constitucionais da duração razoável e da economia processual no Projeto do Código de Processo Civil. *Revista de processo*, São Paulo, ano 36, n. 192, fev. 2011.

_____. Sobre a duração razoável do processo na Europa comunitária. *In*: JAYME, Fernando Gonzaga; FARIA, Juliana Cordeiro de; LAUAR, Maira Terra (Coord.). *Processo civil – novas tendências*: homenagem ao Ministro Sálvio de Figueiredo Teixeira. Belo Horizonte: Del Rey, 2011.

_____. *Tempo e processo*: uma análise empírica das repercussões do tempo na fenomenologia processual (civil e penal). São Paulo: Revista dos Tribunais, 1998.

TUCCI, Rogério Lauria; TUCCI, José Rogério Cruz e. *Constituição de 1988 e processo*: regramentos e garantias constitucionais do processo. São Paulo: Saraiva, 1989.

TUSHNET, Mark. Marbury v. Madison and the Theory of Judicial Supremacy. *In*: George, R (Ed.). *Great Cases in Constitutional Law*. Princeton: Princeton Univ. Press, 2000.

VARGAS, Cirilo Augusto. A conexão entre os princípios do contraditório e da fundamentação das decisões jurisdicionais. *Revista da Procuradoria-Geral do Município de Belo Horizonte*, Belo Horizonte: Fórum, ano 6, n. 11, jan./jun. 2013.

WALDRON, Jeremy. *Law and Disagreement*. Oxford: OUP, 1999.

WALTER, Carlos. *Discurso jurídico na democracia*: processualidade constitucionalizada. Belo Horizonte: Fórum, 2008.

WAMBIER, Teresa Arruda Alvim. Anotações sobre o princípio do contraditório como um dos fundamentos do processo civil contemporâneo. *In*: CARVALHO, Milton Paulo de. *Direito Processual Civil*. São Paulo: Quartier Latin, 2007.

_____. *Aspectos polêmicos da antecipação da tutela*. São Paulo: Revista dos Tribunais, 1997.

WAMBIER, Luiz Rodrigues; WAMBIER, Teresa Arruda Alvim; MEDINA, José Miguel Garcia. *Breves comentários à nova sistemática processual civil*. 3. ed., São Paulo: Revista dos Tribunais, 2005.

WATANABE, Kazuo. *Da cognição no processo civil*. 2. ed., Campinas: Bookseller, 2000.

_____. *Participação e processo*. São Paulo: Revista dos Tribunais, 1988.

WELSCH, Gisele Mazzoni. A razoável duração do processo (art. 5º, LXXVIII, da CF/88) como garantia constitucional. *In*: MOLINARO, Carlos Alberto; MILHORANZA, Mariângela Guerreiro; PORTO, Sérgio Gilberto (Coord.) *Constituição, jurisdição e processo*: estudos em homenagem aos 55 anos da Revista Jurídica. Porto Alegre: Notadez, 2007.

WOLFE, Christopher. *The rise of modern judicial review*: from constitutional interpretation to judge-made law. Revised edition. Maryland: Littlefield Adams Quality Paperbacks, 1994.

ZANETI JÚNIOR, Hermes. *A constitucionalização do processo*: o modelo constitucional da justiça brasileira e as relações entre processo e constituição. 2. ed., São Paulo: Atlas, 2014.

_____. O modelo constitucional do processo civil brasileiro contemporâneo. *In*: DIDIER JR., Fredie (Org.). *Reconstruindo a Teoria Geral do Processo*. Salvador: Jus Podivm, 2012.

ZAVASCKI, Teori Albino. *Antecipação da tutela*. 4. ed., São Paulo: Saraiva, 2005.

ZÉFIRO, Gabriel de Oliveira. O direito à razoável duração da demanda. *In*: ANDRADE, André Gustavo Corrêa de (Org.). *A constitucionalização do Direito*: a Constituição como *locus* da hermenêutica jurídica. Rio de Janeiro: Lumen Juris, 2003.

ZUFELATO, Camila. Fundamentação lógica das decisões judiciais: notas sobre a racionalização da função jurisdicional de decidir. *In*: THEODORO JUNIOR, Humberto; CALMON, Petrônio; NUNES, Dierle (Coord.). *Processo e Constituição*: os dilemas do processo constitucional e dos princípios processuais constitucionais. Rio de Janeiro: GZ, 2012.

Impresso em junho de 2016